高等职业教育旅游类专业系列教材

旅游客源国概况

刘红梅　侯玉婵　主　编
程远曲　冯景云　副主编
钟　华　刘海燕

科学出版社
北　京

内 容 简 介

本书主要介绍了我国42个旅游客源国的概况，内容包括各个客源国的基本国情、人文习俗、旅游资源等情况。特别就各国民俗风情、禁忌、节庆、旅游城市、旅游景区等知识作了重点介绍，还配有知识链接、习题测试和网络学习等内容。

本书既可作为高职高专旅游专业、民航专业的教材，也可作为旅游者出境游的指南。

图书在版编目（CIP）数据

旅游客源国概况/刘红梅，侯玉婵主编. —北京：科学出版社，2019.8
（高等职业教育旅游类专业系列教材）
ISBN 978-7-03-060149-0

Ⅰ. ①旅… Ⅱ. ①刘… ②侯… Ⅲ. ①旅游客源-概况-世界-高等职业教育-教材 Ⅳ. ①F591

中国版本图书馆CIP数据核字（2018）第290946号

责任编辑：高立凤 都 岚／责任校对：王 颖
责任印制：吕春珉／封面设计：东方人华平面设计部

科学出版社 出版
北京东黄城根北街16号
邮政编码：100717
http://www.sciencep.com

三河市良远印务有限公司印刷
科学出版社发行 各地新华书店经销
*
2019年8月第 一 版 开本：787×1092 1/16
2025年1月第七次印刷 印张：16 3/4
字数：391 000

定价：56.00元

（如有印装质量问题，我社负责调换）
销售部电话 010-62136230 编辑部电话 010-62135763-2052

前　言

进入 21 世纪以来，我国旅游业迎来了快速发展时期。正在从事和即将从事旅游业的人员必须了解、熟悉我国主要旅游客源国的相关情况，特别是要熟悉和掌握主要旅游客源国的基本国情、人文习俗、旅游资源等情况，真正理解游客、尊重游客、服务游客，提高服务质量，促进我国旅游业更好更快地发展。为此，编者在总结多年教学成果的基础上编写了本书。

本书力求内容广泛，简明扼要，重点突出，客观、真实、全面地反映我国主要客源国的概况。本书具有如下特点：

1）数据最新。本书使用了大量数据对相关内容进行说明，并尽可能采用最新数据，准确介绍了我国出入境旅游的发展概况及各主要旅游客源国的概况。

2）内容全面。本书较全面、系统地介绍了我国各主要旅游客源国的概况，包括自然地理、简史、政治、经济、文化、民俗风情、旅游资源等内容。

3）可读性强。本书配有部分相关插图及大量知识链接，内容生动活泼，可读性强。

4）配有数字资源。本书各章章末均配有试题，以二维码的形式呈现，学生可以通过手机扫描书中的二维码进行学习；同时，还配有相关数字资源，师生可登录 http://www.abook.cn/网站进行查看。

本书由刘红梅（长沙航空职业技术学院）和侯玉婵（太原旅游职业学院）担任主编，程远曲（晋中职业技术学院）、冯景云（电子科技大学成都学院）、钟华（武汉城市职业学院）和刘海燕（长沙职业技术学院）担任副主编。全书由刘红梅负责统稿，具体编写分工如下：刘海燕编写第一章，刘红梅编写第二章，侯玉婵编写第三章，冯景云编写第四章，程远曲编写第五章，钟华编写第六章。

在编写本书的过程中，编者参考了国内外专家学者的诸多研究成果和网络资料，在此一并表示衷心的感谢！

由于编者水平有限，书中疏漏之处在所难免，敬请广大读者批评、指正。

编　者

2018 年 9 月

目　录

第一章

世界旅游业与中国出入境旅游市场

学习目标

1. 了解人类旅游产生与发展的基本过程。
2. 熟悉世界旅游业概况。
3. 熟知世界旅游客源市场格局与发展。
4. 熟悉中国出入境旅游市场的现状。
5. 能够分析中国旅游业客源市场的构成与开拓。

旅游是人类的一种活动，并不是随着人类的产生而产生的，而是人类社会经济发展到一定阶段的产物，并伴随着经济的发展而发展。纵观世界旅游的发展历程，旅游活动大致经历了古代旅行、近代旅游和现代旅游三个发展阶段。从全世界看，19 世纪初期，旅行活动的发展开始在许多方面具有了当代旅游活动的特点，旅游业开始作为一个独立的经济部门逐渐发展起来，旅游市场逐渐形成。旅游市场是旅游业赖以生存和发展的条件，是旅游经济正常运行的基础和重要保证。2015 年被国家旅游局确定为“丝绸之路旅游年”，“丝绸之路经济带”和“21 世纪海上丝绸之路”（以下简称“一带一路”）沿线汇聚了世界上最精华的旅游资源，沿线分布着 80%以上的世界自然和文化遗产，涉及 60 多个国家、44 亿人口，因而被视为世界上最具活力和潜力的黄金旅游之路。“一带一路”被视为中国旅游业发展的新引擎。

第一节　世界旅游业概况

一、世界旅游业发展历程

人类真正意义上的旅游是从 19 世纪中叶发展起来的。资本主义国家产业革命的成功，在很大程度上促进了经济的快速发展；同时，人们财富的增加、交通工具的改进、城市化进程的加快等一系列有利条件大大推动了旅游活动的发展。19 世纪中叶诞生了世界上第一家旅行社——托马斯·库克旅行社。该旅行社的出现标志着旅游作为产业的开端，也标志着真正意义上旅游活动的发轫。旅游属于人类的一种高层次的精神文化享受活动。

（一）古代西方的旅行活动

1. 古希腊时期

1）医疗旅行。公元前 3 世纪，希腊旅游者开始外出旅行，前往药神所居住的圣地访问。

2）宗教旅行。公元前 5 世纪，希腊宗教旅行的发展最为突出。古希腊的提洛岛、德尔斐和奥林匹斯山是当时世界著名的宗教圣地。导游手册在公元前 4 世纪已经问世，其中介绍了雅典、德尔斐、斯巴达等地，从这一时期开始，广告也以标牌的形式出现，沿着标牌所指引的方向，参观者可以找到路边的旅店。

2. 罗马帝国时期

1）跨地域旅游。到罗马帝国时期，旅行才开始变得重要起来，罗马帝国的钱币为各国所接受，拉丁语成为当时的通用语言，罗马人可以去西西里岛、希腊、罗德岛、特洛伊和埃及旅行。罗马人推出了他们的导游手册，用不同的符号来标明各个客栈的等级。

2）本土旅游。罗马帝国时期，本土旅游出现繁荣的景象，早期较受青睐的游览地集中在那不勒斯湾一带。大约在公元前 150 年，罗马人出于军事目的，开始修建公路。到了图拉真皇帝统治时期（公元 98～117 年），罗马已经拥有 8 万千米的公路网：北到苏格兰、英国和德国，南到地中海南部沿岸埃及等地区，东至波斯湾（伊拉克和科威特）。随着公路网的完善，在公路边出现了专门的住宿设施（如驿站），这些为罗马人进行远途旅行提供了有利条件。

3. 阿拉伯帝国时期

西方中世纪封建社会比较黑暗，旅行活动处于低潮。公元 7 世纪阿拉伯帝国的兴起极大地推动了旅游活动的发展。阿拉伯帝国横跨亚洲、非洲、欧洲，在公元 8～9 世纪达到鼎盛，阿拉伯帝国以巴格达为中心，驿道四通八达。伊斯兰教规定，教徒要到麦加、麦地那或耶路撒冷朝觐，因此，在驿道上宗教朝圣的旅客络绎不绝。

4. 资本主义扩张时期

1）海外扩展。14～15 世纪，西方资本主义开始萌芽，西班牙、葡萄牙和英国等陆续成为海上强国，开始对外扩张和财富掠夺。

2）环球旅行。西方科学很早就证明地球是圆的，由于奥斯曼土耳其帝国的崛起，通往印度、中国的陆上通路被切断，所以寻找新的航路势在必行。葡萄牙航海家达·伽马开拓了从欧洲绕好望角到印度的航海路线。意大利航海家哥伦布先后 4 次出海远航，并发现了美洲大陆，开辟了横渡大西洋到美洲的航海路线。

5. 文艺复兴时期

从 17 世纪初开始，西方上流社会人士认为完成绅士教育，“大旅游”是必需的一步。1670 年，“大旅游”一词已经得到使用，参与这种活动的人要在一位导师的陪同下，花 3 年或更多的时间遍游欧洲各大文化中心。旅游日程（以下均为今地名）：首先很长一段时间会在法国，主要是巴黎；再去意大利，参观热那亚、米兰、佛罗伦萨、罗马和威尼斯；最后经德国和低地国家（荷兰、卢森堡和比利时三国），取道瑞士返回。大旅游成为文艺复兴运动所预示的追求自由、渴望知识这一潮流的直接产物。18 世纪末，这种风尚已在中上阶层形成并广泛流传。

（二）近代旅游业的兴起

从 18 世纪中叶到 19 世纪中叶，世界主要资本主义国家相继完成产业革命，促进了交通方式的变革。经济的快速发展、人们购买能力的提高为旅游业的发展提供了巨大的市场需求，需求的发展又刺激了旅游供给的发展。

产业革命以发明和使用机器为主要特征，它使生产领域和社会关系发生了根本性变革，也为旅游业的诞生准备了条件。

（三）现代旅游业的发展

第二次世界大战以后，世界经济开始持续稳定地发展，交通条件稳步改善，旅游业也得到快速发展。旅游成为人们的基本生活方式之一，旅游需求持续稳定地扩大，促进了旅游供给的不断增长；同时，各地区之间、国家之间的旅游竞争也越来越激烈。近年来，以新兴国家为代表的旅游目的地不断出现，世界旅游区域重心正向东方转移。个性化、自由化旅游成为新的趋势，传统观光旅游、度假旅游已不能满足旅游者的需求，各种内容丰富、新颖独特的旅游方式和旅游项目应运而生，各种新兴旅游活动层出不穷，如生态旅游、绿色旅游、探险旅游等。

1. 现代旅游发展的背景

1）飞机在旅游中的应用。1903 年，莱特兄弟发明飞机，在美国北卡罗来纳州的上空第一次飞行。自此，飞机与旅游的关系变得越来越密切。早期的飞机主要是用于战争，但不久也开始转向民用。20 世纪 50 年代末，以美国波音 707 为代表的世界第一代喷气式客机诞生，平均每小时飞行 800～1 000 千米，开启了真正的空中旅游时代。70 年代初，泛美国际航空公司使用新型的波音 747 客机，将 352 名乘客从纽约送到伦敦，标志着大型喷气式客机开始在旅游中应用。

2）私人汽车的普及。1908 年，亨利・福特发明 T 型汽车，这标志着汽车开始进入旅行代步工具的行列。随着私人交通工具的普及，人们开始积极地改善公路状况。1920年，美国建立了全国的公路网。同时，汽车旅行者的出现催生了最早的汽车旅馆。

3）大众旅游兴起。第二次世界大战以后，世界经济迅速发展，人们收入的增加和支付能力的提高对旅游业的迅速发展和普及起到极其重要的促进作用，大众旅游的时代已经到来。

2. 现代旅游兴起的原因

1）世界人口迅速增加。第二次世界大战以后，世界人口基数的扩大为战后大众旅游人数的增加提供了基础。

2）世界经济迅速发展。第二次世界大战以后，国家财富的增长、个人收入的增加和支付能力的提高对旅游活动的迅速发展和普及起了重要的促进作用。

3）交通运输工具的变革缩短了旅行的时间和距离。交通工具在性能上的进步和在数量上、种类上的发展不但使人们的旅行时间缩短，也使人们的旅行费用减少。

4）生产自动化程度的提高使劳动者的带薪假期得以增多。20世纪60年代后，发达国家在不同程度上实施了带薪假期，旅游活动作为人们休闲的重要形式有了时间上的保证。这就使参加旅游活动的人数增加，外出旅游的时间也得到延长。

5）各国城市化进程普遍加快。第二次世界大战后的城市建设进程加快，得“城市病”的人日益增多，人们需要定期回归大自然的怀抱，使自己疲惫的身体和紧张的神经得到放松。这也是第二次世界大战后度假旅游迅速发展的重要社会心理原因之一。

6）世界各国教育事业的发展及信息技术进步的影响。第二次世界大战以后，人们对自己本乡土以外乃至本国以外的地区和国家的事物产生了强烈的兴趣，这种好奇心驱使他们希望有机会或者创造机会去观察和体验异国他乡的风土人情。

二、世界旅游业发展的特点

1）旅游业增长高速、持续、稳定。世界旅游业的发展一直长盛不衰，虽然其间有波动，但总体上呈现增长态势。2000～2010年，由于旅游者基数的不断增加，增速有所放缓，但10年中仍然增加了2.7亿人次，到2010年旅游者达到9.4亿人次；2010～2017年，旅游者人次增速与之前10年基本持平，旅游者增加了2.5亿人次，到2017年达到11.9亿人次。就世界旅游业收入增长速度而言，过去60年基本每隔10年就会翻番，各年年平均增长率为6.9%。其中，1951～1960年，世界旅游业收入年均增长率为10.6%；1961～1970年，年均增长率为9.1%；1971～1980年，年均增长率为5.6%；1981～1990年，年均增长率为4.8%；1991～2000年，年均增长率为4.3%；2001～2011年，年均增长率为6.5%。由此可见，世界旅游业收入增速明显高于同期世界经济年均增速（按每10年一个周期来测算，通常年均增长率在3%以下）。据世界旅游组织统计，截至2016年，全球旅游业已连续六年实现增长，旅游业对全球GDP（gross domestic product，国内生产总值）的综合贡献约占10%，创造的就业占全球就业总量的10%。旅游业在世界经济中的地位和权重可见一斑。

2）世界旅游市场逐步出现分化，呈现“三足鼎立”新格局。从旅游目的地的区域板块划分来看，欧洲和北美长期以来一直是世界上最受欢迎的两大旅游胜地，是全球旅游市场的“双雄”。但最近十年来，情况正在发生快速变化。经济全球化和区域经济一体化的进程深刻地影响着世界旅游业的发展轨迹，打破了原有的旅游市场格局。

国际旅游者对于旅游目的地的选择出现多样化，东亚及太平洋地区已经成为旅游者的第三首选目的地，从而形成欧洲、北美、东亚及太平洋地区“三足鼎立”的新格局。据预测，到2020年，东亚及太平洋地区接待国际旅游人数占全球份额将上升至27.3%，超过北美（届时为17.8%），位居世界第二，进一步巩固“三足鼎立”的新格局。

3）旅游已基本实现了休闲化、大众化和社会化，成为一种普遍的生活方式，世界已经进入“旅游时代”。随着科技的进步和经济的发展，人们的休闲时间日益增加，恩格尔系数则总体降低。早在1995年，全世界就有145个国家实行每周5天的工作制，其中大多数国家实行每年5～52天的在职带薪休假制。有些发达国家甚至打算实行每周工作4天、每天工作5小时、每周工作20小时的工作制，并进一步延长带薪休假时间。在一些发达国家和地区，恩格尔系数已降到20%～30%，人们可自由支配的收入大幅度增加，在这种背景下，休闲度假旅游成为现代人生活的重要组成部分。目前，休闲度假旅游已经成为最重要的细分市场，世界旅游强国基本是休闲度假旅游比较发达的国家。其中，海岛、滨海休闲度假是旅游业的第一大支柱，在一些国家和地区成为主要的经济来源，如百慕大群岛、巴哈马群岛、开曼群岛的旅游业收入占其国民收入的50%以上。

4）世界旅游市场竞争越来越激烈。世界经济的发展日益表现出竞争国际化的特征。由于国际贸易和资本的相互渗透，企业要想在未来的市场竞争中取胜，就不能把眼光仅仅局限在国内市场，必须着眼于全球市场；否则，就会在外国资本势力的侵入下失去国内市场。对于国际旅游业来讲，这种国际竞争尤为激烈。旅游饭店连锁集团、航空公司都是在世界五大洲寻找自己的目标，建立全球性的销售网络。任何一个国家的旅游市场都不可避免地会有外国资本渗透进来。旅游跨国企业都力图在北美、西欧、东亚建立稳固的阵地，这三个地区已成为国际竞争的战略要地。在这种国际竞争日益加剧的局势下，中国未来的旅游企业家必须具有全球竞争意识，熟谙世界旅游市场的风云变幻，了解国际资本流动、汇率变化的规律。只有具备这些条件，才能领导中国旅游企业在未来进一步走向世界，在激烈的国际竞争中立于不败之地。

5）旅游业与科技教育、文化体育、商务会展等产业的结合越来越紧密，特别是与信息化“珠联璧合”，成为跨领域、跨行业的综合性、战略性产业。

① 科技进步和技术创新已成为世界旅游业发展的主要推动力。信息技术、网络技术、交通技术的快速发展，促进了旅游需求多样化、旅游管理信息化、旅游装备科技化。在线旅游预订业务、电子旅游信息、电子签证和电子商务等正在改变旅游业的市场环境，

社交网络的广泛应用也在改变旅游业的面貌。有研究表明，2016 年全球旅游产品的在线销售额占首次总旅游销售额的 50%。人造主题公园则充分运用现代高科技产品，如声学、光学、计算机模拟系统等，增加旅游对人的吸引力。

② 旅游业与文化体育产业的结合成为亮点。文化是旅游产品的灵魂，没有文化的旅游是缺乏深度的。像奥林匹克运动会（以下简称“奥运会”）、世界博览会，既可以为主办国带来强劲的旅游客源和旅游收入的增长，又可以传播本国文化、展示文明成果、提升国家形象。

③ 旅游业直接促进了与其密切相关的酒店业、餐饮业、服务业和百货的消费。而且，旅游公司本身也可以成为庞大的商业帝国，如全球最大的旅游企业美国运通公司，资产总额为 2 000 多亿美元，1 700 多个营业网点遍布全球 130 多个国家，年收入 360 亿美元。

知识链接 1-1

恩格尔系数

恩格尔系数（Engel’s coefficient）是食品支出总额占个人消费支出总额的比例。19 世纪，德国统计学家恩格尔根据统计资料，对消费结构的变化得出一个规律：一个家庭收入越少，家庭收入（或总支出）中用来购买食物的支出所占的比例就越大，随着家庭收入的增加，家庭收入（或总支出）中用来购买食物的支出比例则会下降。推而广之，一个国家越穷，每个国民的平均收入（或平均支出）中用于购买食物的支出所占比例就越大，随着国家的富裕，这个比例呈下降趋势。

（资料来源：https://baike.baidu.com/item/%E6%81%A9%E6%A0%BC%E5%B0%94%E7%B3%BB%E6%95%B0/528483?fr=aladdin，节选，有改动）

三、世界旅游业发展的趋势

世界旅游市场的发展不仅受世界经济发展状况的制约，也具有自身的发展特征。掌握旅游业发展的特征是我们制定旅游市场营销战略的基础和前提。

1. 出现市场细分化趋势

随着旅游者收入水平和需求层次的提高及旅游者出国旅游次数的增加，人们已不再满足于城市观光游览这种传统的旅游方式，而趋于追求能够满足其特殊需求且富有刺激性的旅游方式。现代旅游市场出现了市场细分化趋势，每一种细分市场都有其独特之处，能够满足某一类型旅游者的特殊需求。旅游组织者将注重从更深层次来开发人们的旅游需求，根据人们的年龄、职业、爱好等不同情况，组织各具特色的旅游产品来面向不同的细分市场。特殊旅游、专题旅游也愈加盛行。除了传统的观光旅游、度假旅游和商务旅游外，目前比较盛行的旅游方式还有宗教旅游、探险旅游、考古旅游、修学旅游、蜜月旅游、购物旅游、奖励旅游、民族风俗旅游等，每一种旅游方式又可以进一步细分。

2. 从观光型旅游为主向度假型旅游为主转变

调查发现，近年来日本每年出国的游客中有 2/3 是重复出国；而美国、英国、德国、法国等国家的游客重复出国所占的比例更高。由于每年出国旅游已成为很多人的一种生活定式，越来越多的游客已不满足于在各个旅游点之间奔波、短暂停留的旅游方式，其旅游目的也从传统的开阔眼界、增长见识向通过旅游使身心得到放松和休息、增加生活情趣等方面转变。在未来的市场发展中，观光型旅游并不会完全失去市场，但在传统的旅游客源国中，度假旅游将会更为盛行，并将逐步取代观光旅游成为国际旅游的主体。世界上著名的旅游度假胜地，如地中海地区、加勒比海地区等，仍将是国际旅游者集中的地区。在东亚及太平洋地区，美国夏威夷及具有丰富海滩资源的泰国、印度尼西亚将会是旅游者热衷前往的目标。而主要吸引商务和购物客人的城市型旅游地，如新加坡、韩国，以及中国香港地区、中国台湾地区等将会在度假旅游浪潮中失去一部分市场。中国的国际旅游客源以观光型为主，中国具有丰富的山水风光和海滩资源，为了适应未来世界旅游市场的发展趋势，中国各地必须改变旅游产品的单一结构，开发度假旅游资源，以吸引国际客源的主流。

3. 追求更为灵活多变的旅游方式

在追求个性化的浪潮下，旅游者不再青睐旅行社固定包价的旅游方式。散客旅游和家庭旅游在旅游者人数中所占比例将逐渐增加。散客旅游盛行的原因在于它比包价旅游更为自由随意，可以随时按照个人兴趣来调整旅游计划。随着世界各地旅游设施的建立健全及世界性预订服务网络的普及和完善，散客旅游将越来越方便。非包价式的家庭旅游兴起的主要原因在于私人交通工具的普及化，人们可以利用私人拥有的现代交通工具合家出游，尽享天伦之乐。目前，家庭旅游主要集中于中短距离旅游和区域内旅游。旅行社在组织团体包价旅游的过程中也改变了过去单纯集中统一的做法，转而采取能满足游客个性需求的灵活多变的组团方式。另外，半包旅游、小包旅游、零包旅游及代办签证等委托代办服务也占有越来越多的市场份额。

4. 追求更多的参与性和娱乐性

千篇一律的连锁饭店，参观埃菲尔铁塔、金门大桥等著名建筑已使那些经常出国旅游的人感到厌倦。单调、机械、使人置身其外的旅游方式也使游客失去兴趣。旅游者转而追求那些富有活力、情趣及鲜明特性的旅游场所。在旅游过程中，旅游者渴求能亲身体验当地人民的生活，直接感受异国风情，希望通过参与和交流得到感情的慰藉和心灵的撞击。旅游者喜欢那些轻松活泼、丰富多彩、寓游于乐、游娱结合的旅游方式。因此，各国在旅游产品设计开发中都应注重安排丰富的娱乐活动，改变旅游方式，增加游客的参与感。那些具有浓郁民族风情和地方特色，同时又与娱乐相结合的旅游产品尤受游客的喜爱。

5. “银色市场”不断扩大

“银色市场”是指老年人客源市场。按照世界现行标准，一个国家如果老年人口比例超过总人口的7%，即为老年型国家。西方主要客源国大多是老年型国家，其中英国、德国、瑞士等国的老年人口比例已超过总人口的14%。多数国家老年人口比例仍在增加，“银色市场”有不断扩大的趋势。老年人市场具有以下优势：①与其他年龄组相比，老年人更为富裕，支付能力更强；②老年人有充裕的闲暇时间，不必因时间的限制而缩短旅程；③老年人在退休前后思想活跃，出游欲望强烈。老年人对异国的古老传统文化表现出比年轻人更浓厚的兴趣，长期以来到中国旅游的外国游客中，50岁以上的游客占30%左右。目前，“银色市场”已成为各旅游接待国极为重视、积极开拓的市场。

6. 对旅游安全更为重视

冷战后，世界局势的根本缓和减少了爆发全球性毁灭战争的危险，但局部战争和冲突时有发生。民族冲突、宗教冲突、国际恐怖主义随时会对国际旅游业的发展造成局部威胁。在具备闲暇时间和支付能力的条件下，唯一能使旅游者放弃旅游计划的因素就是对安全的顾虑。旅游者考虑的安全因素主要有局部战争和冲突、恐怖主义活动、旅游目的地政局不稳定、传染性疾病流行、恶性交通事故的发生、社会治安状况恶化。旅游者只有对各方面的安全因素确定无疑后才会启程。因此，各旅游接待国愈加重视安全因素的影响，力求从每一个环节把好安全关。例如，面对一些不可预测的不安全因素，为游客预先代办旅游保险，这样做一方面可以减轻游客的后顾之忧；另一方面一旦事故发生，可以将其对市场的冲击力降到最低程度。

7. 区域旅游仍将盛行

据世界旅游组织统计，区域旅游者占全世界旅游者总数的2/3。对大部分国家来说，邻近市场仍将是本国旅游客源的主体市场。区域旅游盛行不衰的原因是多方面的：首先，邻近国家之间的政治、经济、文化联系更为紧密。例如，欧洲各国间的政治、经济和文化紧密相连，语言相通，相互往来手续简便，80%的欧洲国际客源在该区域内流动。其次，区域旅游时间短、花费少。进行长距离的洲际旅游要受到一定的时间限制，而短期的区域旅游则在节假日甚至周末就可进行。洲际旅游要支付昂贵的国际交通费用，其平均花费要比区域旅游高出一倍以上。这就加强了区域旅游的替代性。同是海滨度假，欧洲人就会选择地中海沿岸国家而不去加勒比海地区。当然，随着世界旅游业的发展，跨区域旅游的绝对数量也会相应增加。世界航空业的发展也将给未来洲际旅游的扩展创造条件，未来的旅游将不仅局限于地球范围，宇宙旅游时代将会到来。这些因素会促进区域以外的旅游业迅猛发展。但区域旅游由于其“地利、人和”的优势，总是会以更高的速度增长，在可以预见的将来，区域旅游仍将是世界旅游业的发展主流。

第二节　世界旅游客源市场的格局与发展趋势

一、世界旅游客源市场的格局

目前，世界国际客源、客流分布呈现出七大区的格局：①欧洲旅游大区；②美洲旅游大区；③东亚、大洋洲旅游大区；④南亚旅游大区；⑤西亚旅游大区；⑥非洲旅游大区；⑦南极洲旅游大区。其中，欧美区域长期以来一直是全球最为重要的国际客源产生地，但是近年来一些发展中国家旅游人数也在不断上升，国际旅游的全球格局正在发生巨大变化，而且具有颠覆性。国家间跨境旅游由欧洲和北美主宰的基本格局持续了很长的历史时期。从国际旅游人次来看，1960～2000 年，欧洲所占比例保持在 50%以上，美洲 25%左右，这两个区域合起来占全球的 75%以上。不过在这段时间里，变化最大的亚太地区，从最初不到 3%上升到 19%，美洲从 36%降到了 27%。进入 21 世纪，这个发展趋势依然持续，2016 年亚太地区的份额（25%）超过了美洲（16%）9 个百分点。也就是说，亚太地区在国际旅游方面已经取代了美洲的地位。世界旅游业的格局发生了根本性的变化，现在国际旅游市场已由过去传统的“北美到西欧，欧洲到美洲”两大主流的格局逐渐转变为欧洲、亚太地区和美洲“三足鼎立”的市场格局。

二、世界旅游客源市场的发展趋势

1. 世界旅游区域重心向以中国为代表的亚太地区转移

欧洲和北美是两个传统的国际旅游市场，但近年来其在国际旅游市场上的份额呈现进一步缩小之势，世界旅游重心由传统市场逐渐向新兴市场转移。20 世纪 70 年代以前，欧美地区是最主要的旅游目的地，吸引了超过 85%的全球入境过夜客源。随着 80 年代亚太地区旅游业的崛起，世界旅游格局开始发生新的变化，欧美市场份额逐渐下降。2010 年之后，亚太地区已经取代美洲成为第二大国际旅游目的地。由于亚太地区对旅游业发展重视程度的不断加强，旅游投资的举措将优化地区接待水平，同时本地区的区域旅游需求逐渐加大，因此世界旅游发展重心将继续东移。预计到 2030 年，亚太地区接待的入境过夜游客将增长到 5.35 亿人次，在全球旅游市场中的份额也将上升到 30%，而欧美地区的市场份额将下降至 55%。

2. 新兴经济体客源地功能崛起

受惠于经济的持续高速增长，新兴经济体消费水平提升显著，特别是中等收入群体迅速扩大，产生了巨大的出境旅游需求。以“金砖国家”的发展最具代表性，其中，中国、巴西、印度、俄罗斯四国出境人次与消费支出近年来大幅度增长，2015 年的出境旅游总人次超过 1.65 亿，对全球旅游市场的贡献达到 15%。2015 年，中国出境旅游消费的增长幅度高达 16.6%。除印度外，其余三国已经出现旅游服务贸易逆差，且逆差呈现不断扩大的趋势。可以预计，新兴经济体未来将成为世界主要的出境客源国，也将成为世界旅游经济平稳运行的重要动力。

知识链接 1-2

“金砖国家”

“金砖国家”是指中国、俄罗斯、印度、巴西、南非五个成长前景看好的新兴市场国家。经俄罗斯倡议，中国、俄罗斯、印度、巴西四国于 2006 年 9 月联合国大会期间举行了首次外长会晤，此后每年依例举行。2009 年 6 月，四国领导人在俄罗斯叶卡捷琳堡举行首次会晤。2010 年 12 月，四国在协商一致的基础上正式吸收南非加入。2017 年 1 月 1 日，中国正式接任“金砖国家”主席国。

（资料来源：https://baike.baidu.com/item/%E9%87%91%E7%A0%96%E5%9B%BD%E5%AE%B6/1111920?fr=aladdin，节选，有改动）

3. 市场需求更趋短距化与多元化

尽管国际金融危机对世界旅游发展的影响在持续，但是刚性的旅游需求仍在不断释放，将以短距离旅游代替中长距离旅游的形式出现，更多的区域内部流动将取代区际流动。到 2030 年，区域内部游客将成为入境旅游的主要客源，区域内部和区际游客的数量将分别达到 14 亿人次和 4 亿人次，分别占总量的 78%和 22%。在亚太等出境游客快速增长的区域，区域内游客数量的份额将由 2010 年的 78%上升到 2030 年的 80%。旅游市场需求将更趋多元化。据世界旅游组织预测，以休闲、娱乐和度假为目的的出行游客数量将保持 3.3%的年均增长速度，以探亲、就医、宗教等为目的的出行游客数量年均增长 3.5%，以商务和工作为目的的出行游客数量年均增长 3.1%。到 2030 年，以休闲、娱乐和度假为目的的出行游客数量将占国际入境游客总数的 54%，以探亲、求医、宗教为目的的出行游客数量将占国际入境游客的 31%，以商务和工作为目的的出行游客数量将占国际入境游客的 15%。

第三节 中国出境旅游市场

改革开放之初，中国的国际旅游仅限于单一的入境游，出境游起步较晚。但进入 21 世纪后，中国公民出境旅游呈现井喷式增长，已形成入境与出境两大旅游市场并重的发展格局。从出境市场看，中国是全球增长最快的客源输出国之一，已成为世界第一大出境旅游消费国。

一、中国出境旅游发展的历史进程

我国出境旅游真正意义上开始于 1983 年。在中华人民共和国成立初期，出境只是政府部门的公务行为，直到 1983 年，国家才正式批准普通公民可以自费出国，但仅限于有海外亲属的公民。自 1993 年开始，中国出境旅游人数逐年增加，到 2015 年达到前所未有的规模。中国出境旅游的发展过程相当特别：纵观过去 20 多年的实践，中国公民出境旅游的发展，从活动的形式来看，大体上是沿着港澳游、边境旅游、出国旅游的顺序逐渐发展起来的；从国家政策和管理的角度看，经历了试验、放松到逐渐放开的过程。中国出境旅游的发展具有明显的阶段性与地域性，且二者的发展基本吻合。由此，可将出境旅游分为港澳游、边境游和出国游。

（一）港澳游

1983 年 11 月 15 日，第一批中国内地公民共 25 人从广州出发前往香港旅游、探亲，香港媒体称之为“新中国第一团”。1984 年，国务院批准开放内地居民赴港澳地区的探亲旅游市场，但须以境外亲友支付所有旅游费用为前提条件。此外，国务院还规定，赴港澳地区旅行团的组织工作统一由中国旅行社总社委托各地的中国旅行社承办。此后，赴港澳旅游人数不断增加，特别是在 1997 年香港回归、1999 年澳门回归之后，内地居民赴港澳的限额扩大了，当年须境外亲友支付所有旅游费用的规定被废除，同时，国家旅游局增加了经营港澳游的国际旅行社数量。以 1998 年国务院港澳事务办公室与香港特别行政区政府协商扩大内地赴香港旅行者数量为标志，港澳游突破探亲游的限制，真正发展成为一种成熟的旅游形式。

开放散客市场是港澳游发展的另一里程碑式事件：2003 年《内地与香港关于建立更紧密经贸关系的安排》和《内地与澳门关于建立更紧密经贸关系的安排》签署与实施，允许内地部分城市居民以个人身份赴港澳旅游，使港澳游市场获得了一个前所未有的宽松环境。到目前为止，港澳游已经达到完全开放的程度，随着香港、澳门与内地联系的进一步密切和港珠澳大桥的开通，港澳游将会有更好、更大的发展。

（二）边境游

1987 年 11 月，国家旅游局和对外经济贸易部批准了辽宁省丹东市对朝鲜新义州市的“一日游”，开始了中国边境旅游的发展。其后，国家相继批准了在黑龙江、内蒙古、辽宁、吉林、新疆、云南、广西等省（自治区）与俄罗斯、蒙古国、朝鲜、哈萨克斯坦、吉尔吉斯斯坦、缅甸、老挝、越南等国家开展边境旅游。随着中国边境旅游的蓬勃发展，为统一规范对边境旅游的管理，1996 年 3 月 8 日国务院批复了《边境旅游暂行管理办法》（1997 年 10 月 15 日由国家旅游局、公安部、海关总署联合发布施行）。《边境旅游暂行管理办法》规定，我国公民均可参加边境旅游，这标志着中国边境旅游发展进入成熟期。

（三）出国游

中国出国旅游的发展历程大致可分为以下两个阶段。

1）1988～1997 年。1988 年，经国务院批准，规定由海外亲友付费、担保，允许公民赴泰国探亲旅游，这是我国出国旅游的起点。1992 年 10 月，增加新加坡、马来西亚为探亲旅游目的地；1992 年 7 月，增加菲律宾为探亲旅游目的地。

第一阶段的出国旅游有以下特征：以探亲为主要旅游动机，目的地仅限于新加坡、马来西亚、泰国和菲律宾四国；出国旅游费用一律自理，并要求海外亲友付费，只有七家被授权的旅行社可以承办这项业务。总之，这一阶段的出国旅游市场较小，市场成熟度低。

2）1997 年 7 月之后。1997 年 7 月 1 日，经国务院批准，由国家旅游局和公安部联合发布的《中国公民自费出国旅游管理暂行办法》正式实施。它标志着出国旅游开始走向成熟发展的阶段，中国出境旅游业务全面开展。更重要的是，它标志着中国旅游业初步形成了入境旅游、国内旅游、出境旅游“三足鼎立”的市场格局。

二、中国出境旅游市场的发展现状

近年来，中国出境旅游人数和消费不断增长。国家外汇管理局、文化和旅游部（原国家旅游局）等相关部门的统计数据显示，2016 年中国公民出境旅游人数达到 1.22 亿人次，比上年同期增长 4.3%；出境旅游花费 1 098 亿美元，比上年增长 5.1%。2017 年全年，中国公民出境旅游人数达 1.31 亿人次，比上年同期增长 7.0%。2017 年我国国际旅游支出达 1 152.9 亿美元，比 2016 年增长了 5%。中国已连续多年保持世界第一大出境旅游客源国地位。

中国出境旅游呈现“消费升级、品质旅游”的特征与趋势。选择升级型、个性化的旅游产品，深度体验目的地的游客占比增加。出国目的也从观光购物转向享受海外优质生活环境和服务。出境旅游已成为衡量中国城市家庭和年轻人幸福度的一大标准。

1. 中国成为世界第一大出境旅游客源国

中国政治、经济、社会等方面的发展，“一带一路”倡议及“旅游年”的推动，促进了出境游的发展，跨越国境的旅行越来越便利。2017 年，我国国际旅游支出达 1 152.9 亿美元，成为出境旅游花费最多的国家，也是出境旅游人数最多的国家，体现了中国出境游在拉动全球经济增长中的重要作用。

2. 出境旅游回归理性，跟团游比例逐年上升但散客过半

国内旅游的快速发展及其对出境游的替代效应，对出境游产生了一定的消极影响，但是人民币对美元汇率的相对稳定，以及跨境电商的发展则对出境游产生了积极的促进作用。虽然出境游人次增速放缓，但是在出境游方式的选择方面，我国居民在以散客为主的基调下，跟团游比例逐年上升，2016 年达到 46.9%。

三、中国出境旅游市场的发展趋势

1. 亚洲游仍占主体，欧洲线开始复苏

我国已成为越来越多国家最大的客源国。据文化和旅游部统计，中国已经成为泰国、日本、韩国、越南、柬埔寨、俄罗斯、马尔代夫、印度尼西亚、朝鲜、南非等国家的第一大入境旅游客源地。从 2016 年数据来看，在目的地的选择上，亚洲游仍占主体，在出境跟团游总人数 5 657 万人中占比 82%。其中，港澳台地区人次达 1 221 万；泰国连续两年成为亚洲最热门的出境游目的地，出境游人数达到 911 万人次；韩国、日本次之，分别为 757 万人次和 688 万人次。赴东南亚、南亚旅游的人数增长最快，特别是越南、菲律宾两国出境游人数分别较 2015 年增长 117%和 76%。2016 年，欧洲出境跟团游人数为 667 万人次，占出境跟团游总人数的 12%，仅次于亚洲，较 2015 年同比上升 14.89%。由于欧洲经济低迷，急需中国消费力助其提振经济，因此对中国公民的签证政策十分宽松，吸引中国游客前往欧洲旅游，未来欧洲游将迎来大增长。整体来看，未来出境游还是以短线为主，中长线游偏好欧美和大洋洲等地。

2. 跟团出境旅游人数比自由行增长更快

近年来，跟团游保持较快增长，旅行社组织的出境游人次占出境游总人次的比例由 2009 年的 25.91%上升至 2016 年的 46.37%。2016 年，旅行社组织出境旅游人数为 5 656.65 万人次，同比增长 21.82%，占出境游总人数的 46.37%。在跟团游中主要贡献力量来自“50 后”“60 后”，而“80 后”“90 后”等群体更倾向于自由行。2017 年上半年出境自由行规模超过 6 000 万人次，占出境游总人数的 54%。在跟团游客中选择半自助游、私家团也成为趋势，中高端定制游和自由行成为大势所趋。

3. 航空运力增幅最为明显，出境游市场仍将保持高景气度

近年来，我国国际航线由 381 条增至 784 条，国际定期航班通航国家由 52 个增至 61 个，通航城市由 121 个增至 167 个；国际航空旅客运输量年均增长 18.8%。根据中国民用航空局发布的统计数据，2017 年国际航线旅客量达到 5 544.2 万人次，增长 7.4%。港澳台地区航线的旅客量达到 1 027 万人次，增长 4.3%；合计乘坐飞机的出境旅游总人次达到 6 571.2 万人次。从旅客周转量看，国际航线同比增长 14.6%，高出国内航线 1.4 个百分点。根据国际航班的运力变化预计，未来 5 年出境游市场仍将保持高景气度。

第四节 中国入境旅游市场

一、中国入境旅游市场的发展现状

1）外国客源市场份额小幅回落，港澳台市场主力地位加固。近年来，中国入境旅

游市场总量回升，外国客源市场小幅回落，港澳台客源市场增幅显著。2017 年，我国入境游客达 13 948 万人次，比上年同期增长 0.8%。其中，外国游客 2 917 万人次，同比增长 3.6%；香港同胞 7 980 万人次，同比下降 1.6%；澳门同胞 2 465 万人次，同比增长 4.9%；台湾同胞 587 万人次，同比增长 2.5%。

2）主要客源国构成略有变化，近程市场持续发力。入境客源国构成略有变化，以周边国家为主，近程市场持续发力。2017 年全年，我国入境外国游客人数达 4 294 万人次（含相邻国家边民旅华人数），亚洲占 74.6%，美洲占 8.2%，欧洲占 13.7%，大洋洲占 2.1%，非洲占 1.5%。2017 年全年，按入境旅游人数排序，我国主要客源市场前 17 位国家如下：缅甸、越南、韩国、日本、俄罗斯、美国、蒙古国、马来西亚、菲律宾、新加坡、印度、加拿大、泰国、澳大利亚、印度尼西亚、德国、英国（其中，缅甸、越南、俄罗斯、蒙古国、印度含边民旅华人数）。

3）入境客流扩散的等级性与近程性特征显著，客流扩散的路径持续多样化。入境客流扩散的等级性与近程性特征依然显著。由于受到旅游资源、地方知名度、空间距离、旅行费用等多重因素的影响，入境客流的扩散依然呈现出典型的等级性与近程性特征。伴随入境旅游市场规模的发展壮大，入境客流扩散的路径持续多样化，新的扩散路径日益成长起来。

4）入境旅游的消费水平依然偏低，游客综合满意度处于满意水平。入境游客的主要目的仍是了解中国特色文化及游览观光，消费决策特征变化不大。在入境游客中，首次到访中国的游客明显多于多次到访中国的游客，了解中国特色文化及游览观光仍是入境游客赴华旅游的主要目的。在华停留时长方面，30.26%的入境游客在华停留 8～15 天，最具代表性；在住宿选择方面，经济型酒店成为入境游客的首选。从入境游客人均消费的总体结构来看，消费水平依旧偏低，消费评价较好。从消费项目来看，22.88%的游客表示旅游交通是其最大的消费项目，其次是购物消费，占总消费支出的 20.94%。从入境游客的消费评价来看，无论是目的地的总体形象、城市建设、城市管理、公共行业服务，还是窗口服务，入境游客对各方面的评价都较好。

二、中国入境旅游市场的发展趋势

1）就市场规模而言，预计入境旅游市场规模有望持续回升。就我国入境旅游市场的发展趋势来看，一方面，依然无法避免主要客源市场经济增长乏力、国际游客出境游趋于保守、各旅游目的地竞争加剧、国际地缘政治的消极影响强化、入境游客在华消费意愿下降、我国入境旅游宣传推广体系有待进一步完善、我国旅游品牌建设仍处初级阶段等诸多负面因素的消极影响；另一方面，入境旅游系统工程理念日益深入人心，国际旅游多元化需求逐步得到满足，因地制宜开发特色形象和主打旅游产品、旅游公共服务和市场监管逐步趋于优化。在这一系列现实因素的积极推动下，预计未来我国入境旅游市场有望持续回升。

2）就政策环境而言，过境免签等一系列便利化政策的落地实施有望持续拓展入境旅游的发展空间。近年来，我国持续推进入境旅游便利化政策，一方面，逐步优化完善外国人 72 小时过境免签政策；另一方面，统筹研究部分国家旅游团入境免签政策，优化邮轮入境便利政策。截至 2015 年年底，72 小时过境免签政策已在 18 个城市口岸落地。在 72 小时过境免签政策成功实施的基础上，江苏、浙江、上海等地已于 2016 年 1 月 30 日起对 51 个国家和地区施行 144 小时过境免签政策。从目前该政策的实施效果来看，江苏、浙江、上海等地由于经济发展迅速，外资、合资企业数量庞大，144 小时过境免签使外籍商务人士纷纷利用这一政策来华访问或考察。这些地区旅游景点众多，外籍游客利用政策允许的 6 天免签时间，安排观景行程，在有限的时间内可以游览两个甚至更多城市，大大节约了旅游成本，提高了出行效率。除江苏、浙江、上海等地以外，其他部分地区也在积极探索推进“144 小时便利签证措施”管理系统建设，前景可期。

知识链接 1-3

过境免签政策

外籍人士过境免签政策是世界各国实施的免签制度中的一项内容，是指外籍人士依据过境国的法律或有关规定，从一国经转该过境国前往第三国时，不必申请过境国签证即可过境，并可在过境国进行短暂停留的政策。该政策已于 2013 年 7 月 1 日起施行。截至 2017 年 1 月，共有 60 个国家（地区）对持有普通护照的中国公民实行免签或落地签政策。

（资料来源：https://baike.baidu.com/item/%E8%BF%87%E5%A2%83%E5%85%8D%E7%AD%BE/3380753?fr=aladdin，节选，有改动）

3）从国家导向来看，“一带一路”倡议为我国入境旅游市场开发指明了方向。“一带一路”倡议不仅是我国的全新开放倡导，也是全新的发展倡导，还是全新的外交倡导。当前，“一带一路”倡议已经影响国家建设的方方面面，既为开拓入境旅游市场创造了新的平台、新的条件、新的渠道、新的机遇，也为入境旅游市场的开发指明了重点方向。东南亚市场是我国入境旅游的传统市场，虽然目前东南亚旅华市场的总体规模已经很大，但依然存在巨大的发展空间，特别是越南和印度尼西亚市场值得重点关注。作为发展中国家，印度拥有数量稳定的中产阶级，是中国入境旅游巨大的潜力市场。俄罗斯及中亚国家赴华旅游市场开发潜力巨大。未来在中、俄、蒙旅游合作框架下，三国跨境旅游合作将达成新的共识，有望带动蒙古国、哈萨克斯坦、乌兹别克斯坦、土库曼斯坦、吉尔吉斯斯坦等国家赴华旅游市场的增长。“海湾六国”（阿拉伯联合酋长国、阿曼、巴林、卡塔尔、科威特、沙特阿拉伯）蕴藏着巨大潜力，有望成为中国入境旅游的新市场。中东欧国家是“丝绸之路经济带”的腹地，未来也有望成为中国入境旅游的潜力市场。

4）就外部环境来看，短期内追求实现入境旅游市场较快增长并不现实。国际金融危机引发的经济衰退和波动仍在持续，在当前经济发展前景尚不明确的背景下，多数国家特别是发达经济体的居民在旅游等消费服务的购买方面仍然谨慎保守。多数国际游客对于中远程旅游决策依然趋于谨慎，对于跨境旅游消费的价格更是十分敏感，直接影响出行意愿和旅华意愿。此外，越来越多的国家和地区将振兴旅游业作为刺激经济增长的重要举措，纷纷针对包括中国在内的主要客源市场出台免签、延长签证有效期等出入境便利化措施，导致国际旅游市场竞争持续加剧，所以短期内追求实现入境旅游市场较快增长并不现实。

5）就内部环境来看，部分障碍因素短期之内尚难得到有效改观。2015 年，中国旅游研究院针对 23 个主要旅华客源市场的抽样调查显示，不愿意来华旅游的原因中，空气污染、食品安全和治安状况是名列前三位的市场障碍因素，语言不通紧随其后。综合来看，我国内部的旅游环境带来的消极影响仍然存在，特别是空气质量、食品安全等方面的问题，经个别媒体的刻意炒作，已对中国旅游的国际形象造成极大损害，短期内难以得到恢复。

6）在工作创新层面，融合互联网营销的多渠道推广手段进行创新成为必然之选。虽然互联网传播渠道的重要性已经得到人们的充分认识，并且移动互联时代依托大数据开展对外旅游营销已然成为共识，但我国的旅游宣传推广体系还有待完善，旅游品牌建设还处于起步阶段，旅游宣传推广手段还比较单一，旅游宣传推广队伍专业化水准还有待进一步提高。多媒体的传播途径，包括户外、电视等传统媒体，也包括依赖于互联网渠道的移动平台和 PC（personal computer，个人计算机）平台，在推广时可以从各个渠道接触到入境游客，并最终提升传播的影响力。旅游宣传推广的实践表明：单一的传统媒体对旅游行为的影响远小于其与互联网组合产生的影响。例如，在电视和户外媒体的基础上，互联网可将媒体的影响提高大约 4 倍。鉴于此，中国旅游目的地除了要重视互联网的影响力之外，也要与其他传统媒体进行搭配，推出多种媒体组合的宣传策略。

第一章试题

第二章

亚洲地区

学习目标

1. 熟悉亚洲地区主要客源国的自然地理、简史、政治、经济等。
2. 掌握亚洲地区主要客源国的民族、宗教、节日、民俗风情、文化艺术。
3. 熟知亚洲地区客源国旅游自然资源和人文资源，以及提供的旅游服务。
4. 能够根据客源国旅游资源合理规划旅游线路。

亚洲曾译作“亚细亚洲”，是七大洲中面积最大、人口最多的一个洲。面积占地球陆地总面积的29.4%。2018年，亚洲人口总数约为45亿，约占世界总人口的60.8%。

亚洲绝大部分地区位于北半球和东半球。西部与欧洲相连，形成地球上最大的欧亚大陆，亚洲与非洲的分界线为苏伊士运河，苏伊士运河以东为亚洲。亚洲最高峰为珠穆朗玛峰，最长河流是长江，死海是世界上最低的洼地。亚洲历史文化悠久，世界四大文明古国中的中国、古印度和古巴比伦都位于亚洲大陆。另外，亚洲也是世界三大宗教——佛教、伊斯兰教、基督教的发源地。

第一节 东亚地区

东亚，包括中国、日本、韩国、朝鲜和蒙古国五个国家。东亚面向太平洋，地势西高东低，大河多自西向东流入太平洋，如长江、黄河、黑龙江等。东亚地质条件复杂，多山且多火山与地震。东亚是世界上人口最稠密的地区之一，人口约16亿，民族主要有汉族、大和族、朝鲜族和蒙古族等。东亚稻谷产量占世界稻谷总产量的40%以上，茶叶产量占世界总产量的25%以上。

一、日本

（一）基本国情

1. 自然地理

日本位于东亚，意为“日出之国”，西临日本海、东海，北接鄂霍次克海，隔海与朝鲜、韩国、中国、俄罗斯相望。陆地面积约 377 800 平方千米，包括北海道、本州、四国、九州四个大岛和其他 6 800 多个小岛。

日本位于环太平洋火山地震带，地震、火山活动频繁，全球约有 1/10 的火山位于日本，1/5 的地震发生在日本。日本众多的火山形成众多的温泉，全国大小温泉近 2 万处，有“温泉之国”之称。

日本是一个多山的岛国，山地呈脊状分布于中央，山地和丘陵占日本领土总面积的 70%以上。境内河流流程短，水能资源丰富，最长的河流信浓川长约 367 千米，最大的湖泊是琵琶湖，面积约为 672.8 平方千米。

日本以温带海洋性季风气候为主，夏季炎热多雨，冬季寒冷干燥，四季分明。全国横跨纬度达 25°，南北气温差异十分显著。

2. 简史

公元 4 世纪中叶，日本出现统一的国家——大和国，统治时间长达 300 余年。公元 5 世纪初，大和国发展到鼎盛时期。公元 646 年，日本实行大化革新，仿照唐朝律令制度，建立以天皇为绝对君主的封建中央集权国家体制。12 世纪末，日本进入“幕府”时期。第二次世界大战中日本战败，于 1945 年 8 月 15 日宣布无条件投降。1947 年 5 月实施新宪法，形成了以天皇为国家象征的议会内阁制国家。

3. 政治

日本实行以立法、司法、行政三权分立为基础的议会内阁制。天皇为国家象征，无权参与国政。国会是最高权力机构和唯一的立法机关，分为众议院、参议院。内阁为最高行政机关，对国会负责，首相（亦称内阁总理大臣）由国会选举产生，天皇任命。

4. 经济

日本是一个资源缺乏但经济高度发达的国家。第二次世界大战以后，日本的制造业得到迅速发展，工业体系完整，工业结构为知识技术密集型产业，其钢铁、造船、汽车、电子计算机、电器、原子能发电等均居世界前列。日本的电子产业和高科技制造商包括索尼、佳能、日立等公司。日本还曾是全球最大的汽车生产国，拥有丰田、本田和日产等汽车制造商。日本的瑞穗金融集团和三井住友金融集团在世界金融界具有举足轻重的地位。日本是世界上著名的渔业生产大国。

货币：日元。

（二）人文习俗

1. 民族、语言、人口、宗教

民族：以大和族为主，北海道地区约有 1.6 万阿伊努族人。

语言：通用日语，是以东京语为基础而确定的标准语。

人口：约 1.265 亿（2018 年 4 月），是世界上人口密度最大的国家之一。以东京、大阪、名古屋为中心的三大都市圈集中了全国一半的人口，人口城市化水平为 76%。

宗教：主要为神道教和佛教。

2. 主要节日

日本节日众多，这些节日大多是依照各地神社（庙宇）的祭祀活动而沿袭下来的，因此日本将节日称为“祭”。据统计，日本几乎每天都有一个地区举行“祭”。日本的节日中有相当一部分是由中国传来的。

天皇诞生日：12 月 23 日。明仁天皇于 1933 年 12 月 23 日出生，相当于国庆节。

建国纪念日：2 月 11 日。按阳历推算出的公元前 7 世纪日本第一代天皇神武天皇元年的元旦。

3. 民俗风情

（1）服饰

日本的传统服装是和服，它是在仿照中国隋唐服装和日本古代吴服的基础上，按照日本人的传统习惯和审美观改造而成的。其特点是宽袍大袖阔腰带，布裤、木屐、草鞋与之相配套。男式和服的色彩比较单调，偏重黑色。女式和服色彩缤纷艳丽，穿法复杂、讲究。一般场合人们很少穿和服，只有在出席隆重仪式、宴会、结婚或过成人节时穿。

（2）饮食

料理是日本人对饭菜的统称，日本料理的主食是米饭，副食有蔬菜和海产品。传统食物做工精细，清淡可口，味鲜带甜。菜式多为凉菜和生冷蔬菜，著名的菜式有生鱼片、寿司、天妇罗、鸡素烧等。日本人吃生鱼片时要蘸放芥末、紫苏叶和萝卜丝等，以消毒、去腥。寿司即饭团，是把米饭先用醋和盐调味，再拌上或卷上鱼片、青菜或海鲜而制成的食品。天妇罗是日本料理中一种具有代表性的食品，色泽金黄、外酥内软，其做法是把鱼、虾、海鲜、蔬菜裹上面糊和鸡蛋，放在植物油里炸熟。鸡素烧即日式火锅，是在平底铁炒锅内放上油，用薄薄的牛肉片和葱段、粉丝、白菜等一起炖制而成。日本逢年过节或过生日时做红豆饭，以示吉利，平日吃饭时采取分食制。

（3）礼仪

日本人见面多行鞠躬礼。鞠躬礼分为立礼和跪坐礼两种。日本人见面常用的礼节语是“您好”“拜托您了”“打搅您了”“对不起”“请多关照”等。

正式见面时，日本人习惯准备一些见面礼品，日本家庭每月要花费收入的 7%左右用于送礼，礼品价值不宜过重。若是一般性走访，带上一些包装食品即可，一般不送花。礼品要有包装，一般要包上好几层，并系上一条漂亮的缎带或纸绳。日本人认为，绳结之处有人的灵魂，表示送礼的人有诚意。首次见面时应自我介绍并交换名片。进日本人房间前要脱鞋、脱大衣、摘帽，进房间后按主人的安排就座。

知识链接 2-1

日本人的生活礼仪

不管是在学校、公司，还是在家里，日本人经常鞠躬行礼。在学校，学生见到老师要鞠躬行礼，后辈见到学长学姐要鞠躬行礼，连小学生过马路都会向两边停住的车辆鞠躬行礼。这种鞠躬行礼的常识从小就嵌入孩子们的意识里，长大后，更是根深蒂固。在公司，下属见到上司要鞠躬行礼，新人见到前辈要鞠躬行礼，哪怕是不认识的人，在同一个公司见到了也会点头示意。在接电话时，即使根本看不到对方，日本人也会习惯性地点头、鞠躬。在家里，妻子送丈夫出门工作，也会鞠躬行礼。日本人的鞠躬依据角度的不同表示不同的含义：礼节性最高的 90° 鞠躬，表示非常感谢或抱歉；45° 鞠躬，一般用于初次见面，也用于饭店或商场等服务员对顾客的欢迎；30° 鞠躬，一般用于打招呼，如早上遇到同事，也可以用于关系比较亲密的朋友之间。

（资料来源：https://baike.baidu.com/item/%E6%97%A5%E6%9C%AC%E7%A4%BC%E4%BB%AA/10746113?fr=aladdin，节选，有改动）

（4）禁忌

日本民间的禁忌很多。在数字方面，古时日本人视奇数为吉祥之数，其中 3、5、7 是最无忌讳的数字。日本人最忌讳数字 4 和 42，因为 4 与“死”同音，而数字 42 是“死”的动词谐音，因此，房间号、楼层号、车号、宴会桌号、礼品数都尽量避免以数字 4 开头或结尾。数字 9 和 6 也不受日本人欢迎，因为数字 9 的发音与“苦”相同，而数字 6 是强盗的标记。受西方人影响，日本人也不喜欢数字 13，尤其是 13 日又逢星期五时。

新婚礼物应避免是数字 2 或 2 的倍数，故送钱宜送诸如 3 万日元、5 万日元、7 万日元这样的数字。在颜色方面，日本人最忌讳绿色，认为绿色不吉利；不喜欢紫色，认为紫色代表悲伤；崇尚白色，喜庆时饰以红白色或金银色，丧葬饰以黑白色或蓝白色。在花卉及图案方面，日本人忌讳荷花，因为荷花为祭奠用花。探视病人时，忌用仙客来、山茶花为礼。一般人不能使用菊花图案，因为菊花为皇室专用。日本人忌讳夕阳风景画。

4. 文化艺术

日本不断吸收外来文化并产生了自己的文化艺术。自公元 4 世纪起，就不断有外来人带来大陆文化。日本同时也派遣隋使和遣唐使积极地吸收中国文化，10 世纪左右，开始发展具有独自特色的国风文化。第二次世界大战以后，日本经济快速发展，日本人日益自信，对本国文化也重新审视。近年来，日本的文化迈向国际，动漫和电子游戏在海外拥有很大的影响力。截至2018年7月，日本共有22项世界遗产，其中18项是文化遗产，4项是自然遗产。

《源氏物语》是日本较早的典籍，如《古事记》和《日本书纪》等都采用汉字书写。和歌是日本特有的以假名写作的一种诗歌，通常由5韵、31个假名组成。俳句也是日本独特的文学体裁，知名的俳人松尾芭蕉有“俳圣”之称，他的《奥州小路》闻名于世。明治以后，日本文学受西方影响，出现了夏目漱石、川端康成、宫崎骏、村上春树等知名作家。1968年，川端康成以《雪国》《古都》《千只鹤》三部代表作获得诺贝尔文学奖。1994年，大江健三郎以《个人的体验》《万延元年的足球队》等作品获得诺贝尔文学奖。

知识链接 2-2

日本文字的演变

日本古代有语言而无文字。史籍记载，汉字正式传入日本者，为应神天皇之世，即公元285年，王仁从百济渡日，献《论语》十卷及《千字文》一卷，这是汉字汉学传入日本的开始。自汉字传入日本后，至公元8世纪中叶，日本人用汉字楷书的偏旁造为片假名，又用汉字草书的偏旁造为平假名。第二次世界大战以后，日本政府颁布《当用汉字表》，其字数为1 850个。1981年，日本政府又颁布《常用汉字表》，字数增至1 945个。2010年，又追加196个新常用汉字，删除5个，合计共2 136个常用汉字。这说明，假借汉字在日文中仍有强大的生命力。假借汉字、平假名、片假名是日文书写系统的主要组成部分。近2 000年的使用历史，已使汉字深深地融入了日本的文化血脉之中。

（资料来源：https://wenku.baidu.com/view/dc3a3cfa84254b35eefd345a.html，节选，有改动）

“三道”：茶道、花道和书道。“三道”已经扎根日本，被视为修身养性、培养情操的方式，成为日本艺术的重要组成部分。

绘画：传统绘画主要有“大和绘”和“浮世绘”两种。“大和绘”出现于奈良、平安时期，是富有日本民族风格的绘画。“浮世绘”出现于江户时代，为庶民的绘画及版画，题材广泛，涉及民间风俗。

体育：日本传统的体育艺术有柔道、空手道、相扑等。柔道是日本传统的以健身养神为要旨的攻防武术。进行攻防较量的双方，不用武器，而是巧借对手的攻击力量来控制对手，将对手击倒、摔倒或压倒而取胜，达到“四两拨千斤”的境界。空手道也是一种赤手空拳的武术。相扑是日本的“国技”，来源于日本神道的宗教仪式。在奈良和平安时期，相扑是一种宫廷观赏运动，到了镰仓时代，相扑成为武士训练的一部分，且在武士中盛行。18世纪，开始出现营利性的职业相扑运动。

（三）旅游资源

日本风光旖旎，火山、温泉众多，自然景观丰富多彩，还有许多古都、遗迹、寺院、神社、庭园，以及充满神秘宗教色彩的各种祭祀活动，这一切使外国游客对日本心驰神往。

1. 名城

（1）东京

东京是日本的首都，全国的政治、经济、文化和交通中心，位于本州岛东南部。500 多年前，东京还是一个人口稀少的小渔镇，当时叫作江户，因 15 世纪“江户氏”在此建城而得名，此后，这里就成了日本关东地区的商业中心。1868 年，明治天皇迁都至此，改名为东京。日本的旅游一向以东京为起点，这里旅游景观极为丰富，有明治神宫、浅草神社等诸多神社。高 333 米的东京塔（图 2.1）仿法国著名的埃菲尔铁塔而建，但比埃菲尔铁塔还要高 10 米，与樱花、富士山同为日本的象征。东京的迪士尼乐园既是日本最大的游乐场，也是亚洲第一座迪士尼风格的游乐园。繁华的东京银座大街，名牌店铺鳞次栉比，高档商品琳琅满目，是购物者的天堂。

图 2.1　东京塔

（2）京都

京都位于本州岛中西部，为日本三大古都之一，也是日本的宗教、文化中心和著名的旅游城市。公元 794～1868 年，京都取代奈良成为日本的首都，历时千年，故有“千年古都”之称。京都古称平安京，历史上乃仿照中国唐代的洛阳城和长安城而建，故又简称为“洛”，是日本文化艺术的摇篮。京都文物古迹众多，著名的有清水寺、金阁寺、银阁寺、桂离宫等。京都每年都要举行各种名目的祭典活动。此外，京都的丝织、锦缎、漆器、陶瓷、纸扇、娃娃等手工艺世代相传。京都在日本还享有“学都”美称，有 20 多所高等院校，其中最著名的是京都大学。

（3）奈良

奈良位于本州岛中西部，为日本三大古都之一。奈良仿中国唐朝长安城而修筑，故有“小长安”之称，公元 710～794 年，共有八代天皇在此建都。1898 年，日本政府设奈良市。奈良还是中日文化交流的名地，历史上曾多次派遣隋使、遣唐使来中国，学习中国的文化艺术；唐代高僧鉴真大师六次东渡，最后抵达奈良，把佛教文化传入日本，为中日文化交流做出了杰出贡献。这里名胜古迹极多，寺塔楼阁到处可见，如东大寺、唐招提寺、兴福寺、元兴寺、法隆寺等，有“社寺之都”之称。

（4）大阪

大阪是日本的第二大都市，因运河联网，故称“水都”。1899 年设市后，工业迅速发展，工业生产规模仅次于东京，是日本西部的商业及工业中心。比较著名的景点有天守阁和心斋桥购物区。

（5）横滨

横滨位于本州岛东京湾西岸，仅次于东京、大阪，是日本的第三大城市，也是日本最大的海港。日本于 1859 年向国外开放贸易门户，横滨港是最早对外开放的港口之一。此后，该地区在与世界各国人民的交往中，融合了各种民族文化。横滨市内有极具中国历史文化特色的横滨中华街，有着“空中走廊”美誉的横滨港湾大桥及风景迷人的山下公园。

2. 名胜古迹

（1）北海道

北海道由日本第二大岛屿北海道岛和利尻岛、礼文岛、天卖岛、烧尻岛、奥尻岛等小岛构成日本行政单位“道”。札幌是北海道的行政中心，号称“北国之都”。北海道以其迷人的雪景闻名于世，冬天是游览北海道的较佳季节，一年一度的北海道雪祭盛会于每年 2 月上旬展开，这时，各国高手云集、尽显身手，冰雕艺术杰作雄伟壮观、独具匠心。北海道保持着野生的优美环境，一年四季景色宜人。

（2）富士山

富士山是日本国内最高峰，海拔 3 776 米，位于东京西南方约 80 千米。富士山被日本人誉为“圣岳”，是日本民族的象征。富士山是世界上最大的活火山之一，目前处于休眠状态，但地质学家仍然把它列为活火山。自公元 781 年有文字记载以来，富士山共喷发了 18 次，最后一次喷发是在 1707 年。2013 年 6 月 22 日，第 37 届世界遗产大会批准将日本富士山列入《世界遗产名录》。

（3）浅草寺

浅草寺位于东京都台东区，是日本现存的具有“江户风格”的民众游乐之地。寺院的大门叫“雷门”，正式名称是“风雷神门”。相传，在推古天皇三十六年（公元 628 年），有两个渔民在宫户川捕鱼，捞起了一座金观音像，附近人家就集资修建了一座庙宇供奉这尊观世音造像，这就是浅草寺。到江户时代初期，德川家康重建浅草寺，并成为附近市民的游乐之地。每年元旦前后，前来朝拜的香客络绎不绝。

图 2.2　金阁寺

（4）金阁寺

金阁寺（图 2.2）位于京都。它高达三层，第二和第三层的外墙用金箔贴成，远远望去，金光闪闪。第一层为平安时代的贵族风格，第二层为室町时代的武士风格，第三层仿照中国唐朝的“究竟顶”。寺前是以镜湖池为中心的庭园，身影华丽的金阁倒映在镜湖池中，堪称京都的代表性景观。1994 年 12 月，金阁寺全境被联合国教育、科学及文化组织（以下简称“联合国教科文组织”）列入《世界遗产名录》。

（5）唐招提寺

唐招提寺简称招提寺，是日本佛教律宗建筑群，位于奈良市。唐代高僧鉴真第六次东渡终于到达日本后，于公元 759 年开始建造该寺，大约于公元 770 年竣工。寺院大门上红色横额“唐招提寺”是日本孝谦天皇仿王羲之、王献之的字体所书。唐招提寺是日本佛教律宗的总寺院，这座具有中国盛唐建筑风格的建筑物被确定为日本国宝。

二、韩国

（一）基本国情

1. 自然地理

大韩民国简称韩国，位于亚洲大陆东北部、朝鲜半岛南部，东、南、西三面环海。

韩国地形具有多样性，低山、丘陵和平原交错分布，海拔多在 500 米以下。洛东江和汉江是半岛南部地区两条主要河流，洛东江流入朝鲜海峡；汉江流入黄海，是中部地区的重要水系。

韩国北部属温带季风气候，南部属亚热带气候，海洋性特征显著。韩国四季分明，春、秋两季较短；夏季炎热、潮湿；冬季寒冷、干燥，时有落雪。

国土面积：99 600 平方千米。

2. 简史

公元 735 年，新罗统一了朝鲜半岛。10 世纪，新罗被王氏高丽取代，高丽王朝大力仿效唐朝体制，佛教文化盛行。14 世纪末，李成桂建立了历时 500 多年的李氏朝鲜王朝，简称“李朝”，国号为朝鲜。李氏王朝以儒学立国，经济文化进入封建社会的鼎盛时期。1910 年，朝鲜半岛沦为日本殖民地。1945 年 8 月日本投降，美国、苏联以北纬 38° 线为界，分别进驻朝鲜半岛南北部。1948 年 8 月 15 日，半岛南部建立大韩民国。

3. 政治

根据宪法，总统是国家元首、政府首脑、全国武装力量总司令，在政府系统和对外关系中代表整个国家，总统任期 5 年，不得连任。韩国实行一院制国会，是韩国立法机构，主要职能包括：审议各项法案；审议国家预决算；监察政府工作；批准对外条约，以及同意宣战或媾和，弹劾总统和主要政府官员，否决总统的紧急命令等。

4. 经济

20 世纪 60 年代，韩国经济开始起飞。70 年代以来，韩国经济持续高速增长，人均 GDP 从 1962 年的 87 美元增至 1996 年的 10 548 美元，创造了“汉江奇迹”。1997 年亚洲金融危机后，韩国经济进入中速增长期。钢铁、汽车、造船、电子、纺织等是韩国的支柱产业，其中造船和汽车制造等行业较好。大企业集团在韩国经济中占有十分重要的地位，三星、现代、SK、LG 和 KT 等大企业集团创造的产值在国民经济中所占比重超过 60%。国际贸易在韩国 GDP 中占有很大的比重。

货币：韩元。

知识链接 2-3

韩国三星集团

三星集团是韩国最大的跨国企业集团，成立于 1938 年，由李秉喆创办。三星集团是家族企业，李氏家族世袭，旗下各个三星产业均为家族产业，并由家族中的其他成员管理。三星集团也是上市企业全球 500 强之一，包括众多的国际下属企业，旗下子公司有三星电子、三星物产、三星航空、三星人寿保险等，业务涉及电子、金融、机械、化学众多领域。其中，三星电子业务涉及多个领域，主要包括半导体、手机、显示器、笔记本电脑、电视机、电冰箱、空调、数码摄像机等。

（资料来源：https://baike.baidu.com/item/%E4%B8%89%E6%98%9F/244153?fr=aladdin，节选，有改动）

（二）人文习俗

1. 民族、语言、人口、宗教

民族：朝鲜族。
语言：通用韩国语。
人口：约 5 100 万（2019 年 1 月）。
宗教：50%左右的人口信奉基督教、佛教等。

2. 主要节日

韩国的许多传统节日来源于中国，在庆祝节日的方式上，两国也有许多共同点。

春节：农历正月初一。韩国人和中国人一样，也过农历春节，这一天，大家会穿上民族服饰，举行祭祀、岁拜和歌舞活动，春节一直延续到正月十五。

独立纪念日：3月1日。

光复节：8月15日，纪念从日本殖民统治下光复（1945年）和大韩民国政府成立（1948年）。

中秋节：农历八月十五日，全国举行娱乐活动，并扫墓祭祖。

开天节：10月3日，传说为中古朝鲜的建国日。

文字节：10月9日，纪念1446年朝鲜王朝第四代国王世宗创制文字。

3. 民俗风情

（1）服饰

韩服是韩国的传统服装，一般在节日和有特殊意义的日子里穿。韩国女性的传统服装是短上衣和宽长的裙子。男性以裤子、短上衣、背心、马甲显出独特的风情。白色为韩服基本色，根据季节、身份，所选用的材料和色彩有所不同。在结婚等特别的仪式中，百姓也穿戴华丽的衣裳和首饰。

（2）饮食

韩国饮食以泡菜文化为特色，一日三餐都离不开泡菜。韩国传统泡菜、冷面、石锅拌饭、参鸡汤已经成了世界名菜。韩国泡菜是一种用芹菜、白菜、包菜、萝卜、黄瓜等做主料，加上盐、蒜、洋葱、生姜、红辣椒和贝壳等腌泡而成的辣菜，有清脆、爽口、香辣的特点，是韩国人佐饭下酒开胃的菜肴，深受韩国人喜爱。韩国日常饮食以辣、酸为主要特点，一般不吃过腻、过油、过甜的食品。韩国人的主食是各种米饭、面食。

韩国餐具讲究冬用铜碗，夏用瓷碗。用餐的时候，讲究尊老的韩国人一定要先给长辈盛饭，长辈动筷子，晚辈方可动筷子。饭间饮料品种较多，传统的酒有用糯米酿成的药酒和烧酒。韩国男子酒量通常不错，对烧酒、清酒、啤酒往往来者不拒。

（3）礼仪

韩国人在交往中十分重视礼仪修养。按照传统，家庭的一家之长被视为权威所在，全家人都应该遵照他的愿望行事，儿孙辈违抗长辈的愿望被韩国人视为不可想象的事情。每年农历正月初一，全家人在举行例行的祭祖活动之后，要按年龄顺序向祖父母、父母、兄长、亲戚等跪着行礼；子女外出，要向父母辞行；父母远行归来，子女要迎接行礼；年轻的成员或者身份低的人不得在年长者或者身份高的人面前喝酒或吸烟，违背规矩者被视为缺乏教养的表现，尤其是吸烟可能招致严厉的谴责。

拜访韩国人时，进门要脱鞋，一定要穿干净的袜子，袜子不干净或有破洞是失礼行为，会被视为没有教养。入座时，传统观念是“右尊左卑”，宾主都要盘腿席地而坐，不能将腿伸直，更不能叉开。给长辈或接长辈传递的东西时要用双手，生活中用左手执杯或取酒被认为是不礼貌的。

（4）禁忌

韩国人普遍忌“四”字。因韩国语中“四”与“死”同音，传统上认为是不吉利的。因此，在韩国没有四号楼、四层楼、四号房，军队里没有第四师，宴会厅里没有四桌，敬酒不能敬四杯。此外，孕妇忌打破碗；婚姻忌生肖相克，婚期择双日，忌单日；节庆期间要说吉利话；男子不要问女子的年龄、婚姻状况；打喷嚏时要表示歉意；剔牙时要用手或餐巾遮住嘴。

4. 文化艺术

中国文化对韩国文化有很多方面的影响。1446 年，世宗大王在位期间发明了文字。韩国文字由 10 个元音和 14 个辅音构成，共有 24 个基本字母和 5 个爆破音及 11 个复元音，其文字写法由三四个字母组成。教育庶民的文字《训民正音》被联合国教科文组织列入《世界遗产名录》。

朝鲜民族在文学艺术等方面有自己的特色。美术主要包括绘画、书法、版画、工艺、装饰等，既继承了民族传统，又吸收了外国美术的特长。绘画分为东洋画和西洋画，东洋画类似我国的国画，用笔、墨、纸、砚表现各种主题，此外，还有各类华丽的风俗画。书法在韩国、朝鲜两国是一种高雅的艺术形式。

朝鲜民族以能歌善舞著称。现代音乐大致可分为民族音乐和西洋音乐两种。民族音乐又可分为雅乐和民俗乐两种。雅乐是历代封建王朝在宫廷举行祭祀、宴会等各种仪式时由专业乐队演奏的音乐，通常称为正乐或宫廷乐。民俗乐中有杂歌、民谣、农乐等。乐器常用玄琴、伽倻琴、杖鼓、笛等。民俗乐的特色之一是配上舞蹈，舞蹈非常重视舞者肩膀、胳膊的律动，道具有扇、花冠、鼓等。

韩国戏剧起源于史前时期的宗教仪式，主要包括假面舞、木偶剧、曲艺、唱剧、话剧五类。其中，假面舞为朝鲜民族文化的象征，在韩国传统戏剧中占有极为重要的地位。

朝鲜民族十分喜欢运动，尤其爱好参加民间游戏，主要民间游戏有荡秋千、踩跷跷板、放风筝、踏地神等。民间体育活动种类也颇多，主要有围棋、象棋、摔跤、跆拳道、滑雪等。韩国举办了 1988 年第二十四届夏季奥运会；2002 年与日本一起举办了韩日世界杯，同年在釜山举办了亚洲运动会；2014 年在仁川举办了第十七届亚洲运动会；2015 年在光州举办了世界大学生夏季运动会；2018 年在平昌举办了冬季奥运会。韩国是继美国、德国、法国、意大利、俄罗斯、日本之后第 7 个举办过奥运会、冬奥会、世界杯三大赛事的国家。

知识链接 2-4

韩国文字的演变

韩国文字中采用了大量汉字，这些汉字被韩国人称为“汉源韩字”。在韩国的街道上，经常能看到用汉字书写的招牌、店名、标语、警句等。这些汉语词汇的词义大部分与现代汉语相同，少量已发生了变化，但有的词汇仍沿用古代汉语的用法，如“总角”意为“小伙子”，“驿”意为“车站”，“三寸”即“叔叔”，“四寸”即“堂兄弟”。有的是通过日语转化而来的汉语，其词义与现代汉语大有不同。

（资料来源：根据网络相关资料整理）

（三）旅游资源

韩国各地均有特色鲜明的寺庙、宝塔、雕像、民宅、亭阁和国家设立的公园、博物馆、民俗村等，现已成为各国游客向往的旅游国家之一。

1. 名城

（1）首尔

首尔（旧译“汉城”）是韩国的首都，也是韩国的政治、经济、文化中心，全国陆、海、空交通枢纽，位于朝鲜半岛中部，汉江迂回穿城而过。首尔历史悠久，始建于公元前 18 年，古时因位于汉江之北，得名“汉阳”。1394 年，朝鲜李氏国王迁都于此，改名为汉城。汉城于 15～19 世纪是李氏王朝的都城，历朝在此修建了许多宫殿，故享有“皇宫之城”的美誉。这里名胜古迹颇多，素称韩国瑰宝，主要有景福宫、昌德宫、昌庆宫、德寿宫和御花园等。近代建筑有青瓦台、韩国国立中央博物馆、国立民俗博物馆和世宗纪念馆等。近郊有首尔游乐场、爱宝乐园、韩国民俗村等观光游览地。位于首尔市龙山区的首尔塔（图 2.3）是首尔著名的地标和景点。

图 2.3　首尔塔

（2）釜山

釜山位于韩国东南端，东南濒临朝鲜海峡，与日本相望，西北山地耸峙，因山势像釜而得名。釜山是韩国第一大港口、第二大城市，也是世界五大港湾城市之一，海外贸易活跃。釜山在旧石器时代就开始有人居住，是历史悠久的城市，1876 年由日本建为贸易港，后逐渐发展成为城市，1950 年被认定为临时首都。釜山西部靠江，南部临海，冬暖夏凉。著名旅游景点有梵鱼寺、太宗台、海云台浴场、松岛、东莱温泉、龙头山公园、忠烈祠等。

（3）庆州

庆州位于韩国东南庆州盆地中部，四面环山，有西川、南川、北川三水环绕城邑，为世界十大古都之一。庆州是韩国古代文明的摇篮，新罗王国于公元前 57 年在此建都，直到公元 923 年均在此立都。这里是整个朝鲜半岛历史文化及艺术文物最丰富的地方，被誉为一座“没有围墙的博物馆”，被联合国教科文组织选定为世界文化遗产。庆州是一座以佛教文化为中心的古城，新罗时期的佛教寺庙、王室陵墓、王宫、古堡遗址、天文台、纪念物等遗迹遍布全市。庆州最具代表性的佛教遗迹是佛国寺和石窟庵，这两处文化遗产在 1995 年被联合国教科文组织列入《世界遗产名录》。2000 年，庆州市中心的五大地区整合在一起称为“庆州历史遗迹地区”，被载入《世界遗产名录》。

（4）仁川

仁川位于韩国西北部，为韩国第二大港口城市，韩国第三大城市。仁川与首尔之间有首都圈电铁联系，距离首尔约 28 千米。朝鲜战争中美军在仁川登陆。2015 年 2 月 25 日，《中韩自贸协定》将中国威海市和仁川自由经济区作为地方经济合作示范区，发挥示范和引导作用。仁川在 2014 年举办了第十七届亚洲运动会。仁川唐人街曾是韩国最大的华侨居留地。作为与海洋为伴的港口城市，仁川有许多著名的海洋风景区，位于仁川前海的舞衣岛、实尾岛等是多部影视作品的拍摄地，也是游客经常前往的目的地。

2. 名胜古迹

（1）济州岛

济州岛是韩国第一大岛，位于韩国西南隅，北面隔济州海峡与韩国本土相距约 82 千米，东面隔朝鲜海峡与日本相望，西面隔黄海与中国相望，南向东海。济州岛是由 120 万年前火山活动而形成的一座典型的火山岛，岛上最高峰汉拿山是一座休眠火山，海拔 1 950 米，也是韩国最高峰。济州火山岛和熔岩洞窟于 2007 年被联合国教科文组织列入《世界遗产名录》。济州岛具有独特的海岛风光，素有“韩国的夏威夷”之称。

（2）景福宫

景福宫位于韩国首尔，是一座著名的古代宫殿，是李朝太祖李成桂于 1395 年开始修建的。《诗经》中有“君子万年，介尔景福”的诗句，此殿借此而得名。王宫的南面有光化门，东边有建春门，西边有迎秋门，朝北的为神武门。宫苑正殿为勤政殿，是景福宫的中心建筑，李朝的历朝国王都曾在此处理国事。此外，还有思政殿、乾清殿、康宁殿、交泰殿等。宫苑还建有一个 10 层的敬天夺石塔，其造型典雅，是韩国的国宝之一。

（3）昌德宫

昌德宫又名乐宫，是韩国的“故宫”，位于首尔市院西洞，是李朝王宫里保存最完整的一座宫殿。1405 年，李朝第三代国王在此建离宫，后被烧毁，现存的建筑为 1611 年重建的。这座建筑作为王宫长达 300 年。整座宫殿类似中国建筑，入正门后是处理朝政的仁政殿，于 1804 年改建，高大庄严，装饰华丽，内设御座，殿前为花岗石铺地，三面环廊，殿后的东南部分以乐善斋等建筑为主，是王妃居住的地方。寝宫乐善斋是一座典型的朝鲜式木质建筑，殿内陈列着王冠、王服，以及墨宝、武器和其他手工艺品。

（4）青瓦台

青瓦台（图 2.4）是韩国总统官邸，这里原是高丽王朝的离宫，朝鲜王朝建都汉城

图 2.4 青瓦台

后，把它作为景福宫后园，修建了隆武堂、庆农斋和练武场等一些建筑物，并开辟了一块国王的亲耕地。1927 年日本入侵后，毁掉了除五云阁以外的所有建筑，建立了朝鲜总督官邸。1945 年日本投降后变为军政长官官邸。1948 年 8 月，在大韩民国成立的同时，它成为总统官邸并改名为景武台。1960 年，尹潽善当选总统并入主景武台，为了同美国白宫相对应，给白墙蓝瓦的这群建筑起名为青瓦台，所以也有人称其为“蓝宫”。现在，青瓦台主楼为总统官邸，有总统办公室、接见厅、会议室、居室，配楼有秘书室、警务室、迎宾楼等。

（5）韩国民俗村

韩国民俗村位于京畿道龙仁市，集聚韩国各地的农家民宅、寺院、贵族宅邸及官府等 240 座各式建筑，再现朝鲜半岛 500 多年前李氏王朝时期的人文景观和地域风情。

民俗村内的店铺和露天集市上的商品大多是当地传统手工制品及别具风味的食品，有木质雕刻、彩绘纸扇、民族服装、彩色瓷器等。露天广场上每日定时有精彩节目表演，如民俗舞蹈、杂技和乡主鼓乐等。

三、蒙古国

（一）基本国情

1. 自然地理

蒙古国地处亚洲中部的蒙古高原，东、南、西三面与中国接壤，北面同俄罗斯的西伯利亚为邻，蒙古国东西最长处达 2 368 千米，南北最宽处达 1 260 千米。

蒙古国地势自西向东逐渐降低，海拔最高点为 4 653 米的乃拉姆达勒峰，最低点为 553 米的呼赫湖，平均海拔为 1 580 米。山地面积为 77.7 万平方千米，占总面积的一半。戈壁沙漠面积为 40 万平方千米，占总面积的 1/4。湖泊面积为 1.6 万平方千米，占总面积的 1%。

蒙古国大部分地区属温带大陆性气候，季节变化明显，冬季长，常有大风雪；夏季短，昼夜温差大；春、秋两季短促。

国土面积：1 566 500 平方千米。

2. 简史

在蒙古高原上，历史上曾先后出现过匈奴、鲜卑、柔然、突厥、契丹等多个游牧民族统治，唐朝亦曾在此设立安北都护府。1206 年，成吉思汗建立蒙古汗国，1271 年，忽必烈建立元朝。1368 年，元朝灭亡后蒙古人退回蒙古草原，但经常在边境与明朝发生冲突，时战时和。18 世纪中叶，蒙古全境被纳入清朝统治范围。1911 年，蒙古王公在沙皇俄国的支持下宣布“自治”，又于 1919 年放弃“自治”。1921 年，蒙古脱离中国，1924 年成立蒙古人民共和国。

3. 政治

蒙古国为议会制国家。国家大呼拉尔为国家最高权力机关，行使立法权。国家大呼拉尔可提议讨论内外政策的任何问题，并将以下问题置于特别权力之内予以解决：批准、增补和修改法律；确定内外政策基础；宣布总统和国家大呼拉尔及其成员选举日期；决定和更换国家大呼拉尔常设委员会；颁布总统当选并承认其权力的法律；罢免总统；任免总理及政府成员；决定国家安全委员会的组成及权限；决定赦免等。国家大呼拉尔为一院制议会，其成员由蒙古国公民以无记名投票的方式直接或间接选出，任期 4 年。政府为国家权力最高执行机关，政府成员由国家大呼拉尔任命。

4. 经济

蒙古国经济以畜牧业和采矿业为主。畜牧业是蒙古国的传统产业，是国民经济的基础，也是蒙古国加工业和生活必需品的主要原料来源。蒙古国人均农牧业用地面积居全球之首，从业人口占全国人口一半以上。蒙古国主要工业部门有采矿业和农牧产品加工业及能源、建材、化学工业，集中分布在乌兰巴托、乔巴山、达尔汗等少数城市。20 世纪 90 年代以后，蒙古国实行私有化改革，并于 1997 年 1 月加入世界贸易组织。蒙古国主要出口矿产品、纺织品和畜产品等，主要进口机器设备、食品等。蒙古国的主要贸易伙伴为中国、俄罗斯、欧洲联盟（以下简称“欧盟”）、加拿大、美国、日本、韩国等。

货币：图格里克。

（二）人文习俗

1. 民族、语言、人口、宗教

民族：喀尔喀蒙古族约占全国人口的 80%，此外还有哈萨克族等少数民族。

语言：喀尔喀蒙古语为官方语言。

人口：约 320 万（2019 年 1 月）。

宗教：居民主要信仰喇嘛教。

2. 主要节日

白月：日期与我国藏历新年相同，是蒙古国民间最隆重的节日。

国庆节-那达慕：7 月 11 日。

3. 民俗风情

（1）服饰

蒙古国服饰称为蒙古袍，具有浓郁的草原风格特色，由长袍、腰带、靴子、首饰等组成，便于骑乘鞍马，因地区不同在式样上有所差异。蒙古族的服饰具有自己的审美特征，特别偏爱鲜艳、光亮的颜色，男装多为蓝色、棕色，女装多为红色、粉色、绿色、天蓝色。

（2）饮食

蒙古国的传统饮食大致有四类，即面食、肉食、奶食、茶食。通常，蒙古国称肉食为“红食”，称奶食为“白食”。肉类主要是牛肉、绵羊肉，其次为山羊肉。用羊肉烹制的传统菜式有全羊宴、烤羊心、炒羊肚、羊脑烩菜等 70 多种，最具特色的是烤全羊。白食分为饮用的鲜奶、酸奶、奶酒。蒙古族每天离不开茶，除饮红茶外，几乎都有饮奶茶的习惯，每天早上第一件事就是煮奶茶，甚至有人认为，三天不吃饭菜可以，但一天不饮奶茶不行。

蒙古族善饮酒，所饮用的酒多为马奶酒，每逢节日或客人朋友相聚，都有豪饮的习惯。

（3）礼仪

敬献哈达是蒙古国常见的社交礼仪。蒙古哈达一般为丝制，长度不一，有蓝色、白色、黄色、绿色、红色五种颜色，以蓝色为尊。敬献哈达时，应将哈达的叠口对着接受者。晚辈向长辈敬献哈达时，应一边致祝词一边双手捧哈达献上，长辈也应双手接哈达，然后将其搭在颈上。如果是长辈向晚辈赠送哈达，长辈可直接将哈达搭在晚辈颈上。有时，蒙古人会将酒碗置于哈达上向贵宾敬酒。敬献鼻烟也是蒙古族牧民的一种日常见面礼，如有客人来，互相交换鼻烟壶表示敬意和友好。

知识链接 2-5

鼻烟文化

鼻烟在清朝初期传入中国，并在游牧的蒙古民族中流行起来。如今，吸闻鼻烟成为蒙古人不可或缺的习惯，并形成特有的鼻烟文化。鼻烟是由富含高级油分和香味的干烟叶加入名贵药材磨成粉末装入密封容器陈化而成的，吸闻时用手指送少量鼻烟到鼻孔。鼻烟壶的材料讲究，由凤凰石、玛瑙、珊瑚、玉石、水晶、琥珀等各种材料制成，其中凤凰石、珊瑚、玉石制成的鼻烟壶极为贵重。鼻烟壶一般装在荷包里，揣在怀里或挂在腰间。蒙古人相信鼻烟壶可以为主人防病或者祛除顽疾。

（资料来源：http://as.bytravel.cn/art/mgg/mggdby，节选，有改动）

（4）禁忌

在蒙古国，客人应邀进入蒙古包前要将马鞭放在门外，否则会被视作对主人的污辱。在进入蒙古包时不能踩门槛，忌讳生人靠在蒙古包上。在接递物品时，以双手接递为敬，也可用右手，但不能只用左手接递。蒙古人不喜欢别人用手指点他们的头部，忌讳把鼻烟壶放到地上或者踩踏。蒙古人崇拜火神，忌往火里扔脏东西，不能从火上跨越，不能在火旁放刀斧等锐器。蒙古人善于骑马，也爱惜马，将其视如珍宝，故不喜欢吃马肉。送礼物时忌送帽子，因为帽子的口朝下，送人会破坏别人的运气。穿蒙古袍时，忌捋袖子，因为这样会使人理解为要打架。

蒙古人自古以来逐水草而居，特别敬水，忌讳在河里洗澡、洗脏东西，更忌讳往河里倒垃圾。

4. 文化艺术

蒙古文化是由蒙古民族创造的一种游牧文化。长调民歌音域宽广，曲调优美流畅，腔多词少，是蒙古族传统民歌体裁，在长期流传过程中已形成完整的体系，包括草原牧歌、赞歌、思乡曲、婚礼歌、情歌等不同种类。

蒙古族舞蹈产生于民间，其特点是节奏明快、热情奔放、风格独特，多以抖肩、翻腕等动作来表现蒙古族人热情开朗的性格。男子的舞姿造型挺拔豪迈，步伐轻捷洒脱，表现出蒙古族男性剽悍英武、刚劲有力之美。

知识链接 2-6

马 头 琴

马头琴（图 2.5）是一种两弦的弦乐器，有梯形的琴身和雕刻成马头形状的琴柄，声音圆润，低回婉转，为蒙古族人喜爱的乐器，是演奏蒙古长调最好的乐器。相传有一个牧人怀念死去的小马，取其腿骨为柱，头骨为筒，尾毛为弓弦，制成二弦琴，并按小马的模样雕刻了一个马头装在琴柄的顶部，因此得名。马头琴能够准确地表现蒙古人的生活场景：辽阔的草原、呼啸的狂风、悲伤的心情、奔腾的马蹄声、欢乐的牧歌。

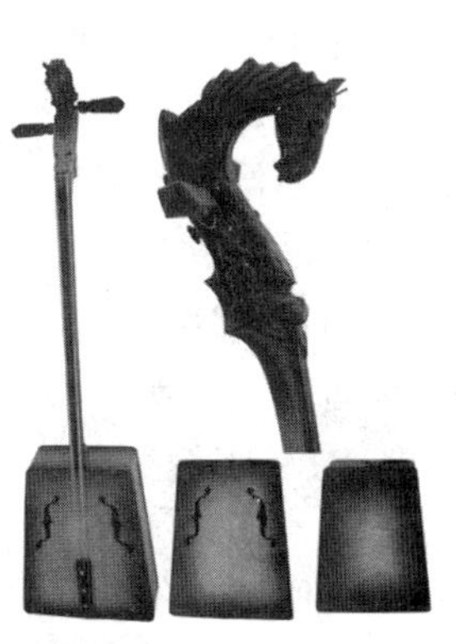

图 2.5 马头琴

（资料来源：https://baike.baidu.com/item/马头琴/352644?fr=aladdin，节选，有改动）

（三）旅游资源

蒙古国地处亚洲中部的蒙古高原，从北至南大体为高山草地、戈壁、湖泊，旅游资源具有浓郁的民族草原风情特色。

1. 名城

（1）乌兰巴托

乌兰巴托位于蒙古国中部，是蒙古国的首都和最大的城市，也是全国政治、经

图 2.6　苏赫巴托广场

济、交通、科教、文化中心。乌兰巴托位于图拉河畔，四面环山。乌兰巴托始建于 1639 年，曾称库伦，1924 年更名为乌兰巴托。市内的主要名胜有自然历史博物馆、造型艺术博物馆、博格多汗宫、苏赫巴托广场（图 2.6）、乔依金寺博物馆和甘登寺等。市郊有特列尔吉旅游景区、成吉思汗旅游点、成吉思汗骑马雕像旅游景区和滑雪场等。

（2）额尔登特

额尔登特是蒙古国第三大城市，始建于 1965 年，以额尔登特铜、钼矿的名字命名。额尔登特铜、钼矿是亚洲著名的铜、钼矿之一。

（3）达尔汗

达尔汗东南距乌兰巴托 230 千米，是蒙古国第二大城市。达尔汗在蒙古语中的意思是“铁匠”或“冶铁场”。达尔汗为蒙古国新兴的工业城市，工业企业包括混凝土、石灰、水泥、钢制品、发电厂、毛皮、肉乳加工厂、毛纺织品、地毯、服装业等。位于达尔汗城东 65 千米的沙尔河露天煤矿，为蒙古国第二大煤田。

（4）温都尔汗

温都尔汗位于克鲁伦河上游，西距乌兰巴托 291.3 千米，为蒙古国东部畜牧业中心，建有面粉厂和食品加工厂。该地区的经济主要以种植和畜牧业为基础的农业活动为主。2013 年 11 月 18 日，蒙古国政府将温都尔汗更名为成吉思市，因为这里是蒙古帝国的缔造者成吉思汗的出生地。

2. 名胜古迹

（1）库苏古尔湖

库苏古尔湖位于蒙古国北部，是蒙古国面积最大的淡水湖，水域总面积为 2 612 平方千米，素有“东方的蓝色珍珠”之美誉。库苏古尔湖是蒙古国重要的淡水储备，该湖水经蒙古国最大的河流色楞格河汇入俄罗斯的贝加尔湖。库苏古尔湖区有野山羊、盘羊、绵羊、麋鹿、驯鹿、麝鹿、棕熊、山猫、貂鼠、狼、海狸、驼鹿等 68 种哺乳动物，244 种鸟类和包括西伯利亚河鳟在内的 9 种鱼类。库苏古尔湖的冬天最为奇特，因为湖水会在农历腊月的某一夜顷刻之间结冻，而湖水在封冻之际，会发出似雷霆滚过的山崩地裂般的轰鸣声。能亲耳聆听这声响的人，被认为是福星高照之人。湖水封冻之后，一团团浓雾从天而降，将苍天和大地融为一体，变成银白色。

（2）哈拉和林遗址

哈拉和林遗址位于乌兰巴托以西 365 千米处，是 13 世纪蒙古帝国的首都遗址。哈拉和林是蒙古国最鼎盛时期的政治、经济、文化中心，是历史上的繁华重镇，是联合国教科文组织规定的蒙古国唯一的人类文化遗产保护项目。

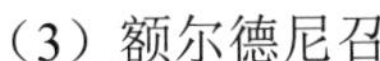

（3）额尔德尼召

额尔德尼召是蒙古国著名古寺庙，由阿巴岱汗于 1586 年开始建造，至今已有 400 多年的历史。额尔德尼召内还保存着 15～17 世纪的绘画、装饰品、刺绣品及大量的珍贵手稿、木版书籍、碑刻等珍贵文物，对于研究该寺的历史和藏传佛教在蒙古国的流行有着极为重要的参考价值。

第二节　东南亚地区

东南亚位于亚洲东南部，包括中南半岛和马来群岛两大部分。中南半岛因位于中国以南而得名，南部的细长部分称为马来半岛。东南亚地处亚洲与大洋洲、太平洋与印度洋的“十字路口”，马六甲海峡是这个路口的“咽喉”，战略地位非常重要，太平洋西岸国家与南亚、西亚、非洲东岸、欧洲等沿海国家之间的航线多经过这里。东南亚地区共有 11 个国家：越南、老挝、柬埔寨、泰国、缅甸、马来西亚、新加坡、印度尼西亚、文莱、菲律宾和东帝汶。老挝是东南亚唯一的内陆国，越南、老挝、缅甸与中国陆上接壤。

一、新加坡

（一）基本国情

1. 自然地理

新加坡共和国，别称为“狮城”，是东南亚的一个岛国。位于马来半岛南端、马六甲海峡出入口，北隔柔佛海峡与马来西亚相邻，南隔新加坡海峡与印度尼西亚相望。全国由新加坡岛及附近的 63 个小岛组成，其中新加坡岛约占全国面积的 88.5%。最大的三个外岛为裕廊岛、德光岛和乌敏岛。

国土面积：714.3 平方千米。

2. 简史

据马来西亚史籍记载，1150 年左右，室利佛逝王国王子乘船到达此岛，发现岸上有狮子，王子就将这座小岛命名为狮子城。18 世纪至 19 世纪初，新加坡成为马来西亚柔佛王国的附属地区。1824 年沦为英国殖民地，成为英国在远东的转口贸易商埠和在东南亚的主要军事基地。1942 年被日军占领，1945 年日本投降后，英国恢复其殖民统治。1958 年 8 月，英国核准“新加坡自治方案”，1959 年 6 月，新加坡成为自治邦，英国保留国防、外交、修改宪法等权力。1963 年，新加坡作为一个州加入马来西亚。1965 年 8 月 9 日脱离马来西亚，成立了新加坡共和国，同年 9 月成为联合国成员，10 月加入英联邦。

3. 政治

新加坡实行议会共和制，总统为国家元首，由全民选举产生，任期 6 年。总统委任议会中多数党的领袖为总理。总统有权否决政府财政预算和公共部门职位任命；可审查政府执行内部安全法令和宗教和谐法令的情况；有权调查贪污案件。总统和议会共同行使立法权。议会称国会，实行一院制。国会议员分为民选议员、非选区议员和官委议员。其中，民选议员由公民投票选举产生。

4. 经济

新加坡经济属外贸驱动型经济，以电子、石油化工、金融、航运、服务业为主，高度依赖中国、美国、日本以及欧洲和周边市场，外贸总额是 GDP 的 4 倍。新加坡工业主要包括制造业和建筑业。制造业产品主要包括电子、化学与化工、生物医药、精密机械、交通设备、石油产品、炼油等产品。新加坡也是东南亚最大的修造船基地之一，以及世界第三大炼油中心。新加坡的旅游业是外汇主要来源之一，游客主要来自中国、东南亚国家联盟（以下简称“东盟”）国家、澳大利亚、印度和日本。据新加坡旅游局统计，2017 年接待国际游客的收入达 268 亿新元。

由于新加坡国土面积有限，很多本土品牌需要借助外力，由国外企业代加工。新加坡品牌有新加坡航空公司、虎牌啤酒。

货币：新加坡元。

知识链接 2-7

华人迁徙新加坡的历史

新加坡是中国之外唯一华人人口占多数的国家。新加坡早期的贸易和作为商业中心的发展见证了殖民地内庞大的华人社群的成长。从 19 世纪开始，由于当时的中国正处于内忧外患之中，人民饱受战争、饥荒与贫穷之苦，在不得已的情况下，部分中国人离开家乡，漂洋过海到新加坡来寻找生机。新加坡华人主要来自广东、福建、海南等中国东南沿海省份。当新加坡港口全面开放后，大批的中国贸易商船驶来，为新加坡贸易商带来了丰厚的利润。他们将中国的丝绸、锦缎和茶叶运到新加坡销售给欧洲的私营商人，然后将来自印度的商品带回中国。新加坡河上的驳船码头和中国城（牛车水）已成为东南亚商船贸易活动的中心及全世界的贸易集散地。

（资料来源：https://baike.so.com/doc/6924090-7146200.html，节选，有改动）

（二）人文习俗

1. 民族、语言、人口、宗教

民族：新加坡多数为华人，约占总人口的 75%。其余为马来人、印度人和其他种族。

语言：马来语为国语，官方语言有英语、汉语、马来语、泰米尔语，英语为行政用语。

人口：564 万（2018 年 6 月）。

宗教：主要为佛教、道教、伊斯兰教、基督教和印度教。

2. 主要节日

华人新年：同中国春节。

泰米尔新年：4、5 月间。

卫塞节：5 月的月圆日。

国庆节：8 月 9 日。

开斋节[①]：伊斯兰教历 10 月新月出现之时。

圣诞节：12 月 25 日。

3. 民俗风情

（1）服饰

新加坡人的国服是一种以胡姬花为图案的服装。在对外交往中，新加坡人大多按照国际惯例穿深色的西装或套裙。在日常生活中，不同民族的新加坡人的穿着打扮往往各具其民族特色。华人的日常着装多为长衫、长裤、连衣裙或旗袍；马来人最爱穿巴汝、纱笼；锡克人则是男子缠头，女子身披纱丽。

（2）饮食

新加坡是一个多民族的国家，饮食丰富多彩。无论是中式菜肴、西式快餐、日本料理、韩国烧烤、泰国餐，还是马来风味、印度风味的饮食，都可以在这里吃到。新加坡也有自己的特色菜，这是由长住马来西亚、新加坡的华侨，融合中国菜系与马来菜系所发展出来的家常菜，称为娘惹（图 2.7）。

图 2.7　娘惹

知识链接 2-8

娘惹菜文化

娘惹菜系是由中国菜系和马来菜系融合而成的马六甲菜肴，是传统中国菜烹饪法与马来香料的完美结合，融合了甜酸、辛香、微辣等多种风味，口味浓重，所用的酱料由十种以上香料调配而成，是令人交口称赞的南洋菜中最特别、最精致的佳肴之一。叻沙是娘惹美食中最具盛名的一种菜。

（资料来源：https://baike.baidu.com/item/%E5%A8%98%E6%83%B9%E8%8F%9C/4607466?fr=aladdin，节选，有改动）

① 关于伊斯兰教的宗教节日：宰牲节、开斋节、古尔邦节。按伊斯兰教历，日期每年不固定。后同。

（3）礼仪

在社交场合，新加坡人所行的见面礼多为握手礼。在待人接物方面，新加坡人笑脸迎客，彬彬有礼。对新加坡人而言，在人际交往中讲究礼貌、以礼待人，不但是每个人应具备的基本修养，而且已成为国家和社会对每个人提出的一项必须遵守的基本行为准则。在开国之初，政府就注重“礼治”，立志要将新加坡建成一个礼仪之邦。政府不但强调“不学礼，无以立”，而且专门编订了《礼貌手册》，对于人们在各种不同场合所作所为是否符合礼仪，都做出了明确的规定：“人人讲礼貌，生活更美好”“真诚微笑，处世之道”。《礼貌手册》在新加坡早已家喻户晓，深入人心。在新加坡，不讲礼貌不仅会被人瞧不起，还会寸步难行。

（4）禁忌

在新加坡，用食指指人、用紧握的拳头打在另一只张开的掌心、紧握拳头将拇指插入食指和中指之间、双手叉腰等均被认为是极端无礼的行为。

新加坡人对色彩的想象力很强，一般喜欢红、绿、蓝色，认为紫色、黑色不吉利，黑、白、黄色为禁忌色彩。在商业上反对使用如来佛的形态和侧面像。在标志上禁忌使用宗教词句。喜欢红双喜、大象、蝙蝠图案。

新加坡人认为 4、6、7、13、37、69 是消极数字，他们最讨厌数字 7，平时尽量避免这个数字。

4. 文化艺术

新加坡处处显示出多元文化的特征。华人、马来人、印度人、印度尼西亚人、阿拉伯人、欧洲人在这里毗邻而居，他们都为新加坡丰富的文化组合增添了色彩。各式各样的传统服饰、饮食、节日显示着新加坡文化的包容与繁荣。许多国家把新加坡看作不同民族文化和谐共处的典范。

（三）旅游资源

1. 名城

新加坡市是新加坡首都，马来语意为“狮子之城”，位于新加坡岛南端，市容整洁、花草点缀，被誉为“美丽的花园城市”“东南亚的卫生模范”。

2. 名胜古迹

（1）圣淘沙名胜世界

圣淘沙名胜世界坐落于圣淘沙岛（图 2.8），拥有东南亚独一无二的环球影城主题公园、全球最大的海洋生物园、赌城、各类娱乐演出及风格各异的星级酒店等。新加坡环球影城主题公园包括科幻城市、古埃及、纽约、失落的世界、好莱坞大道、史莱克 4D 电影等主题区。此外，游客还可以乘坐世界最高的双轨过山车，体验两辆过山车擦肩而过的刺激。

（2）鱼尾狮公园

许多来自世界各地的游客会专程造访新加坡市区的鱼尾狮公园（图 2.9），与鱼尾狮塑像拍照留念。鱼尾狮塑像的设计灵感来自《马来纪年》的记载：12 世纪时一位王子遇到风暴，船漂流至此，他一登陆就看到一只神奇的野兽，随从告诉他那是一只狮子，他于是为这座岛取名为狮子城。鱼尾狮塑像的鱼尾造型，浮泳于层层海浪间，代表新加坡从渔港变成商港的特性，也象征来到新加坡谋生求存的祖祖辈辈。

图 2.8 圣淘沙岛

图 2.9 鱼尾狮公园

（3）牛车水

牛车水是新加坡著名的唐人街，早期来新加坡的华人多聚居于此，因当年华人用牛拉水来清扫而得名。如今的牛车水是现代购物中心，各色小贩和百年老店毗邻而居。

（4）天福宫

天福宫是新加坡最古老的庙宇，宫内正殿供奉着天妃（即海神妈祖）。与众不同的是，天福宫的后殿不但供奉着释迦牟尼佛的塑像，还供奉着孔子的坐像，而且孔子像的左右分别是观世音菩萨像和弥勒佛像，旁边还有刘备、关羽、张飞的画像。

（5）裕廊飞禽公园

裕廊飞禽公园是全球超大的鸟类公园之一，是超过 380 种、4 000 只鸟类的家园，有“鸟类天堂”的美称。

二、马来西亚

（一）基本国情

1. 自然地理

马来西亚简称“大马”，位于太平洋和印度洋之间，海岸线长约 4 192 千米，全境被中国南海分成东、西两部分。西马位于马来半岛南部，北与泰国接壤，南与新加坡隔柔佛海峡相望，东临中国南海，西濒马六甲海峡。东马位于加里曼丹岛北部，与印度尼西亚、菲律宾、文莱相邻。

国土面积：330 000 平方千米。

2. 简史

“马来西亚”来源于希腊文，意为“黑土地”，是“马来半岛”的代称。公元初，马来半岛有羯荼、狼牙修等古国。15 世纪初，以马六甲为中心的满剌加王国统一了马来半岛的大部分。16 世纪开始，马来半岛先后被葡萄牙、荷兰、英国占领。20 世纪初完全沦为英国的殖民地。加里曼丹岛沙捞越、沙巴历史上属文莱，1888 年两地沦为英国保护地。第二次世界大战期间，马来半岛、沙捞越、沙巴被日本占领；战后，英国恢复殖民统治，并于 1948 年 2 月 1 日成立马来亚联合邦政府。

1957 年 8 月 31 日，马来亚联合邦宣布独立。1963 年 9 月 16 日，马来亚联合邦同新加坡、沙捞越、沙巴合并组成马来西亚，1965 年 8 月 9 日，新加坡退出。

3. 政治

马来西亚实行君主立宪联邦制。因历史原因，沙捞越州和沙巴州拥有较大自治权。宪法规定：最高元首为国家首脑、伊斯兰教领袖兼武装部队统帅，由统治者会议选举产生，任期 5 年。最高元首拥有立法、司法和行政的最高权力，以及任命总理、拒绝解散国会等权力。1993 年 3 月，马来西亚议会通过宪法修正案，取消了各州苏丹的法律豁免权等特权。

马来西亚行政区划有州、直辖区和县。目前，全国分为 13 个行政州，包括西马的柔佛、吉打、吉兰丹、马六甲、森美兰、彭亨、槟榔屿、霹雳、玻璃市、雪兰莪、登嘉楼，以及东马的沙巴、沙捞越。另有 3 个联邦直辖区：首都吉隆坡、布城和纳闽。

4. 经济

马来西亚是相对开放的以国家利益为导向与新兴工业化结合的市场经济体。马来西亚是一个农业与自然资源出口国，橡胶、棕榈油和胡椒的产量和出口量居世界前列，曾是世界产锡大国。农业以经济作物为主，主要有油棕、橡胶、热带水果等。矿业以锡、石油和天然气开采为主。渔业以近海捕捞为主，近年来深海捕捞和养殖业有所发展。在工业方面，政府鼓励以本国原料为主的加工工业，重点发展电子、汽车、钢铁、石油化工和纺织品等。

货币：林吉特。

（二）人文习俗

1. 民族、语言、人口、宗教

民族：马来西亚主要有马来人（69.1%）、华人（23%）、印度人（6.9%）和其他种族（1.0%）。

语言：马来语为国语，通用英语，汉语使用较广泛。

人口：约 3 240 万（2019 年 1 月）。

宗教：伊斯兰教为国教，其他宗教有佛教、印度教和基督教等。

2. 主要节日

马来西亚的节日很多，全国大大小小的节日约有上百个。但政府规定的全国性节日只有10个，其中除少数节日日期固定外，其余节日的具体日期由政府在前一年统一公布。

元旦：1月1日。

春节：农历正月初一。

五一节：5月1日。

卫塞节：5月的第一个月圆日。

国庆节：8月31日。

开斋节：伊斯兰教历10月新月出现之时。

屠妖节：印度的一个传统节日，又称万灯节、印度灯节，一般在10月末到11月初举行。这一天是印度历7月的第一天，也是新月降临的一日。

圣诞节：12月25日。

3. 民俗风情

（1）服饰

马来西亚人最具代表性的服装是被称为国服的巴迪长袖上衣，它多以蜡染的花布做成。男子的传统服装是上穿巴汝，即一种无领、袖子宽大的外衣；下身则围以一大块布，叫作沙笼；头戴“宋谷”无边帽。女子的传统服装是无领、长袖的连衣长裙，头披单色鲜艳纱巾。在马来西亚，除皇室成员外，一般不穿黄色衣饰。上班族为了工作方便，一般着轻便的西服，工作之余在家或探亲访友或在重大节日时，才着传统服装。

（2）饮食

马来西亚菜普遍运用咖喱等香料调味烹制，以口味酸辣、颜色鲜丽丰富见长。烹饪多以牛、羊、鸡、鸭、鱼、虾为主料。马来西亚人大多信奉伊斯兰教，以大米为主食，不吃猪肉、不吃自死动物。马来人的主食中较出名的有椰浆饭、马来糕点、竹筒饭、黄姜饭等。著名的菜品有冬炎花枝、沙爹串烧等。马来人禁酒，常饮咖啡、红茶，也爱嚼槟榔、饮椰浆。

知识链接 2-9

沙　爹

沙爹是传统马来美食，将腌好的牛肉、羊肉、鸡肉串成串，以适度的火候炭烤，最重要的就是要蘸一层厚厚的沙爹酱一起入口。沙爹酱由花生酱、椰酱、幼虾等调制而成，香醇无比。享用一串串沙爹的同时，再配以椰叶或班兰叶包裹的传统马来米饭、小黄瓜及洋葱等，味道更加鲜美。

（资料来源：https://baike.baidu.com/item/%E6%B2%99%E7%88%B9/2783432?fr=aladdin，节选，有改动）

（3）礼仪

马来西亚的不同民族采用不同的见面礼节。马来西亚人见面时常向对方轻轻点头，以示尊重。马来西亚人传统的见面礼节是“摸手礼”：与他人相见时，一方将双手首先伸向对方，另一方则伸出自己的双手，轻轻摸一下对方伸过来的双手，随后将自己的双手收回胸前，双掌合十，稍举一下，同时身体前弯呈鞠躬状，互致问候。年轻人见到老年人时，一般要相互紧握双手，再双手朝胸前作抱状，身体朝前弯下（如鞠躬）。如今，西式的握手问候在马来西亚已成为普遍的见面礼。

（4）禁忌

马来西亚人忌讳摸头与肩部，认为摸头是对人的一种侵犯和侮辱。他们认为左手是卑贱和不洁净的，所以在同马来西亚人握手、打招呼、吃饭或馈赠礼品时，千万不能用左手，否则会被认为是对人极大的不尊敬。马来西亚人忌讳的数字是 0、4、13。马来西亚人的服饰偏好红色、橙色和其他一些鲜艳的颜色，他们认为黑色属于消极之色，黄色也不适合作为服装之色。受伊斯兰教影响，马来西亚人对绿色十分喜爱。

4. 文化艺术

马来西亚政府努力塑造以马来文化为基础的国家文化，推行“国民教育政策”，重视马来语的普及教育。华文教育在马来西亚也比较普遍，有较完整的华文教育体系。

15 世纪伊斯兰教传入马来西亚后，对马来西亚文化影响很大，出现了《先知穆罕默德传》《亚历山大大帝传》等带有伊斯兰教色彩的重要作品。19 世纪，以阿卜杜拉・蒙希为鼻祖的马来西亚新文学诞生，代表作有《阿卜杜拉传》《新加坡大火之诗》《加里拉和达美娜的故事》等作品。19 世纪末，华侨曾锦文把《三国演义》《水浒传》《西游记》等十多部中国古典名著译成马来文，在马来西亚人中广为流传。马来西亚当代最著名作家萨农・艾哈迈德，从 1971 年起，连续 5 年获得国家文学斗士奖，其代表作《满途荆棘》已被译成英文、俄文、荷兰文、丹麦文等多国文字。

图 2.10　藤球

踢藤球（图 2.10）是马来西亚人传统的体育项目，也是马来西亚最受欢迎的运动。马来西亚的风筝历史悠久，早在马六甲王朝时期，就已经有放风筝的习俗。马来西亚风筝造型奇特、巧夺天工，令人爱不释手，有的游客买来作为室内装饰物，可谓别具一格。马来西亚航空的标志也采用风筝图案。马来西亚古老戏剧的源头可以追溯到古代马来西亚人的原始宗教仪式，14 世纪，马来地区开始流传皮影戏剧，戏剧自 20 世纪 50 年代以来，取得了长足的发展。

（三）旅游资源

马来西亚的旅游资源十分丰富，阳光充足，气候宜人，拥有诸多海岛、原始热带丛林、珍贵的动植物、古老的民俗民风及历史文化遗迹。

1. 名城

（1）吉隆坡

吉隆坡是马来西亚的首都，也是马来西亚最大的城市，有“世界锡都”“胶都”之美誉，位于马来西亚半岛西南部。坐落于吉隆坡市中心的吉隆坡石油双塔（图 2.11）是吉隆坡的著名地标建筑。云顶高原位于距吉隆坡北郊约 50 千米处，是马来西亚国内凉爽的山地度假胜地，山上有电动游乐设施、游泳池、室内体育馆、保龄球馆等，但最引人注目的是设于云顶大酒店内的赌场，这是马来西亚唯一的合法赌场，有“南洋群岛的蒙地卡罗”之称。其他著名景点还有马来西亚石油公司、独立广场等。

图 2.11　吉隆坡石油双塔

（2）马六甲

马六甲是马来西亚的一个州，在马来半岛南部，濒临马六甲海峡。马六甲州的首府也叫马六甲。马六甲曾经是马六甲王国的都城，郑和下西洋有 6 次在此停靠，如今是马六甲海峡海上生命线的咽喉所在。在联合国教科文组织于 2008 年 7 月 7 日召开的世界文化遗产大会上，马六甲市被正式列入《世界遗产名录》。马六甲市内汇集有多国风格的文化遗产，华人领袖郑芳杨于 1567 年建造的青云亭是马来西亚最早的庙宇，供奉有观世音菩萨、关帝、王母娘娘，至今仍是华人宗教活动的中心。此外，马六甲还有纪念中国明代航海家郑和的三保山、三保井、三保亭等。葡萄牙式的古迹有圣地亚哥古城门和圣保罗教堂等。荷兰式建筑有史达特斯教堂及由荷兰民宅改建的马六甲博物馆。

（3）新山

新山是柔佛州的首府，与邻国新加坡隔柔佛海峡相对，有“马来西亚的南方门户”之称。新山是重要的工业与商业城市，它的大型企业包括电子、石油化工和造船工业。新山有不少著名的历史建筑物，主要旅游景点有小村古柔佛、苏丹清真寺、苏丹花园及王宫、柔佛艺术馆、拉奎岛等。

（4）槟榔屿

槟榔屿，又称槟城，首府乔治市是重要港口，是首都吉隆坡和新山之后的全国第三大城市，位于马来西亚半岛西北侧。槟榔屿以槟榔树而得名，并有“印度洋绿宝石”“宗教建筑博物馆”之美称。槟榔屿的经济是以贸易、工业、旅游业及农业相混合的经济体。槟榔屿提供的旅游方式较为全面，除了古迹游、探索美食及海滩，还有生态旅游、展览与会议、购物及医疗旅游等。槟榔屿首府乔治市于 2008 年 7 月 7 日被联合国教科文组织列入《世界遗产名录》。著名景点有升旗山、极乐寺、卧佛寺、槟榔屿植物园等。

2. 名胜古迹

（1）荷兰红屋

荷兰红屋（图 2.12）建于 17 世纪，是东南亚地区现存最古老的荷兰式建筑物。300 多年来，它一直是政府机关所在地，直至 1980 年才改为马六甲博物馆。荷兰红屋有厚厚的红砖墙，笨重的硬木门，门前是宽阔的石级。馆内保留了马六甲各个时期的历史遗物，包括荷兰古代兵器，葡萄牙人 16 世纪以来的服装，马来人婚嫁服饰，金、银、珠宝手工艺品，以及在马六甲港口停泊的各类古代船只的图片等，馆内还收藏稀有的古代钱币和邮票。

图 2.12　马六甲荷兰红屋

（2）极乐寺

极乐寺位于海拔 830 米的升旗山（即槟榔山），依山而建，是东南亚较大的佛寺之一，是马来西亚最大的华人庙宇。该寺为清光绪十五年（1889 年）由福建鼓山涌泉寺方丈妙莲禅师开山兴建的。寺内最宏伟的建筑物是寺后 30 米高的 7 层的浮屠万佛塔，每层供奉大小不一、姿态各异的大理石镀金佛像 100 多尊，整个佛塔中有佛像 1 000 多尊。塔顶是缅甸式的，中层是暹罗式的，下层是中国式的，庄严瑰丽，举世无双。寺里有光绪帝题写的“大雄宝殿”、康有为手书“勿忘故国”等匾额。

（3）巫鲁山国家公园

巫鲁山国家公园位于沙捞越州北部，靠近文莱边境，是世界上最复杂的热带喀斯特地区，1985 年开始对公众开放。公园地处加里曼丹岛倾斜地带，地形复杂多变，包含所有主要的岩石类型，拥有世界上最大的地下洞穴群。这里生物物种丰富多样，特别是棕榈植物极为丰富。巫鲁山国家公园具有举世无双的热带岩洞、独特的喀斯特现象，生态系统保存完好，几乎没有遭到破坏，具有很高的观赏价值。

三、泰国

（一）基本国情

1. 自然地理

泰国位于中南半岛中南部，与柬埔寨、老挝、缅甸、马来西亚接壤，东南临泰国湾

（太平洋），西南濒安达曼海（印度洋）。

国土面积：513 115 平方千米。

2. 简史

泰国原名暹罗，1238 年形成较为统一的国家。先后经历了素可泰王朝、大城王朝、吞武里王朝和曼谷王朝。16 世纪，葡萄牙、荷兰、英国、法国等殖民主义者先后入侵。1896 年英法签订条约，规定暹罗为英属缅甸和法属印度支那间的缓冲国，暹罗成为东南亚唯一没有沦为殖民地的国家。19 世纪末，拉玛四世开始实行对外开放，拉玛五世借鉴西方经验进行社会改革。1932 年 6 月，人民党发动政变，改君主专制为君主立宪制。1939 年更名泰国，后经几次更改，1949 年正式定名泰国。

3. 政治

泰国实行君主立宪制。第二次世界大战后，泰国军人集团长期把持政权，政府一度更迭频仍。20 世纪 90 年代开始，军人逐渐淡出政坛。

泰国司法属大陆法系，以成文法作为法院判决的主要依据。司法系统由宪法法院、司法法院、行政法院和军事法院构成。国家立法议会负责制定法律，行使国会和上、下两院职权。

4. 经济

泰国实行自由经济政策，属外向型经济，依赖中国、美国、日本等外部市场。泰国是传统农业国，农产品是泰国外汇收入的主要来源之一。泰国是世界上稻谷和天然橡胶最大出口国。泰国海域辽阔，是世界市场主要鱼类产品供应国之一。随着经济的高速发展，泰国经济结构发生了明显的变化，农业在国民经济中仍然占有重要的地位，但制造业在国民经济中的比重日益扩大。泰国工业化进程的一大特征是充分利用其丰富的农产品资源发展食品加工及其相关的制造业。主要工业门类有采矿、纺织、电子、塑料、食品加工、玩具、汽车装配、建材、石油化工等。近些年泰国旅游业保持稳定发展势头，也是外汇收入重要来源之一。

货币：铢。

（二）人文习俗

1. 民族、语言、人口、宗教

民族：全国共有 30 多个民族，泰族为主要民族，占人口总数的 40%，其余为老挝族、华族、马来族、高棉族，以及苗族、瑶族、桂族、汶族、克伦族、掸族、塞芒族、沙盖族等山地民族。

语言：泰语为国语。

人口：6 900 万（2019 年 1 月）。

宗教：90%以上的民众信仰佛教，马来族信仰伊斯兰教，还有少数民众信仰基督教、天主教、印度教和锡克教。

2. 主要节日

万佛节：泰历三月十五日，如逢闰年，改为泰历四月十五日，是为了纪念佛教信徒对于佛祖的信仰与尊敬。

宋干节：又称泼水节，每年 4 月 13～15 日，是泰国传统的佛历新年。

泰王登基纪念日：5 月 5 日。已故泰王拉玛九世，在位逾 70 年，对泰国影响极大。

佛诞节：又称浴佛节，泰历六月十五日，为佛祖释迦牟尼诞生纪念日。

万寿节：12 月 5 日。已故泰王拉玛九世的生日，是法定的父亲节。

水灯节：泰历十二月十五日。

3. 民俗风情

（1）服饰

泰国是一个多民族的国家，各个民族都有自己的传统服饰。泰族男子的传统服装为“绊尾幔”纱笼和“帕农”纱笼。绊尾幔是用一块长约 3 米的布包缠双腿，再把布的两端卷在一起，穿过两腿之间，塞到腰背处。穿上以后，很像我国的灯笼裤。帕农是一种用布缠裹腰和双腿的服装。由于纱笼下摆较宽，穿着舒适凉爽，因此它是泰国平民中流传最长久的传统服装之一。

（2）饮食

泰国菜以色香味闻名，最大特色是酸与辣。泰国厨师喜欢用各式各样的配料（如大蒜、辣椒、酸柑、鱼露、虾酱等）来调味，煮出一锅酸溜溜、火辣辣的泰式佳肴。泰国招牌菜有冬阴功、椰汁嫩鸡汤、咖喱鱼饼、绿咖喱鸡肉、芒果香饭等。鱼、虾、蟹是泰国各餐馆的招牌美食，如炭烧蟹、炭烧虾、咖喱蟹等。泰国传统的烹饪方法是蒸煮、烘焙或烧烤，受中国烹饪影响，逐渐引入了煎、炒和炸的方法。

（3）礼仪

泰国自古就有“微笑之邦”的美誉。泰国人见面时通常双手合十于胸前，互致问候，合十后可不再握手。晚辈见长辈时双手举至眼部，平辈相见双手举到鼻部，长辈对晚辈还礼时双手放至胸前。在社交聚会上，男子不应同已婚女子交谈过久。贵宾特邀来访，主人要给贵宾戴上鲜花编成的花环，客人不可随意扔掉，回到下榻处再取下，以示对东道主的尊敬。

（4）禁忌

泰国人非常重视人的头部，认为头是灵魂所在，神圣不可侵犯，头部被他人触摸是奇耻大辱。因此，在泰国切勿触摸别人的头，即使摸小孩的头也不行，如果摸小孩的头，小孩被认为一定会生病。泰国人认为，脚是人体最下部的，代表最下等。在泰国人面前要盘腿而坐或站着，不能让人看到鞋底。聚会时长辈在座，晚辈必须坐在地上或者蹲跪着，以免高过长辈，否则会被视为对长辈的大不敬。泰国人不喜欢数字 0 和 6。到泰国寺庙拜谒，应穿着整齐，以示对佛祖的尊重，因为在泰国人看来寺庙是神圣的地方。

4. 文化艺术

泰国实行 12 年制义务教育。著名高等院校有朱拉隆功大学、法政大学、农业大学、清迈大学等。媒体以私营为主，按市场规则运作。泰文媒体是主流媒体，英文、华文媒体居辅助地位。泰国主要泰文报纸有《民意报》《泰叻报》《经理报》《每日新闻》等，主要华文报纸有《新中原报》《中华日报》等，主要英文报纸有《曼谷邮报》《民族报》等。

泰拳是泰国传统民族艺术和格斗技艺，泰拳作为一门传奇的格斗技艺，是一项以力量与敏捷著称的运动。

泰国是个多民族国家，舞蹈丰富多彩。中部流行的丰收舞反映了劳动人民庆丰收时的欢乐景象；北部流行长甲舞，表演时演员戴长长的指甲，穿上漂亮的古典服装，同时北部还流行蜡烛舞，跳舞时室内所有灯光熄灭，演员手持蜡烛舞蹈。

泰国文学最早产生于 13 世纪末素可泰王朝时期，当时基本上是宗教文学和宫廷文学。刻于 1292 年的《坤兰甘亨碑文》是典型的宫廷文学的代表作。《三界经》是优秀的佛教文学作品，以优美的文字描述了欲界、色界、无色界的情况，要人们弃恶从善。

知识链接 2-10

泰 拳

泰拳是发源于泰国，弘扬于世界的搏击技术，被称为“八条腿的运动”。泰拳这一搏击技术在纯泰拳规则的比赛中，使用双拳、双腿、双膝、双肘进行格斗。泰拳文化与泰族的传统文化关系密切，其宗教色彩浓厚。例如，入门拜师、竞技礼节及上台比赛前在擂台上的拳舞祭祀仪式，都有明显的宗教艺术背景。至于泰国本土创作的古典诗剧和舞蹈艺术，其中有很多动作和细节被人们领悟并融会于拳术之中。泰拳可谓集多项美质于一体，是娱乐、武学、艺术及体育的结合。

（资料来源：https://baike.baidu.com/item/%E6%B3%B0%E6%8B%B3/76765?fr=aladdin，节选，有改动）

（三）旅游资源

泰国在世界上素有“千佛之国”“大象之邦”“黄袍佛国”等美誉。泰国拥有海岛、美食和独特的文化。主要旅游点除曼谷、普吉岛、芭堤雅、清迈和帕塔亚外，清莱、华欣、苏梅岛等一批新的旅游点发展较快，吸引着众多的外国游客。

1. 名城

（1）曼谷

曼谷是泰国首都和最大城市，别名“天使之城”，为泰国政治、经济、贸易、交通、文化、科技、教育、宗教中心。曼谷是繁华的国际大都市，是贵金属和宝石的交易中心，经济占泰国总量的44%，曼谷港承担着泰国90%的外贸。曼谷旅游业十分发达，曾被评选为2013年全球最受欢迎的旅游城市。曼谷也被誉为“佛教之都”，是世界佛教联谊会总部及亚洲理工学院所在地。著名景点有大皇宫和安帕瓦水上市场。

（2）清迈

清迈是仅次于首都曼谷的泰国第二大城市，是清迈府的治所，泰国北部政治、经济、文化的中心。清迈市内风景秀丽、遍植花草，尤以玫瑰花最为著名，有“泰北玫瑰”的雅称。清迈的天然环境优美，平均海拔300米，是泰国的高原城市，气候凉爽，是著名的避暑胜地。清迈曾长期作为泰国的首都，至今仍保留着很多珍贵的历史和文化遗迹。城区内有代表着泰国北部灿烂历史文化的古老寺庙，同时，清迈的丝绸、纺织品也著称于世，每年都有大批丝绸、纺织品出口，是泰国制造业的重要支柱。清迈也以产烟叶著名，产量居全国第一，其他有柚木、稻米、纺织、碾米等。矿产有石油、钨、银、锡。由于历史上同属兰纳王朝，清迈的方言和我国西双版纳的傣语是同一种语言。著名景点有双龙寺、普屏宫。

（3）清莱

清莱建城于1262年，现在是泰国北部清莱府的治所。清莱绿树成荫、景色秀丽，是一座宁静简朴的小城。这里是通往北部山区和缅甸、老挝边境的要道，质朴的山地村落、浪漫的湄公河及神秘的“金三角”共同构成了清莱的主要景致。

（4）华欣

华欣是泰国西海岸著名的避暑胜地，位于泰南中部巴蜀府。这里有狭长的巨弓形海滩，细沙如雪。平坦清净的海滩西边是苍翠的山峦和小丘，东边是蔚蓝色的大海，海景壮阔，有“泰国迈阿密”之称，其中以令杏海滩尤为著名。华欣是远离尘嚣的海边度假中心，更是传说中美丽的海滨天堂。华欣曾是泰国皇室的避暑胜地，也是自20世纪20年代以来达官显要最常造访的地方。

2. 名胜古迹

（1）大皇宫

大皇宫（图2.13），又称大王宫，是泰国曼谷王朝一世王至八世王的王宫。总面积约为21.84万平方米，位于首都曼谷市中心，依偎在湄南河畔，是曼谷市内最为壮观的古建筑群。1782年，曼谷王朝拉玛一世开始兴建大皇宫。1784年，第一座宫殿阿玛林宫建成，拉玛一世即迁入宫内主持政事。以后历代君主集泰国建筑艺术之精华，不断扩建大皇宫，装饰日益华丽，使其达到了现存的规模。大皇宫四周筑有白色宫墙，高约5米，总长1 900米。建筑以白色为主色，风格主要为暹罗式。大皇宫主要由几座宫殿和一座玉佛寺组成。

图2.13　大皇宫

（2）玉佛寺

建于 1782 年的玉佛寺是泰国大皇宫的一部分，面积约占大皇宫的 1/4，是泰国著名的佛寺，玉佛寺是泰国王族供奉玉佛像和举行宗教仪式的场所，因寺内供奉着玉佛而得名。寺内有玉佛殿、先王殿、佛骨殿、藏经阁、钟楼和金塔，其中玉佛殿是玉佛寺的主体建筑，大殿正中的神龛里供奉着被泰国视为国宝的玉佛像，玉佛高 66 厘米，宽 48 厘米，由一整块碧玉雕刻而成。每当换季时节，泰国国王都为玉佛更衣，以保国泰民安。每当泰国内阁更迭之际，新政府的全体阁员都要在玉佛寺向国王宣誓就职。每年 5 月农耕节，国王还要在这里举行宗教仪式，祈祷丰收。玉佛寺内的几块大瓷屏风上还彩绘着中国《三国演义》的故事。

（3）芭堤雅

芭堤雅位于首都曼谷东南 154 千米、印度支那半岛和马来半岛间的暹罗湾。以阳光、沙滩、海鲜名扬天下，被誉为“东方夏威夷”，是世界著名的新兴海滨旅游度假胜地，也是泰国旅游业的重要支柱之一。

（4）普吉岛

普吉岛是泰国最大的岛，位于泰国西南方，安达曼海东南部，北以巴帕海峡与泰国本土的攀牙府相邻。普吉岛是安达曼海的热带岛屿，环境纯净，海水清白，有丰富的海鲜和热带水果，是一座著名的度假岛。普吉岛以其迷人的热带风光和丰富的旅游资源被称为“安达曼海上的一颗明珠”，有“珍宝岛”“金银岛”的美称。

（5）泰国大城府遗址

曼谷以北 80 多千米的大城府几乎是一个由废墟构成的城市。大城府建于 1351 年，15 世纪中叶继素可泰之后成为第二任暹罗首府，直至 18 世纪，历时 417 年。17 世纪初期，大城府已是亚洲最富庶的城市之一，人口百万，控制着其北方各地的外贸交易，来此交易的商人不仅有中国人、爪哇人、马来西亚人、印度人、斯里兰卡人、伊朗人、日本人，还有葡萄牙人、法国人、荷兰人。

四、印度尼西亚

（一）基本国情

1. 自然地理

印度尼西亚是马来群岛的一部分，也是世界最大的群岛国家，疆域横跨亚洲及大洋洲，别称“千岛之国”，是多火山多地震的国家。印度尼西亚面积较大的岛屿有加里曼丹岛、苏门答腊岛、伊里安岛、苏拉威西岛和爪哇岛。印度尼西亚与巴布亚新几内亚、东帝汶和马来西亚等国家相接。印度尼西亚地跨赤道，其 70%以上领土位于南半球，因此也是亚洲南半球最大的国家。

国土面积：1 904 443 平方千米。

2. 简史

印度尼西亚在公元 3～7 世纪建立了一些分散的封建王国。公元 7 世纪中期，苏门答腊和爪哇开始进入封建社会，以苏门答腊巨港为中心的室利佛逝王国迅速发展为海上商业帝国。13 世纪末至 14 世纪初，在爪哇建立了印度尼西亚历史上最强大的麻喏巴歇封建帝国。15 世纪，葡萄牙、西班牙和英国先后侵入。1596 年，荷兰侵入，1602 年成立了具有政府职权的“东印度公司”，1799 年年底改设殖民政府。1942 年 3 月，日本侵占印度尼西亚，荷兰殖民当局投降，结束荷兰对印度尼西亚长达 300 多年的统治。1945 年 8 月 17 日，印度尼西亚宣布独立，成立印度尼西亚共和国。1945 年 8 月 17 日以后，印度尼西亚先后武装抵抗英国、荷兰的入侵，其间曾被迫改为印度尼西亚联邦共和国并加入荷印联邦。1950 年 8 月重新恢复为印度尼西亚共和国，1954 年 8 月脱离荷印联邦。

3. 政治

印度尼西亚是单一的共和制国家，现行宪法为《“四五”宪法》，于 1945 年颁布，规定“信仰神道、人道主义、民族主义、民主主义和社会公正”是建国五项基本原则。人民协商会议为国家立法机构，由人民代表会议（国会）和地方代表理事会共同组成，负责制定、修改和颁布宪法，并对总统进行监督。如果总统违宪，有权弹劾罢免总统。人民代表会议为国家立法机构，行使除修宪之外的一般立法权。国会无权解除总统职务，总统也不能宣布解散国会；但如果总统违反宪法，国会有权建议人民协商会议追究总统责任。司法实行三权分立，最高法院独立于立法和行政机构。

4. 经济

印度尼西亚有“热带宝岛”之称，是东盟最大的经济体，农业、工业和服务业均在国民经济中发挥重要作用。印度尼西亚是个农业大国，经济作物主要有橡胶、棕榈油、椰子、可可、胡椒、木棉、咖啡等，棕榈油、橡胶和胡椒产量均居世界第二。此外，还出产各种贵重木材，如铁木、檀木、乌木、柚木等。工业发展方向是强化外向型制造业。矿物资源丰富，石油和锡在世界上占重要地位，天然气、铀、镍、锰、铜、铬、铝土矿、金刚石储量也较丰富。作为世界上最大的群岛国家，渔业资源也十分丰富。

旅游业是印度尼西亚非油气行业中仅次于电子产品出口的第二大创汇行业，政府长期重视开发旅游景点，兴建饭店，培训人员和简化入境手续，旅游业已成为印度尼西亚创汇的重要行业。爪哇岛是印度尼西亚经济、政治和文化最发达的地区，一些重要的城市和名胜古迹都坐落在这个岛上。

货币：印度尼西亚盾。

知识链接 2-11

麝香猫咖啡

麝香猫咖啡，又称为猫屎咖啡，产于印度尼西亚。18 世纪初，荷兰人在印度尼西亚殖民地苏门答腊和爪哇岛一带建立了咖啡种植园，并且禁止当地人采撷和食用自己种植的咖啡果。印度尼西亚当地人无意中发现麝香猫爱吃这些咖啡果，并且会在大便的时候把豆子原封不动地排出来。麝香猫只会挑最熟最甜的咖啡豆食用，这本身就是一种自然筛选。当地人发现这些豆子经过猫胃的发酵，产出的咖啡比普通的更好喝。香醇可口的麝香猫咖啡渐渐声名远扬，成为国际市场上的抢手货。

（资料来源：https://baike.baidu.com/item/%E9%BA%9D%E9%A6%99%E7%8C%AB%E5%92%96%E5%95%A1/2754383?fr= aladdin，节选，有改动）

（二）人文习俗

1. 民族、语言、人口、宗教

民族：印度尼西亚是一个多民族国家，有数百个民族，其中爪哇族人口占 45%，巽他族占 14%，马都拉族占 7.5%，马来族占 7.5%，其他民族占 26%。

语言：官方语言为印度尼西亚语，英语为第二语言。政府部门、商业活动广泛使用英语。

人口：2.62 亿（2019 年 1 月）。仅次于中国、印度、美国，居世界第四位。

宗教：约 87%的人口信奉伊斯兰教，是世界上伊斯兰教教徒人口最多的国家。6.1%的人口信奉基督教，3.6%的人口信奉天主教，其余信奉印度教、佛教和原始拜物教等。

2. 主要节日

元旦：1 月 1 日。

“命令书”纪念日：3 月 11 日。1966 年 3 月 11 日，印度尼西亚总统苏加诺将权力移交给苏哈托，并签署“命令书”，印度尼西亚人民以此为节日来纪念历史上的这一天。

国际劳动节：5 月 1 日。

独立日：8 月 17 日。

开斋节：伊斯兰教历 9 月为斋月，开斋节是伊斯兰教历的 10 月 1 日。伊斯兰教教徒的重要节日，开斋节前夕，各清真寺都要诵读经书，开斋节当日，家家户户清扫门庭，人们盛装互访，热闹喜庆。

古尔邦节：又称“宰牲节”，伊斯兰教历 12 月 10 日。

3. 民俗风情

（1）服饰

印度尼西亚人一般着上衣和纱笼，并配有色调一致的披肩和腰带，喜欢穿拖鞋和木屐，不喜欢穿袜子。纱笼一般长约 2 米、宽约 1 米，缝成圆筒式围在下身，晚上睡觉时纱笼可盖在身上防凉、防蚊子咬，长袖蜡染衫在多数正式场合可以穿。印度尼西亚女子喜欢佩戴金银首饰，留长发、卷发髻，上衣长而宽敞，对襟长袖，无领，多配以金色大铜扣。现在随着时代的发展，印度尼西亚人服装也发生了重大变化，女士在办公室穿裙子和有袖的短外套，男士在办公时通常穿长裤、白衬衫并打领带。

（2）饮食

印度尼西亚地处热带，居民主食是大米，口味喜辣、酸、甜味，喜食克杜巴（图 2.14），即用香蕉叶或棕榈叶把大米或糯米包成菱形蒸熟。印度尼西亚人大多信奉伊斯兰教，不吃猪肉，爱将牛肉、羊肉、鸡肉、鱼肉等用炸、蒸、煎、爆的方法烹调，再用咖喱、胡椒、虾酱等做调料，味道鲜美可口，著名的菜肴有辣子肉丁、虾酱牛肉、香酥百合鸡、酥炸鸡肝、红焖羊肉、锅烧全鸭、清炖鸡等，一般不喜欢带骨、刺的菜肴。印度尼西亚人喜吃沙爹、咖喱等风味小吃，吃饭时不用筷子，而是用勺和叉子，也习惯用手抓饭。生活中，印度尼西亚人也喜欢嚼槟榔、喝咖啡。

图 2.14　克杜巴

（3）礼仪

印度尼西亚人很重视礼节，讲究礼貌。“谢谢”“对不起”“请原谅”“请”等敬语经常挂在嘴边。与人见面点头或行握手礼，一般不主动与异性握手。在与印度尼西亚人谈话时，要摘掉墨镜，避开当地政治、社会和国外对他们的援助等方面的话题。印度尼西亚人注重面子，有分歧时不会公开辩论。在社交场合接送礼物时要用右手，对长辈要用双手，受礼后不能当面打开礼品。印度尼西亚人有敬蛇的习俗，认为蛇是善良、智慧、本领、德行的象征，敬蛇如敬神，也偏爱茉莉花。

（4）禁忌

印度尼西亚人忌讳用左手递送物品，忌用手碰头部。忌讳乌龟、老鼠，认为乌龟是一种令人厌恶的低级动物，给人以丑陋的印象；认为老鼠是一种害人的动物，给人带来瘟疫和肮脏。爪哇岛人最忌讳吹口哨，认为这是一种不文明的举止，并会招来幽灵。信奉伊斯兰教的印度尼西亚人，忌讳有猪图案的物品，忌食猪肉，不饮酒。

4. 文化艺术

印度尼西亚有悠久的历史和古老的文化。在伊斯兰教传入之前，印度尼西亚的古典文学长期受印度梵文文学的影响。10 世纪开始发展的爪哇古典文学就是受《摩诃婆罗多》和《罗摩衍那》的影响，后来结合本国实际取得了迅速发展，代表作品为思蒲・达尔玛扎的《玛拉达哈那》。13 世纪末，随着伊斯兰教文化的传入，开始出现传奇小说和长篇叙事诗两种新的文学体裁。16 世纪后，印度尼西亚沦为荷兰殖民地，民族文化受到严重摧残。20 世纪初，随着印度尼西亚民族解放运动的兴起，诞生了现代文学。哇扬戏是印度尼西亚文化中最具民族特色的一种戏剧表现形式，今天在印度尼西亚，所有的戏剧表演，不论是画卷戏、木偶戏、皮影戏等各种形式的影戏，还是由人扮演的面具舞剧和不戴面具的戏剧统称为“哇扬”，意思是“影子”。哇扬源于古爪哇人的祭祖活动，后演变成娱乐性质的影戏。印度尼西亚是一个多民族的国家，音乐的形态多种多样，其中最有代表性的是在中爪哇发展并流行于全爪哇岛和巴厘岛的一种叫作“佳美兰”的音乐，被印度尼西亚人视为国宝，在世界上有很大的影响。

（三）旅游资源

印度尼西亚是东南亚旅游区旅游资源最具有特点的一个国家，众多的岛屿星罗棋布地散落在赤道碧波荡漾的太平洋中，如一串晶莹的珍珠镶嵌在赤道上。

1. 名城

（1）雅加达

雅加达（图 2.15）意为“胜利和光荣之堡”，是印度尼西亚的首都，位于爪哇岛西北岸的芝里翁河口，濒临雅加达湾，是全国的政治、经济、文化中心和海陆空交通枢纽。雅加达是太平洋与印度洋之间的交通咽喉，也是亚洲通往大洋洲的重要桥梁，早在 14 世纪就已成为初具规模的港口城市，以输出胡椒和香料闻名，当时叫“巽他加拉巴”，意思是“椰子”，华侨称其为“椰城”。雅加达市区分为两部分，以中央区为界，北面的旧市区称为下城，南面的新市区是国家的行政中心，称为上城。著名的旅游景点有中央博物馆、独立广场、水族馆、植物园、印尼缩影公园、安佐尔梦幻公园等。

图 2.15　雅加达夜景

（2）泗水市

泗水市是印度尼西亚东爪哇省首府、印度尼西亚第二大城市，是印度尼西亚工业化程度最高的工商业城市。印度尼西亚很大一部分的进口商品通过这里的港口进入国内，而出口的蔗糖、咖啡、烟草、柚木、木薯、橡胶、香料、植物油和石油产品也通过这里的港口输出。工业有铁路机车制造、纺织、玻璃、化工、啤酒酿造、卷烟和制鞋。该市与爪哇各城镇有良好的铁路、公路与航空运输。

（3）万隆

万隆是印度尼西亚第三大城市，西爪哇省首府，爪哇岛重要的文化与工业中心之一，位于爪哇岛西部火山群峰环抱的高原盆地中。万隆有多所高等院校和科研机构，如著名的万隆工学院、火山地质博物馆、鲍斯天文台和原子核研究中心等。附近景点有复舟山、芝亚德温泉、小西湖、达哥瀑布、动物园等旅游胜地。其中，复舟山为活火山，游人可走到火山口观看火山活动；还有具有纪念意义的独立宫和 1955 年亚非国家举行万隆会议的会址独立厅。

（4）日惹

日惹是位于爪哇中南部的直辖特区，北邻中爪哇省，南临印度洋。1755 年，日惹王国在此建都，悠久的历史孕育了日惹灿烂的文化，是爪哇国和爪哇文化的发源地。日惹名胜古迹云集，主要旅游景点有巴玛南神庙、婆罗浮屠、日惹王宫、麦拉比火山等。

（5）棉兰

棉兰是印度尼西亚苏门答腊岛第一大城市，是仅次于雅加达的金融和商业中心，北苏门答腊省首府，位于苏门答腊岛东北部日里河畔。棉兰在 19 世纪末还是一个小村庄，附近种植园兴起后，逐渐发展为城市，是当时烟草、橡胶、椰子、茶、油棕等农产品集散地和加工中心。市区街道与建筑物布局整齐，工业有炼油、化工、纺织、机械制造、椰油、橡胶制品、卷烟、肥皂、饮料等。著名景点有日里苏丹宫和张耀轩故居。

2. 名胜古迹

（1）巴厘岛

巴厘岛位于爪哇岛以东小巽他群岛西端，大致呈菱形，是世界旅游胜地之一，也是印度尼西亚众多岛屿中最耀眼的一个。巴厘岛地处热带，日照充足，温和多雨，全岛山脉纵横，岛上的最高峰阿贡火山海拔 3 142 米，被称为“世界的肚脐”。巴厘岛是印度尼西亚旅游业的领头雁，旅游收入连续几年占印度尼西亚全境旅游收入的 45%，以金色的海滩、蔚蓝的海洋、众多的庙宇、灿烂的民族艺术、独特的工艺产品和迷人的风土人情闻名于世，素有“诗之岛”“舞之岛”“花之岛”“千庙之岛”“神仙岛”的美誉。巴厘岛北部有风景优美的比都库湖、巴都湖，东南部的格龙宫是著名的古代巴厘王朝法庭所在地，宫殿气派雄伟；布撒基寺是众多寺庙中最著名、面积最大的一座印度教寺庙群。

（2）婆罗浮屠

婆罗浮屠是佛教著名建筑，位于印度尼西亚爪哇岛中部日惹市西北 40 千米处，建于公元 8 世纪前后。15 世纪伊斯兰教传入印度尼西亚以后，佛教和印度教逐渐衰微，婆罗浮屠被火山灰及热带丛林湮没，直至 19 世纪才被重新发掘。这座世界上最大的佛教建筑由多达 200 万块石料建成，高达九层的寺庙呈金字塔形。婆罗浮屠与中国的长城、印度的泰姬陵、柬埔寨的吴哥窟并称为“古代东方四大奇迹”。

（3）三宝庙

三宝庙位于印度尼西亚中爪哇省三宝垄市，是华侨、华裔和当地人为纪念中国明朝

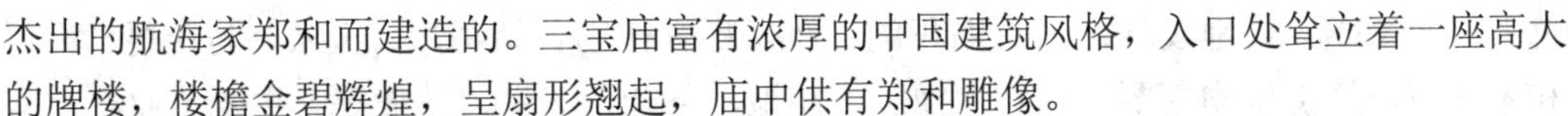

杰出的航海家郑和而建造的。三宝庙富有浓厚的中国建筑风格，入口处耸立着一座高大的牌楼，楼檐金碧辉煌，呈扇形翘起，庙中供有郑和雕像。

（4）印度尼西亚民族独立纪念碑

印度尼西亚民族独立纪念碑位于雅加达市中心的独立广场公园中央，是雅加达市的象征。这座石碑高 137 米，顶端有一个用 35 千克黄金制成的火炬雕塑。纪念碑旁还有喷泉、水池及民族女英雄的雕像。纪念碑地下室是一间陈列印度尼西亚独立史迹的博物馆，馆内有许多雕塑和油画，全面展示了 1945 年以前印度尼西亚人民争取独立战争的过程。

五、越南

（一）基本国情

1. 自然地理

越南社会主义共和国，简称越南，位于中南半岛东部，北与中国广西、云南接壤，西与老挝、柬埔寨交界，东部与南部临南海，海岸线长 3 260 多千米。

越南国土狭长，南北长 1 600 千米，东西最窄处为 50 千米。地势西高东低，境内 3/4 的面积为山地和高原，北部和西北部为高山和高原，东部沿海为平原，地势低平，河网密布。

国土面积：约 320 000 平方千米。

2. 简史

古时越南作为中国郡县达千年以上，公元 968 年成立独立的封建国家。1884 年，越南沦为法国殖民地。

1945 年 9 月 2 日宣布独立，成立越南民主共和国。同年 9 月法国再次入侵越南，越南进行了艰苦的抗法战争。1954 年 7 月，《关于恢复印度支那和平的日内瓦协定》签订，越南北方获得解放，南方仍由法国（后成立由美国扶植的南越政权）统治。1961 年起越南开始进行抗美救国战争，1973 年 1 月越、美在巴黎签订关于在越南结束战争、恢复和平的协定，美军开始从南方撤走。1975 年 5 月南方全部解放，1976 年 4 月选出统一的国会，7 月宣布全国统一，定国名为越南社会主义共和国。

3. 政治

越南实行一党制的人民代表大会制度，越南共产党是越南唯一政党。越南国会是国家最高权力机关，任期 4 年，通常每年举行两次例会。中央政府是国家最高行政机关。司法机构由最高人民法院、最高人民检察院及地方法院、地方检察院和军事法院组成。

4. 经济

越南属发展中国家，1986 年开始实行革新开放。越南是传统农业国，农业人口约占总人口的75%。耕地及林地占总面积的60%。粮食作物包括稻米、玉米、马铃薯、番薯和木薯等，经济作物主要有咖啡、橡胶、胡椒、茶叶、花生、甘蔗等。主要工业产品有煤炭、原油、天然气、液化气、水产品等。目前，越南和世界上150多个国家和地区有贸易关系，主要贸易对象为美国、欧盟、东盟、日本及中国。2017年7月，越南十大进出口市场的双向贸易额达2 124.5亿美元，占全国贸易总额的91.1%，其中，出口额最大的商品就是手机及其零配件。

货币：越南盾。

（二）人文习俗

1. 民族、语言、人口、宗教

民族：越南是一个多民族国家，有54个民族。京族占越南总人口的86%，岱依族、傣族、芒族、华人、侬族人口均超过50万。

语言：主要语言为越南语（官方语言、通用语言、主要民族语言）。

人口：9 170万（2015年12月）。

宗教：主要宗教有佛教、天主教、和好教与高台教。

2. 主要节日

农历新年：同中国农历新年一致。

越南共产党成立日：2月3日（1930年）。

越南南方解放日：4月30日（1975年）。

越南国庆日：9月2日（1945年）。

胡志明诞辰日：5月19日（1890年）。

知识链接2-12

越南文字的演变

西汉末年，汉字开始传入越南，并且逐步扩大了影响。越南上层社会把汉语文字视为高贵的语言文字。朝廷的谕旨、公文、科举考试，以及经营贸易的账单、货单都用汉字书写。因此，当时越南的文学作品也以汉文、汉诗的形式记录留存。12世纪（1174年起），汉字成为越南国家的正式文字。到13世纪，出现了越南文字，它是以汉字为基础，运用形声、会意、假借等造字方法，创造出的一种新型文字。1945年8月以后，汉字才退出历史舞台，取而代之的是完全的拼音文，越南人称这种新的拼音文字为“国语字”。现今通用的越南语“国语字”是17世纪葡萄牙、西班牙、法国等国到越南的传教士创造的。

（资料来源：https://baike.baidu.com/item/%E8%B6%8A%E5%8D%97%E5%AD%97/7173644?fr=aladdin，节选，有改动）

3. 民俗风情

（1）服饰

奥黛是越南的国服，又称为越南长衫，分为男版和女版，女性身着奥黛更为普遍。奥黛通常使用丝绸等软质布料，上衣是一件长衫，两侧开衩至腰部，下半身配上一条喇叭筒的长裤。当地人一般在婚嫁、重大节日、外交和会客等正式场合穿着奥黛。

（2）饮食

越南菜是以鱼露为本，添加其他调味品形成的菜肴，在做法上倾向天然清爽，口味较重酸、甜，特点是清淡不油腻，添加蔬菜的比例高，以保存菜料的原味为原则，颇受健康饮食派的推崇。越南料理通常分为三个菜系，越南北部是越南文化的主要发源地，很多著名的菜肴（如越南河粉）源自北部地区。越南南部菜肴在历史上受到中国南方移民和法国殖民者的影响，喜欢带甜味的菜肴。越南中部料理喜欢更具辣味的小配菜。较受欢迎的越南菜品有牛肉河粉、越式春卷、越式蔗虾、咖喱蟹等。

（3）礼仪

越南是社会主义制度国家，平时人们相互间称“同志”较多。人们见面打招呼时，或点头，或致意，或握手，或问候，常说“您身体好吗”，特别友好时还可以拥抱。少数民族抱拳作揖或行合十礼。对长辈、上司、客人说话时头微低，目光向下，不直视对方。越南人对老者特别尊重，路上要超过老者时，必须打招呼，有的家中还有专供老人坐的凳子。在传统习俗中，他们习惯于把牙齿用树脂染成黑色，认为牙齿越黑越显得有灵气，现在有些农村还保留着这样的传统习俗。

知识链接 2-13

越南染牙风俗

在世界上大多数国家，人们把保持牙齿洁白整齐作为漂亮和文明的一种表现。可是，越南人并不这样认为，他们把白齿视为品质不良和作风不正。因此，自古在越南就有染齿的风俗习惯。为什么越南人要把洁白的牙齿染黑呢？按照越南古代风俗习惯，保留白齿将被耻笑，如民歌“白齿像犬齿”“白齿如呆齿”，都含有鄙视之意。因此，黑齿是女子貌美的重要因素之一。俗话说“出嫁要与丈夫旗鼓相当，用功面饰，黑齿桃颊”，人不论多么美丽漂亮，齿不乌黑发亮，姿色就会大打折扣。过去，越南人无论男女，到了十六七岁都要染齿。现在，在越南，染齿的习惯虽大大减少，但在农村仍可以看到有妇女保持着染齿的习俗。

（资料来源：https://zhidao.baidu.com/question/1708834079770204500.html，节选，有改动）

（4）禁忌

越南人认为，不能说新生儿漂亮，因为会引起神的妒忌。参观寺庙要脱鞋，还要捐钱。越南傣族人信鬼神，重要的事情都要宰杀牛、猪、鸡等举办祭祀仪式，凡祭祀用的禽畜不准买卖，需精心饲养。京族人不准摸人的头部，认为会使厄运来临。傣族人不准妇女从门前进家。瑶族人不准把筷子横搭在碗边上，因为这会被认为家里有人过世。瑶族人不吃狗肉，视狗为祖先，因盘王是狗的化身。高棉族人不准用左手传递东西、进食、行礼等。与越南人日常谈话时应避免战争、边界、政治等问题。对少数民族的坟地、圣林区、山村寨口，有禁止入内标记的都不要进去。

4. 文化艺术

越南共有 54 个民族，每个民族有不同的文化特点。越南文学主要分两个部分：民间文学和写作文学。民间文学在越南占有重要的地位，民间创作包括神话、史诗、传说。越南民族乐器约有 50 类，其中敲部主要是铜鼓、铜锣、石琴、竹管琴等。气部主要是笛、箫。线部主要是独弦琴和底琴。越南的传统体育项目丰富多彩、形式多样，流传较广的主要有武术、象棋、藤球和赛牛等。越武道是越南武术之道，是受中国南少林和泰拳的影响、自立流派而发展起来的。

（三）旅游资源

越南旅游资源丰富，有 5 处风景名胜被联合国教科文组织列入《世界遗产名录》。近年来，越南旅游业增长迅速，经济效益显著。越南主要旅游城市有河内市、胡志明市、岘港、海防市、下龙湾、顺化等。

1. 名城

（1）河内市

河内市是越南首都，越南第二大城市。河内市是一座拥有 1 000 多年历史的古城，河内一带约在公元前 3 000 年就开始有人居住，从 11 世纪起就是越南的政治、经济和文化中心。河内历史文物丰富，名胜古迹遍布，享有“千年文物之地”的美称。巴亭广场（图 2.16）是越南举行集会和节日活动的重要场所，广场周围有政府办公机关和外国大使馆。

图 2.16　河内巴亭广场

（2）胡志明市

胡志明市原名西贡，位于越南南部，湄公河三角洲地区，是越南的一个中央直辖市，行政地位等同于省级行政区。胡志明市经济发展受西方影响，商业发达，曾有“东方巴黎”之称。19 世纪末，胡志明市发展成为东南亚著名港口和米市，著名景点有仙泉旅游公园、红教堂、总统府。

（3）岘港

岘港位于越南中部，北连顺化，南接芽庄，背靠五行山，东北有山茶半岛作屏障，海湾呈马蹄形，港阔水深，现为海军基地，可停靠万吨级军舰。岘港工业有制碱、纺织、橡胶、水泥、造纸等，农业产稻米、玉米。岘港西南的美山有占婆塔群遗址，东南为联合国世界文化遗产会安古镇，从会安古镇码头搭乘摆渡船出发可游览有“秋盆河明珠”之称的迦南岛。迦南岛主要以水椰林及原生态自然风光而闻名。

（4）海防市

海防市是越南北部的一座港口城市，也是越南第三大城市、首都河内的门户，与河内相距 102 千米，离白龙尾岛县 70 千米。海防市是一个有着众多名胜古迹的现代化旅游城市，大部分名胜古迹都坐落在郊区，如避暑胜地涂山、国家森林公园吉婆岛和著名古刹仁寿祠等。2006 年 3 月，我国南宁市与越南海防市签订了建立友好城市关系协议书。

（5）顺化市

越南古都顺化市位于越南中部，现为承天顺化省省会，北距河内直线距离 540 千米，南距胡志明市直线距离 640 千米，西靠长山山脉，东距南海 10 千米。17～20 世纪 40 年代，顺化曾先后为越南旧阮、西山阮和新阮封建王朝的京城，是越南的三朝古都。顺化市是一座美丽的城市，蜿蜒清澈的香江穿城而过，将城市分为南北两区。顺化市产水稻和荷莲，是越南稻米集散中心之一。作为越南的古都，顺化市古建筑群 1993 年被列入《世界遗产名录》。顺化市的名胜古迹较多，旅游集群状况较好，著名景点有皇城、皇陵、天姥寺塔、玉屏山等。

2. 名胜古迹

（1）下龙湾

下龙湾位于北部湾西部，离越南首都河内 150 千米。1994 年，联合国教科文组织将下龙湾作为世界自然遗产，列入《世界遗产名录》。下龙湾是越南北方广宁省的一个海湾，风光秀丽迷人，闻名遐迩。风景区分为东、西、南 3 个小湾，因其景色酷似中国的桂林山水，因此被称为“海上桂林”。2011 年 11 月 12 日，“世界新七大自然奇观”公布，下龙湾榜上有名。

（2）顺化古建筑群

顺化古建筑群作为越南的古都，被列为“世界文化与自然遗产”。顺化的名胜古迹较多，旅游集群状况较好，著名的有皇城、皇陵、天姥寺塔、玉屏山，还有静心湖、南郊天坛。顺化皇城，又名“大内”，是阮氏王朝皇宫，也是越南现存最大且较为完整的古建筑群。顺化古建筑群建筑的样式模仿北京的故宫，古建筑群系方形，四周有护城河，城墙每边长 600 多米，城门有 4 个，即前午门、后和平门、左显仁门、右彰德门。

（3）会安古城

会安古城位于越南中部。在会安，到处是中式、日式的古建筑，而且保存完整。现今保存下来的会安古建筑、古街道体现了中国、日本、越南文化与建筑风格的有机结合。

街道的布局、建筑的式样，既展现了中华建筑的古朴和优雅，又融入了当地人的自然审美观和生活情趣。游客在这里既能欣赏到古老的文化传统，又能感受到浓郁的地域气息。1999 年，联合国教科文组织将会安古城列入《世界遗产名录》。

（4）丰芽-格邦国家公园

丰芽-格邦国家公园的喀斯特地貌的形成是从古生代开始的，是亚洲最古老的喀斯特地貌。其中，丰芽洞是越南著名的岩洞胜景，洞深邃宽大，洞中套洞，知名的有天洞、水洞和浅洞。洞中景色奇妙，两侧石壁色彩缤纷，钟乳石光怪陆离，呈现出巨象、狮子、凤凰、麒麟、仙人弈棋、琼楼玉宇等千姿百态的景象。2006 年 6 月 1 日，越南为丰芽-格邦国家公园发行了一套邮票，以彰显其世界自然遗产之崇高地位。

（5）美山塔寺群

美山塔寺群是现存的古占婆王国时期最古老、最庞大的建筑群，修建于公元 4 世纪末，位于越南中部的广南省维川县维富乡美山村。该地区是曾经统治越南中南部地区长达 14 个世纪的印度教占婆王国的心脏地区。1999 年，联合国教科文组织将美山塔寺群列入《世界遗产名录》。

六、柬埔寨

（一）基本国情

1. 自然地理

柬埔寨位于中南半岛南部，与越南、泰国和老挝毗邻。柬埔寨领土为碟状盆地，三面被丘陵与山脉环绕，中部为广阔而富庶的平原（占全国面积 3/4 以上）。境内有湄公河和东南亚最大的淡水湖洞里萨湖（又称金边湖）。

国土面积：181 035 平方千米。

2. 简史

柬埔寨建国于公元 1 世纪下半叶，历经扶南、真腊、吴哥等时期。公元 9～14 世纪，吴哥王朝国力强盛，文化发达，创造了举世闻名的吴哥文明。1863 年，柬埔寨沦为法国保护国，1940 年被日本占领，1945 年日本投降后再次被法国殖民者占领。1953 年 11 月 9 日，柬埔寨王国宣布独立。1954 年 7 月，法国被迫同意撤军。1993 年在国际社会的斡旋和监督下，柬埔寨举行大选，恢复了君主立宪制。此后，随着柬埔寨国家权力机构相继成立和民族和解的实现，柬埔寨进入和平与发展的新时期。

知识链接 2-14

法属印度支那

法属印度支那是 18～19 世纪法国在东南亚中南半岛东部的一块殖民地，范围大致相当于今越南、老挝、柬埔寨三国面积之和，兼有从中国清政府手中强迫租借的广州湾（今中国广东省湛江市）。法国于1861年占领西贡（今越南胡志明市）。1883～1885年法军占领越南及柬埔寨部分地区，建立法属交趾支那。1904～1907年，暹罗王拉玛五世为保持其国家独立，两度割让湄公河东岸领土给法国，至此形成法属印度支那及今天越南、老挝、柬埔寨三国雏形。1954年法国政府被迫签订《印度支那停战协定》，越南、老挝、柬埔寨三国随即独立。

（资料来源：https://baike.baidu.com/item/%E6%B3%95%E5%B1%9E%E5%8D%B0%E5%BA%A6%E6%94%AF%E9%82%A3/4089703?fr=aladdin，节选，有改动）

3. 政治

柬埔寨实行君主立宪制，实行多党制和自由市场经济，立法、行政、司法三权分立。国王是终身制国家元首、武装力量最高统帅、国家统一和永存的象征。国会是国家最高权力和立法机构，每届任期5年。首届参议院成立于1999年3月25日。柬埔寨宪法规定，法案须经国会、参议院、宪法理事会逐级审议通过，最后呈国王签署生效。法院分初级法院、上诉法院和最高法院三级。

4. 经济

柬埔寨是传统农业国，工业基础薄弱，依赖外援外资。实行对外开放和自由市场经济，近年来经济发展加快。

货币：瑞尔。

知识链接 2-15

西哈努克

1970年1月6日，西哈努克偕夫人及一些家人和亲信，离开了金边，乘飞机前往法国的格拉斯海岸。他走后，由首相朗诺和副首相施里马达主持国内事务。由于国内朗诺政权的叛变，正在出访的西哈努克被告知已经被自己的人民议会罢黜。为了躲避朗诺政权的迫害，西哈努克来到中国，受到中国人民的热情欢迎。在1955年万隆会议上，西哈努克和中国总理周恩来有了第一次接触，他们一见如故，立刻就建立起了非同一般的友谊。1993年5月，柬埔寨在联合国主持下举行首次全国大选，9月，颁布新宪法，改国名为柬埔寨王国，西哈努克重登王位。2004年10月6日，西哈努克国王在北京宣布退位。2012年10月15日，西哈努克在北京去世，享年90岁。

（资料来源：https://baike.baidu.com/item/诺罗敦・西哈努克/1228099?fromtitle=西哈努克&fromid=63202&fr=aladdin，节选，有改动）

（二）人文习俗

1. 民族、语言、人口、宗教

民族：柬埔寨有 20 多个民族，其中高棉族为主体民族，占总人口的 80%，华人、华侨约 110 万。

语言：柬埔寨语（又称高棉语）为官方语言。

人口：约 1 480 万（2019 年 1 月）。

宗教：佛教为柬埔寨国教，95%以上的居民信奉佛教。

2. 主要节日

在柬埔寨，一年中的节日很多，有独立节、国王诞辰、佛历新年、御耕节、送水节、等，其中送水节是柬埔寨最盛大而隆重的传统节日。

独立节：11 月 9 日。1953 年 11 月 9 日，柬埔寨王国摆脱法国殖民统治宣告独立，这天被定为柬埔寨国庆日，也是柬埔寨建军日。

国王诞辰：5 月 14 日（全国庆祝 3 天）。

佛历新年：4 月 13～15 日。

御耕节：佛历六月下弦初四，由国王或其代表在毗邻王宫的王家田或其他选定地点举行象征性耕种仪式，祈祷来年风调雨顺，五谷丰登。

送水节（也称龙舟节）：11 月 13～15 日，为柬埔寨民族传统节日。时值雨季结束进入旱季，来自全国各地的代表队在王宫前洞里萨河上举行龙舟比赛，表达对洞里萨河、湄公河养育之恩的感谢。

西哈努克生日：10 月 31 日（全国庆祝一天）。

3. 民俗风情

（1）服饰

由于地处热带，柬埔寨人的服装很单薄。男子日常便服穿直领多扣上衣，天气热时只穿纱笼或山朴。纱笼是由数尺印有各种美丽图案的布两边缝合，围系腰间，状似裙子。山朴是用长条布，不加缝合，从腰中往下缠绕至小腿，再从胯下穿过，在背后紧束于腰部，剩余部分伸出如鱼尾。妇女的便服上衣多为丝质圆领对襟短袖衫，下身也穿纱笼或山朴，通常她们在腰间还要缠一条图案优美的长布巾。

（2）饮食

柬埔寨人以大米为主食，副食以鱼虾和素菜为主，他们的蔬菜很少经过炒制，多数生吃，凉拌菜是地方风味最浓厚的一道菜。他们偏爱辣、甜、酸的味道，辣椒、葱、姜、大蒜是不可缺少的调料。当地居民在吃饭时习惯于坐在地上，不使用餐具，他们往往会在吃饭前准备好生菜，在吃饭时，把蒸好的米饭用手抓到生菜叶上，然后包起来，蘸风味独特的调料后食用。菜扒虾丸、熏鱼和滑蛋虾仁等是最为出名的菜品。

（3）礼仪

柬埔寨是一个文明古国，又是佛教国家，讲究温、良、恭、谦、让，尊老爱幼，长幼有序。柬埔寨人与客人相见时，一般施合十礼。柬埔寨人合十礼有四大规格：向同辈或同等地位的人行礼，指尖举到胸前；向长辈行礼，指尖举到鼻尖；向老一辈和父母行礼，指尖举到眉间；向王室或高僧行礼，指尖举到额头，同时需跪式蹲下。柬埔寨民间还流行一种特殊礼节——绑手礼，据说施这种礼是柬埔寨人对客人表示崇高的敬意之举。在外界的影响下，握手礼也逐渐时兴起来。柬埔寨的婚俗是新娘“娶”新郎，婚礼的全部仪式都在女方家中进行，婚后丈夫一般随妻定居。

（4）禁忌

柬埔寨人大多信奉佛教，因受宗教的影响，养成了“过午不食、尊重鸟兽”的习俗。他们不杀生，很少食用动物肉。在探望柬埔寨僧侣时，忌把鞋子带入门内。忌讳用左手传递东西或食物。忌讳白色，认为白色是死亡的象征。柬埔寨人认为，头是人的神圣部位，忌讳别人触摸头部。在河里洗澡，男性在上游，女性在下游，而且必须相距一定的距离。柬埔寨人认为黄牛和水牛都受到守护动物神灵的保护，一旦伤害它们，便会受到生病的报应；星期六是鬼魂妖魔喜欢的日子，是不吉利的，在这一天办事或外出均要小心。一家人如果同住一间寝室，孩子们睡的地方不能高于父母的床铺。

4. 文化艺术

柬埔寨文学分为5种：石碑文学、佛教文学、民间故事、小说与戏剧、诗歌。吴哥王朝建立后，柬埔寨文学得到进一步发展，留存下来的石碑上刻录了许多诗歌，内容多为歌颂神灵、赞美国王和预测未来。12世纪中叶，出现了宗教文学，内容主要是婆罗门教和大乘佛教中的宗教文化，其中许多故事被编成戏剧和舞蹈，列为传统剧目。

音乐在柬埔寨文化中占有重要地位，不管是在各种庆典和宴会上，还是在娱乐场所，都离不开音乐。民族音乐主要有3种形式：交响乐、宾柏乐、高棉乐。交响乐是轻音乐，一般为戏剧伴奏；宾柏乐节奏较快，一般为舞蹈伴奏；高棉乐是一种非常欢快的音乐，一般在庆典或婚礼等喜庆的日子里演奏。

柬埔寨舞蹈分为古典舞和民间舞两类。柬埔寨的古典舞蹈基本上就是模仿蛇的动作，人的手是蛇的头，脚是蛇的尾巴。民间舞蹈自由轻松，如昌扬舞，舞蹈时演员面部画各种脸谱或戴假面具，在锣鼓声中模仿人或动物的动作，情节欢快、滑稽。

知识链接 2-16

吴哥王朝

“吴哥”一词源于梵语，意为“都市”，吴哥王朝（公元802～1431年）先后有25位国王统治着以中南半岛南端为国土主体的大片土地，其势力范围远远超过今天柬埔寨的领土。吴哥王朝定都吴哥，统治者大兴土木，建造王城及大小寺庙600余座，散处于40平方千米的土地上，景象极为壮观。特别是在12世纪建成的最宏伟的吴哥寨，充分体现了吴哥王朝的艺术成就。此外，吴哥王朝更积极兴建大规模的灌溉系统，有利耕作，可谓国泰民安。中国有位叫周达观的使节，曾于1296年抵达吴哥，且住了很久，最后写成《真腊风土记》，详细记述了当时吴哥的面貌。据他形容，吴哥可谓丰衣足食之地，很多来此做生意的中国人不愿再回国定居该处。19世纪后期，法国考古学家亨利·莫哈特发掘出埋没在森林中将近400年的吴哥王朝都城，消息传开来，立即震惊全世界。名列世界人类文明七大奇景之一的吴哥窟终于再度显露在世人眼前。1992年，吴哥窟被联合国教科文组织评定为世界级人类文化遗产。

（资料来源：https://baike.baidu.com/item/%E5%90%B4%E5%93%A5%E7%8E%8B%E6%9C%9D/5914477?fr=aladdin，节选，有改动）

（三）旅游资源

纯朴的柬埔寨既有曾经作为法国殖民地留下的法式风情，还有神秘的吴哥窟、金碧辉煌的柬埔寨皇宫、原生态海景的西哈努克市。

1. 名城

（1）金边

金边是柬埔寨首都，柬埔寨最大城市，柬埔寨政治、经济、文化、交通、贸易、宗教中心。金边坐落在湄公河与洞里萨河之间的三角洲地带，主要产业有农业、手工业、轻工业。金边塔仔山上建有佛塔和寺庙，上山的入口处有两个石刻的七头蛇神及怪鸟、狮子、佛像等，这里是金边市的制高点，登上山巅可以俯瞰整个金边。塔仔山脚下是一个圆形公园，公园里花木繁茂、空气清新，是人们休闲的好场所。金边有6座古佛寺和许多后来修建的佛寺，这些庄严肃穆的庙宇使金边成为柬埔寨的佛教中心。位于王宫北面约200米处的洞里萨河边的乌那隆寺是金边规模最大、最著名的寺院。金边著名景点有塔山寺、独立纪念碑、万谷湖、监狱博物馆、王宫等。

（2）暹粒

暹粒是暹粒省的省会，距离金边约311千米，距离泰国边界约152千米。近年来，暹粒的旅游业快速发展，得益于这里是世界七大奇迹之一的吴哥古迹门户，暹粒是参观吴哥古迹重要的停留地。柬埔寨的水陆枢纽洞里萨湖也是不错的去处，从这里乘船沿湖漂流可以欣赏两岸柬埔寨人民的传统生活方式，观赏落日美景和鸟类栖息地。

（3）西哈努克市

西哈努克市是西哈努克省的省会，原名磅逊湾，位于柬埔寨西南部，是柬埔寨港口城市。西哈努克港既是柬埔寨最繁忙的海岸港口，也是柬埔寨国内除了吴哥窟以外最热门的旅游胜地。西哈努克港距市区约3千米，有4处海滩，空气清新无污染，可潜水、

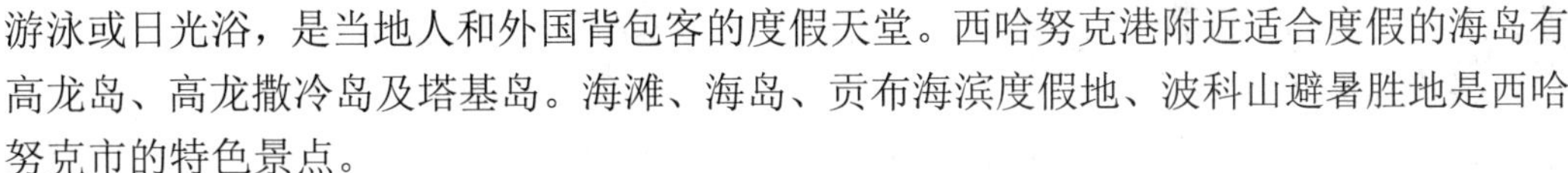

游泳或日光浴，是当地人和外国背包客的度假天堂。西哈努克港附近适合度假的海岛有高龙岛、高龙撒冷岛及塔基岛。海滩、海岛、贡布海滨度假地、波科山避暑胜地是西哈努克市的特色景点。

（4）马德望

马德望是马德望省首府，地处柬埔寨西部，与泰国接壤，自 11 世纪建城以来便是两国的交通与贸易枢纽，因其土壤肥沃，盛产稻米和水果，有“柬埔寨的粮仓”之称，目前是柬埔寨的第二大城市。在柬埔寨语里，马德望的意思是“国王丢失的权杖”，讲的是马德望乃自古以来的权重之地。

2. 名胜古迹

（1）吴哥窟

吴哥古迹现存 600 多处，分布在面积约为 45 平方千米的森林里。大吴哥和小吴哥是它的主要组成部分，其中有许多精美的佛塔及众多的石刻浮雕。吴哥窟是整个遗址中保存最完好的寺庙建筑。如今柬埔寨人将它放在自己的国旗上，足见吴哥窟在柬埔寨人心目中的神圣地位。吴哥窟最初是为敬奉印度教神灵所建的，但如今已演变为佛教寺庙。吴哥窟也是对吴哥古迹群的统称，这是一座由宫殿、寺庙、花园、城堡组成的完整的城市，是古高棉王国的首都。公元 802 年，国王贾亚瓦曼二世统一了高棉王国，在洞里萨湖北岸兴建首都，定名为“吴哥”。历代国王大兴土木，建造宫殿与寺庙，使吴哥逐渐成为高棉人的宗教及精神中心。1431 年，泰国人入侵高棉，高棉人被迫离开吴哥，在金边建立了新的首都，从此吴哥湮没在丛林之中，被世人遗忘。吴哥窟与中国的万里长城、印度的泰姬陵和印度尼西亚的婆罗浮屠一起被誉为古代东方的四大奇迹。

（2）金边王宫

金边王宫又称四臂湾大王宫，因位于上湄公河、洞里萨河、下湄公河与巴萨河的交汇处而得名。金边王宫是诺罗敦国王于 1866～1870 年建造的，王宫的建筑具有高棉传统建筑风格和宗教色彩，宫殿均有尖塔，殿身涂以黄、白两色。柬埔寨金边王宫包括曾查雅殿、金殿、银殿、舞乐殿、宝物殿等大小宫殿 20 多座，回廊上是仿吴哥寺的浮雕。曾查雅殿雕梁画栋、琉璃瓦顶，同左侧金光闪烁的波列莫罗科特佛塔相呼应，景色壮观，金殿内有宝物殿，专门陈列珍宝。在王宫的所有建筑中，银宫最为华丽，地面用 4 700 多块镂花银砖铺就，大殿内供奉着高约 60 厘米、由整块翡翠雕成的佛像，是柬埔寨的国宝，银宫是历代国王礼佛的圣地。

（3）塔山

塔山是金边的发祥地，高约百米，山顶供有“奔夫人”之像，是金边的象征之一。站在塔山上可以俯瞰整个金边市。塔山寺位于山顶，一座高约 30 米的佛塔高踞山顶，更显雄伟。相传，14 世纪一名叫“奔”的女子拾到一尊因发大水顺湄公河漂流至此的佛像，后为该佛像修庙供奉，逐渐发展成繁华的城镇。15 世纪，国家的首都由吴哥迁到此地，正式命名为“百囊奔”，意为“奔夫人之山”，当地华侨称之为“金边”。

（4）女王宫

女王宫位于暹粒省，以艳丽的色彩和精美的浮雕著称于世，是吴哥古迹中风格最独特和最精致的建筑群之一，有“吴哥古迹明珠”和“吴哥艺术之钻”的美誉。据碑文所载，女王宫始建于公元 967 年，原名“湿婆宫”。女王宫规模不大，现存的主体建筑有三座中央塔和大型藏书室，所有外墙全部布满精美的雕刻，三座塔殿正中一座供奉的是湿婆神。

第三节 南亚地区

南亚是位于亚洲南部的喜马拉雅山脉以南及印度洋之间的广大地区，东濒孟加拉湾，西濒阿拉伯海，南临印度洋。南亚共有 7 个国家：尼泊尔、不丹、印度、巴基斯坦、孟加拉国、斯里兰卡、马尔代夫。其中，不丹为内陆国，孟加拉国为临海国，斯里兰卡、马尔代夫为岛国。南亚包含了世界上超过 20%的人口，是世界上人口最多和最密集的地域，同时也是继非洲之后全球最贫穷的地区之一。南亚既是世界四大文明发源地之一，又是佛教、印度教等宗教的发源地。

一、印度

（一）基本国情

1. 自然地理

印度是南亚次大陆最大的国家，东北部同中国、尼泊尔、不丹接壤，孟加拉国夹在东北部国土之间，东部与缅甸为邻，东南部与斯里兰卡隔海相望，西北部与巴基斯坦交界。东临孟加拉湾，西濒阿拉伯海，海岸线长约 5 560 千米。

印度地形从喜马拉雅山向南，一直伸入印度洋，北部是山岳地区，中部是恒河平原，南部是德干高原及其东西两侧的海岸平原。印度全境炎热，大部分属于热带季风气候，而印度西部的塔尔沙漠则是热带沙漠气候。

国土面积：约 2 980 000 平方千米（不包括中印边境印占区和克什米尔印度实际控制区等），居世界第七位。

2. 简史

印度是世界四大文明古国之一。公元前 2500～前 1500 年创造了印度河文明。公元前 1500 年左右，原居住在中亚的雅利安人中的一支进入南亚次大陆，征服当地土著，创立了婆罗门教。公元前 4 世纪崛起的孔雀王朝统一印度，于公元前 3 世纪阿育王统治时期达到鼎盛，把佛教定为国教。公元 4 世纪笈多王朝建立，形成中央集权大国，统治时期达 200 多年。1398 年，帖木儿帝国大埃米尔率军由中亚侵入印度。1526 年，自称蒙古人的伊斯兰教教徒巴卑尔在印度建立莫卧儿帝国，成为当时世界强国之一。中世纪小国林立，印度教兴起。1600 年，英国开始入侵印度，建立了东印度公司。1757 年，印度沦为英国殖民地。1849 年全境被英占领。1947 年 6 月，英国通过“蒙巴顿方案”，将印度分为印度和巴基斯坦两个自治领。同年 8 月 15 日，印度独立。1950 年 1 月 26 日，印度共和国成立，仍为英联邦成员。

知识链接 2-17

恒河文明

恒河意为“从天堂来”，是印度北部的大河，自远古以来一直是印度教徒的圣河。恒河发源于喜马拉雅山脉，注入孟加拉湾，流域面积占印度领土的 1/4，养育着高度密集的人口。恒河被印度人民尊称为“圣河”和“印度的母亲河”，众多的神话故事和宗教传说构成了恒河两岸独特的风土人情。恒河历史悠久，有着浓厚的民俗和文化色彩，经过千年的文明洗礼，恒河两岸的人们也保持着古老的习俗，一生中至少要在恒河中沐浴一次。

（资料来源：https://baike.baidu.com/item/%E6%81%92%E6%B2%B3/17950?fr=aladdin，节选，有改动）

3. 政治

印度宪法于 1950 年 1 月 26 日生效，规定印度为联邦制国家，是主权的、社会主义的、世俗的民主共和国，采取英国式的议会民主制。联邦议会由总统和两院组成。总统是国家元首和武装部队的统帅，由议会两院及各邦议会当选议员组成选举团选出，任期 5 年，依照以总理为首的部长会议的建议行使职权。以总理为首的部长会议是最高行政机关。最高法院是最高司法权力机关，有权解释宪法、审理中央政府与各邦之间的争议问题等。印度的立法权归议会所有，议会分为上、下两院，上院称为联邦院，下院称为人民院。

4. 经济

印度是世界第二人口大国，由于人口众多，人均 GDP 很低。印度经济以现代农业、手工业、工业为主。印度是农业大国，是世界上最大的粮食生产国之一。印度有很多精通英语的人口，目前是 21 世纪全球最主要的信息服务业生产国、软件出口国。在英国殖民者统治期间，印度工业以纺织和采矿为主。印度独立以后，钢铁、机械、电力、化学等工业有所发展，工业已形成较为完整的体系，纺织、食品、精密仪器、汽车、软件制造、航空和空间等工业发展迅速。印度拥有两大汽车企业：塔塔汽车公司和马亨德拉公司。其中，塔塔汽车公司于 2008 年收购捷豹、路虎，马亨德拉公司于 2010 年收购双龙汽车。近年来，印度的旅游业和服务业发展较快，在国民经济中占有相当的比例，旅游业已成为印度政府重点发展的产业和重要的就业部门。

货币：印度卢比。

（二）人文习俗

1. 民族、语言、人口、宗教

民族：有 100 多个民族，其中印度斯坦族约占总人口的 46.3%，其他较大的民族包括马拉提族、孟加拉族、比哈尔族、泰卢固族、泰米尔族等。

语言：印地语和英语是官方语言。

人口：13.24 亿，是世界上仅次于中国的第二人口大国。

宗教：世界各大宗教在印度都有信徒，其中印度教教徒和伊斯兰教教徒分别占总人口的 80.5%和 13.4%。

知识链接 2-18

印度宗教

印度是世界上受宗教影响最深的国家之一，宗教的影响已深入印度社会与文化的每一部分。宗教在这个国家及其人民的生活中扮演决定性的角色，在印度人看来，没有宗教就没有生活，这种思想体现在人们生活的各个方面。印度被称为“宗教博物馆”，其中最重要的宗教是印度教，全印度有约 80.5%的人口信仰印度教。伊斯兰教是印度的第二大宗教，13.4%的印度人信仰伊斯兰教，其他人信仰基督教、锡克教、佛教、耆那教、犹太教等。锡克教、佛教和耆那教都是起源于印度的宗教。

（资料来源：https://baike.baidu.com/item/%E5%8D%B0%E5%BA%A6%E5%AE%97%E6%95%99/2950697?fr=aladdin，节选，有改动）

2. 主要节日

共和国日：1 月 26 日。

独立日：8 月 15 日。1947 年 8 月 15 日，印度人民摆脱英国殖民统治取得了独立。

洒红节：每年 3～4 月，印度教四大节日之一。该节日正处于印度春季收获季节的作物即将开镰收割，冬去春来之际，因此也被称为春节。

灯节：每年 10～11 月，是印度教教徒最大的节日，全国庆祝 3 天。

3. 民俗风情

（1）服饰

印度妇女的传统服饰是用一块长达 3 米的布包裹出来的，称为纱丽。印度妇女穿着纱丽时，上衣是一件短袖的紧身衣，下身是一条及地的直筒衬裙。印度男性多半穿着一袭宽松的立领长衫，搭配窄脚的长裤。拉贾斯坦地区男性的裤子是用一条白色布块裹成的，头上的布巾花样变化极多，色泽鲜明。在印度，不同的服饰和装扮，可反映出人们的宗教信仰、种族、阶级、所处区域等的不同。

（2）饮食

印度人烹饪用得最多、最普遍的调料是咖喱粉。咖喱粉是用胡椒、姜黄和茴香等20多种调料合成的一种香辣调味品，呈黄色粉末状。在某种意义上说，印度饮食文化也可以称为咖喱文化，这种饮食文化以香辣味道为特色。印度人一般用手把米饭、面饼、菜混合在一起食用。印度人大部分信奉印度教，宗教对饮食也有很大的影响，在印度教教徒中，有很多人食素。素食者最普遍的食物是大米、面饼、蔬菜、豆类、牛奶、酸奶和奶酪。荤食者普遍食羊肉和鸡肉。

（3）礼仪

印度人相互见面的礼节有双手合十在胸前致意、举手示意、拥抱、摸脚、吻脚等。到印度庙宇或家庭做客，进门时必须脱鞋。到印度家庭做客时，可以带水果和糖果作为礼物，或给主人的孩子们送点礼品。印度人迎接贵客时，主人常献上花环，套在客人的颈上。印度人用摇头表示赞同，用点头表示不同意。印度人庆祝孩子出生与祝愿平安成长的方式就是到寺庙举行“普迦仪式”，唱颂祈祷文，然后和亲朋好友举行餐宴。

（4）禁忌

印度人以右为尊，左手被视为不洁净的象征。日常生活中，印度人用右手拿食物、礼品和敬茶，不用左手，也不用双手。男子不要和妇女握手，应行合十礼。印度忌讳白色，习惯用百合花作悼念品，视1、3、7为不吉祥数字。印度教奉牛为神圣，忌讳吃牛肉，忌讳用牛皮制品；崇拜蛇，视杀蛇为触犯神灵。他们一般不喝酒，因为喝酒是违反宗教习俗的行为。忌讳用澡盆给孩子洗澡，因为他们认为那是“死水”，用“死水”给孩子洗澡是不人道的行为。

4. 文化艺术

印度是一个宗教国家，文化底蕴非常深厚，孕育了一大批宗教家与思想家。印度人都能歌善舞，对印度人来说，舞蹈、音乐不仅是艺术，还有宗教的含义。印度古典舞源自对神无比虔诚的爱，舞者通过手势、眼神、表情、身体诠释宗教故事中的万事万物。

早在公元4～5世纪，印度就出现了世界古代历史上最伟大的文豪——迦梨陀娑，他是印度古典梵语诗人、剧作家。1956年，世界和平理事会将他列为世界十大文化名人之一，其代表作《沙恭达罗》是梵文古典文学代表作之一。泰戈尔（1861—1941）是印度著名的诗人、文学家、社会活动家、哲学家和印度民族主义者，代表作有《吉檀迦利》《飞鸟集》等。

印度的电影产业是文化产业中较为发达的行业，印度电影的出口量比较大，在世界上仅次于美国，排名第二位。

（三）旅游资源

印度作为最悠久的文明古国之一，具有丰富的文化遗产和旅游资源，吸引着大批的游人。旅游业在印度的国民经济中占有相当的比重，是印度政府重点发展的产业，也是重要的就业部门。

1. 名城

（1）新德里

新德里是印度首都，全国政治、经济和文化中心，也是印度北方最大的商业中心。新德里位于印度西北部，在喜马拉雅山脉西南方。恒河支流亚穆纳河从城东缓缓流过，河对岸是广阔的恒河平原。著名景点有姆拉斯广场、泰姬陵、莫卧儿王朝皇宫红堡、阿育王柱、胡马雍陵、印度最大的清真寺贾玛寺等。

（2）孟买

孟买是印度最大的海港，是印度马哈拉施特拉邦的首府，素有印度“西部门户”之称。孟买濒临阿拉伯海，原为阿拉伯海上的 7 个小岛，经过不断疏浚和填充而成为半岛，并筑有桥梁和长堤与大陆相连，逐步发展成为亚洲重要的贸易中心。孟买于 1534 年为葡萄牙所占，1661 年转属英国。孟买是宝莱坞的大本营，由于其广阔的商业机会和相对较高的生活水准，孟买吸引了来自印度各地的移民。孟买著名景点有印度门、阿旃陀石窟群、象岛等。

（3）加尔各答

加尔各答是印度西孟加拉邦首府，位于印度东部恒河三角洲地区，是印度第三大城市。在殖民地时期，加尔各答一直是英属印度的首都，在这期间，该市一直是印度近代教育、科学、文化和政治的中心，迄今保存着大量遗留的维多利亚风格建筑。著名景点有伊甸园花圃、威廉堡、马坦公园、印度博物馆、维多利亚纪念堂等。

（4）班加罗尔

班加罗尔是印度南部城市，卡纳塔克邦的首府。印度独立以后，班加罗尔逐渐发展成重工业的中心。高科技公司在班加罗尔的建立使其成为印度信息科技的中心，被誉为“亚洲的硅谷”。在印度“硅谷”创立的高科技企业超过 4 000 家，其中 1 000 多家有外资参与。

2. 名胜古迹

（1）泰姬陵

泰姬陵（图 2.17）全称“泰姬 • 玛哈拉”，位于新德里 200 多千米外北方邦的阿格拉城内、亚穆纳河右侧，是一座由白色大理石建成的巨大陵墓清真寺，由殿堂、钟楼、尖塔、水池等构成，用玻璃、玛瑙镶嵌，具有极高的艺术价值。泰姬陵是印度伊斯兰教艺术最完美的瑰宝，是世界遗产中的经典杰作，被誉为“完美建筑”，又有“印度明珠”的美誉。

图 2.17　泰姬陵

（2）德里皇宫

德里皇宫因其围墙是用红色砂岩建成的，故又称红堡。德里皇宫整个建筑呈八角形，有 5 个宫门，临河一面的宫墙高达 30 米，雄伟壮观，气势磅礴。德里皇宫中还有一座白色大理石建成的殿宇，叫枢密宫，是红堡内最豪华的建筑，有“尘世天堂”之誉。

（3）阿旃陀石窟

阿旃陀石窟是古印度佛教艺术遗址，位于马哈拉斯特拉邦境内，背靠文底耶山，面临果瓦拉河。该石窟始凿于公元前 2 世纪，一直延续到公元 7 世纪中叶。现存 30 窟，从东到西长 550 米，全部开凿在离地面 10～30 米的崖面上。除 5 窟（即第 9、10、19、26、29 窟）为供信徒礼拜的石窟外，其余皆为僧房。中国高僧玄奘曾在公元 7 世纪初到阿旃陀朝拜。随着佛教的衰落，这里门庭冷落，逐渐被人忘却，直到 19 世纪初才被重新发现，引起世人瞩目。

（4）贾玛寺

贾玛寺是印度最大的清真寺，位于旧德里，由莫卧儿王朝的贾罕杰大帝建造，1650 年动工，历时 6 年建成。现在每天有大批伊斯兰教教徒来到这里念诵《古兰经》。

（5）德里门

德里门（图 2.18）位于新德里市中心，曾是新、旧德里的分界线，与总统府遥遥相望。

图 2.18　德里门

二、巴基斯坦

（一）基本国情

1. 自然地理

巴基斯坦意为“圣洁的土地”“清真之国”，位于南亚次大陆西北部，南濒阿拉伯海，东接印度，东北与中国毗邻，西北与阿富汗交界，西邻伊朗。

巴基斯坦全境的 3/5 为山区和丘陵地，南部沿海一带为沙漠，向北伸展则是连绵的高原牧场和肥田沃土。喜马拉雅山脉、喀喇昆仑山脉和兴都库什山脉 3 条世界上有名的大山脉在巴基斯坦西北部汇聚，形成了奇特的景观。巴基斯坦除南部属热带气候外，其余属亚热带气候。

国土面积：796 095 平方千米（不包括巴基斯坦控制的克什米尔地区）。

2. 简史

公元前 3000 年左右，古印度河文明诞生在巴基斯坦境内。公元前 600 年，兴起于亚洲西部伊朗高原上的波斯帝国统治了巴基斯坦西南部的印度河流域地区。公元前 327

年，亚历山大曾率军攻占过巴基斯坦。1220 年，蒙古大军入侵印度河流域，后成为蒙古大汗国的伊利汗国地。巴基斯坦原为英属印度的一部分，1858 年，巴基斯坦随印度沦为英国殖民地。1947 年 6 月，英国公布“蒙巴顿方案”，实行印巴分治，同年 8 月 14 日，巴基斯坦宣告独立，成为英联邦的一个自治领，包括东巴基斯坦和西巴基斯坦两部分。1956 年 3 月 23 日，巴基斯坦伊斯兰共和国正式成立，仍为英联邦成员，1972 年退出，1989 年重新加入。1971 年 3 月，东巴基斯坦宣布成立孟加拉人民共和国，同年 12 月，孟加拉国正式独立。

3. 政治

巴基斯坦是议会共和制，议会是立法机构。1947 年建国后长期为一院制，1973 年宪法颁布后实行两院制，由国民议会（下院）和参议院（上院）组成。国民议会经普选产生，参议院按每省议席均等的原则，由省议会和国民议会遴选产生。2012 年 2 月 20 日，巴基斯坦议会通过宪法第 20 修正案，取消了由总统任命看守政府总理的权力，改由总理和反对党领导人协商确定。宪法规定，议员不得拥有双重国籍。巴基斯坦实行多党制，派系众多。

4. 经济

巴基斯坦拥有多元化的经济体系，是世界第 25 大经济体。巴基斯坦经济中农业占有重要地位，农业贡献占 GDP 的 19.5%。粮食产量很多，大米、棉花可出口创汇。由于地处亚热带，水果资源非常丰富，巴基斯坦素有东方的“水果篮”之称。最大的工业部门是棉纺织业，其他还有毛纺织、制糖、造纸、烟草、制革、机器制造、化肥、水泥、电力、天然气、石油等。

货币：巴基斯坦卢比。

（二）人文习俗

1. 民族、语言、人口、宗教

民族：巴基斯坦是多民族国家，其中旁遮普族占 63%，信德族占 18%，普什图族占 11%，俾路支族占 4%。

语言：乌尔都语为国语，官方语言为乌尔都语和英语，主要民族语言有旁遮普语、信德语、普什图语和俾路支语等。

人口：2.08 亿。

宗教：95%以上的居民信奉伊斯兰教（国教），少数信奉基督教、印度教和锡克教等。

2. 主要节日

国庆日：3 月 23 日。

独立日：8 月 14 日。

巴基斯坦的节日还有宰牲节、开斋节、古尔邦节等。

3. 民俗风情

（1）服饰

巴基斯坦男人除了穿白色长裤和各式上衣外，还头戴真纳帽。妇女按伊斯兰教要求进行装扮，穿长袍、长裤和罩衫遮住全部身体。大多数的巴基斯坦妇女在戴头巾这一点上与阿拉伯妇女有所不同，她们并不是用头巾把耳朵和头发包严实，而只是用一种薄纱巾松松地搭在头上，将垂下来的部分再搭在肩上或胸前。依照伊斯兰教教规，妇女除手、脚之外，身体的其他部位不得暴露在外。

（2）饮食

巴基斯坦人喜欢吃香辣的食品，他们用胡椒、姜黄等做的咖喱食品闻名世界。巴基斯坦菜肴，无论是肉、鱼、豆类，还是蔬菜，绝大多数是辣的。他们没有炒菜的习惯，平日做饭菜用平底锅和高压锅，将牛肉、羊肉、鱼或各种豆类、蔬菜均炖得烂熟。常见的菜肴有土豆沙拉、炖豆。巴基斯坦人的主食为面粉和大米，一种名叫恰巴提的粗面饼最受欢迎。他们净手后吃饭，右手抓着吃，绝对禁酒，也禁饮含酒精的饮品，喜饮茶。

（3）礼仪

巴基斯坦人见面通常要先说一句“真主保佑”，社交活动中所行的见面礼主要是握手礼。巴基斯坦人与朋友久别重逢拥抱对方时，先将头靠左边拥抱一次，再将头靠右边拥抱一次，最后要靠左边拥抱一次。巴基斯坦妇女与亲属见面时，除行拥抱礼以外，还要互吻对方的面颊和额头。在公开场合，女性是不会同男性客人握手或拥抱的，只是通过微笑、鞠躬、问好表示欢迎。男性客人不能主动与女性握手。巴基斯坦伊斯兰教教徒还会向熟人或来客行“按胸礼”，向对方躬身点头，口颂“真主保佑”并用右手按住左胸，以此表示祝福。巴基斯坦人也有用花环欢迎嘉宾的习俗。在商务活动中，人们习惯第一次见面时互赠名片，但不必赠送礼品。巴基斯坦人喜爱绿色、金色、银色和其他艳色。

（4）禁忌

巴基斯坦人多数信奉伊斯兰教，伊斯兰教教徒在饮食上遵从伊斯兰教教义。在巴基斯坦公共场所，青年男女一般互不来往。巴基斯坦人视黑色为消极色，他们认为不祥的数字是 13 和 420。巴基斯坦人讨厌别人拍打他们的后背，认为只有警察抓人时才这样做。巴基斯坦人在星期五往往不办公。不受欢迎的礼品有酒、猪皮或猪鬃制品、带有女性图案的书刊和雕塑等。

4. 文化艺术

巴基斯坦人民自古以来就能歌善舞，在婚嫁、生子、节日、丰收庆典等喜庆时刻都要载歌载舞。巴基斯坦传统音乐可细分为宗教音乐、民间音乐、部落音乐和古典音乐。

巴基斯坦舞蹈可分为古典舞蹈和民间舞蹈两大类。古典舞蹈以卡塔克为其代表，民间舞蹈长期以来一直是巴基斯坦人生活中的重要组成部分，由于民族、地理环境、气候条件不同，每个地区的舞蹈各有特色。在巴基斯坦最受欢迎的运动是板球，巴基斯坦代表队曾在1992年板球世界杯比赛中获得冠军，并在奥运会板球项目上获得过数次金牌。

（三）旅游资源

巴基斯坦旅游业发展较慢，旅游者多为定居在欧美的巴基斯坦人和海湾国家的游客。著名城市卡拉奇有阿拉伯海最优良的黄金般海滩，著名旅游胜地摩亨佐·达罗是公元前2500年印度河流域古代文明的一座宏伟遗址。

1. 名城

（1）伊斯兰堡

伊斯兰堡是巴基斯坦首都，全国政治中心，地处内陆，背依喜马拉雅山，面向印度河大平原，东侧是拉瓦尔湖，西侧是一片开阔的河谷地带。伊斯兰堡是一座年轻的城市，1960年开始兴建，1970年基本建成。城市布局分行政、使馆、居民、工业、商业、绿化区。市区内虽然没有文物古迹，但自然景色清新优美，建筑富有浓郁的伊斯兰风格。大首都区除伊斯兰堡外，还包括古城拉瓦尔品第及伊斯兰堡以南的伊斯兰堡公园。著名景点有费萨尔清真寺、吉德拉尔山谷、济亚拉特。

（2）卡拉奇

卡拉奇是巴基斯坦第一大城市，巴基斯坦最大军港和重要的文化中心，位于巴基斯坦南部海岸、印度河三角洲西北部，南临阿拉伯海。作为巴基斯坦最大、人口最多的城市，现代和古代文化在卡拉奇完美结合，既有狭窄的小巷、破旧的古城、碎石子小路，也有高雅的现代建筑。城中有不少巧手的工匠运用传承的古老技艺制作精美的手工艺品。在这里可以享受阳光充足的海滩，还可以进行深海垂钓、游艇娱乐等活动。卡拉奇还有卡拉奇大学、卡拉奇工程技术大学等著名高校。

（3）白沙瓦

白沙瓦为巴基斯坦西北边境省省会，是巴基斯坦最具有民族特色的城市。由于地处中亚多个贸易要道，当地在多个世纪以来一直是南亚次大陆与中亚之间的贸易重镇。白沙瓦城区为新、旧两部分。东部旧城，保留古老的巴扎市场和数十座大小清真寺。西部新城，是一座有着现代化高层建筑的花园城市。白沙瓦城郊多古迹和古建筑，有莫卧儿王朝巴布尔大帝所建的巴拉希萨尔城堡，有建于16世纪的麦罕白·赫尼清真大寺，有地方色彩浓郁的白沙瓦清真大寺等。白沙瓦还是座英雄城市，历史上白沙瓦人民曾抗击过马其顿亚历山大侵略军的侵略。19世纪初～20世纪初，当地人民为抗击英国殖民主义者入侵，进行过多次武装斗争。公元5～7世纪，中国东晋高僧法显、北魏使者宋云和唐朝高僧玄奘曾先后到此，玄奘在《大唐西域记》中称这里是“花果繁茂”的天府之国。

2. 名胜古迹

（1）吉拉斯岩画

巴基斯坦的山区小镇吉拉斯素以古老岩画而闻名。从首都伊斯兰堡出发，沿着印度河驱车北行就可以到达“吉拉斯一期”岩画遗址。在河岸两旁一块块黝黑而光滑的岩石上，当地先民通过简朴的岩画为我们遗留下了早期人类社会广阔的生活风貌。由于被刻画在巨大的岩石上，吉拉斯岩画至今仍然静静地躺在印度河岸边等待人们观赏，它就像一座露天的博物馆，无时无刻不在向来往的人们讲述着印度河文明悠久的历史。

（2）费萨尔清真寺

费萨尔清真寺（图 2.19）位于巴基斯坦首都伊斯兰堡，是巴基斯坦的国家清真寺，它是巴基斯坦乃至南亚地区最大的清真寺，也是世界第六大清真寺。费萨尔清真寺是国王的馈赠、大师的杰作、信徒的圣地。它是由沙特阿拉伯前国王费萨尔捐资，作为礼物送给巴基斯坦人民的。这项浩大的工程始于 1976 年，积 10 年之功乃成，该清真寺遂以他的名字命名以资纪念。说它是大师的杰作，突出表现在它的选址和设计上，当年人们选择在马尔格拉山山脚大兴土木，除了要以这座山作为背景和屏障，更倚重它天然“崇高”的地理位置。从伊斯兰堡市中心出发，一直向西北直奔马尔格拉山的南麓，远远地可看见 4 座高耸入云的锥状尖塔，顶部金色的新月饰物在太阳的照耀下熠熠生辉。费萨尔清真寺的大祈祷厅可以同时容纳近万人前来祈祷，而清真寺正面和左右两翼的回廊、庭院又可以容纳数万人做礼拜。

图 2.19　费萨尔清真寺

（3）夏利玛公园

夏利玛公园位于拉合尔市城东 3 千米，它是 1642 年由莫卧儿王朝沙贾汗皇帝下令修筑的御苑，是莫卧儿王朝时期园林建筑的艺术杰作。夏利玛公园原是皇家花园，采用波斯园林建筑形式，周围高墙环绕，园内古树参天。夏利玛公园分为 3 个不同高度的平台，第一级平台叫“心旷神怡台”，走在这段平台上，但觉凉风吹拂，望着远处的喷泉，真有心旷神怡之感。人们称第二、第三级平台为“雄浑豪迈台”，因为从这里眺望四周，有“一览众山小”之感。巴基斯坦电影《永恒的爱情》中的不少镜头是在这里拍摄的。

三、尼泊尔

（一）基本国情

1. 自然地理

尼泊尔是内陆山国，位于喜马拉雅山南麓，北与中国西藏接壤，东、西、南三面被印度包围。世界上 14 座海拔超过 8 000 米的山峰，其中 8 座在中尼边界的喜马拉雅山区。尼泊尔国土是一个近似长方形的国家，中部山区占尼泊尔国土面积的 68%，南部低地占尼泊尔国土面积的 17%。全国分北部高山、中部温带和南部亚热带 3 个气候区。

国土面积：147 181 平方千米。

2. 简史

从公元前 6 世纪起，尼泊尔境内出现了一些王朝，主要有基拉特（公元前 6 世纪～公元 4 世纪）、李查维（公元 4～13 世纪）、马拉（13 世纪～1768 年）等王朝。13 世纪初，马拉王朝兴起，大力推行印度教。1768 年，沙阿王朝崛起并统一全国。1814 年，尼泊尔遭到英国入侵，被迫割让大片领土给英属印度，外交受英国监督。1923 年，英国承认尼泊尔独立，并与尼泊尔签订了《永久和平条约》。2008 年，尼泊尔举行制宪会议选举，选举后产生的制宪会议宣布成立尼泊尔联邦民主共和国。

知识链接 2-19

沙阿王朝

沙阿王朝（1768～2008 年）是尼泊尔历史上最后一个君主制王朝，由尼泊尔西北部的廓尔喀公国第 10 代王公普里特维·纳拉扬·沙阿于 1768 年建立。沙阿王朝在政治上有较大成就，实现了尼泊尔历史上的第一次完全统一，奠定了现在尼泊尔的版图，是尼泊尔民族国家形成的时期，其统治后期使尼泊尔沦为世界上最落后的国家之列。沙阿王朝是个多灾多难的时代，其历史可分成前史、开国、君主专制时期、拉纳家族独裁时期、第一次君主立宪制时期、潘查亚特体制时期、第二次君主立宪制时期。2008 年 5 月 28 日，尼泊尔制宪会议宣布废除君主制，将国体改为联邦民主共和国，沙阿王朝结束。

（资料来源：https://baike.baidu.com/item/%E6%B2%99%E9%98%BF%E7%8E%8B%E6%9C%9D/7015729?fr=aladdin，节选，有改动）

3. 政治

2015 年 9 月，尼泊尔颁布新宪法。新宪法确定尼泊尔为联邦民主共和国；将全国划分为 7 个联邦省；总统为礼仪性国家元首和军队统帅，总理由议会多数党领袖担任；联邦议会实行两院制，由联邦院和众议院组成；规定法院分为 3 级：最高法院、高级法院和地方法院。2016 年 1 月，尼泊尔议会通过宪法第一修正案，将选举划分等条款的基本原则由比例包容制变为人口比例第一、兼顾包容原则。尼泊尔有 70 多个党派，大多数为地方性小党。

4. 经济

尼泊尔为农业国，80%的人口从事农业生产，是世界上最不发达国家之一。经济严重依赖外援，预算支出的 1/4 来自外国捐赠和贷款。工业基础薄弱，规模较小，机械化水平低，发展缓慢，以轻工业和半成品加工为主，主要有制糖、纺织、皮革制鞋、食品加工、香烟和火柴、黄麻加工、砖瓦生产和塑料制品等。旅游业是尼泊尔的支柱产业。尼泊尔地处喜马拉雅山南麓，自然风光旖旎，气候宜人，徒步旅游和登山业发达。尼泊尔的主要贸易伙伴有印度、美国、中国、欧盟等。2017 年 8 月，尼泊尔接入中国企业提供的互联网服务。

货币：尼泊尔卢比。

（二）人文习俗

1. 民族、语言、人口、宗教

民族：有 30 多个民族，卡斯族是最主要的民族，占全国人口总数的 1/3。

语言：尼泊尔语为国语，上层社会通用英语。

人口：约 2 898 万（2016 年）

宗教：86.2%的居民信奉印度教，7.8%的居民信奉佛教，3.8%的居民信奉伊斯兰教，2.2%的居民信奉其他宗教。

2. 主要节日

尼泊尔被称为世界上节日最多的国家，一年中大小节日就有 300 多个。国家规定的法定放假节日超过 50 个。尼泊尔的节日一般与宗教和当地的历法有关，而且没有准确的时间。

国庆日：9 月 20 日。

共和日：5 月 28 日。

佛诞节：尼历一月下旬（公历 5 月），纪念佛祖释迦牟尼诞辰。

德赛节：又称大德赛节、十胜节，是民间最大节日，在 10 月，共 15 天，全国放假 7 天。

洒红节：尼历十一月下旬。人们互相泼洒五颜六色的颜料来提醒凉爽的季节即将到来。

灯节：尼历十一月一日，是尼泊尔第二大节日，为期 5 天。

3. 民俗风情

（1）服饰

尼泊尔妇女的传统服饰包括色彩鲜艳的纱丽和旁遮比两大类。旁遮比是一种套服，由卡米子、朱利达尔和杜巴尔达组成。卡米子是自脖颈以下长及膝盖的长袍；朱利达尔是一种自膝盖以下逐渐收紧的收腿裤；杜巴尔达是一种长约 3 米的围巾，通常搭放在胸前，两端分别垂于肩后，这种套服是仅次于纱丽的传统服装。尼泊尔男子一般头戴彩色或黑色礼帽，穿着宽松的衬衫与长裤，长裤裤裆大而裤腿小。除上述服装外，以当地特产的手工布料缝制的背心、长裤、套装也很有民族特色。

（2）饮食

尼泊尔的饮食多元化，在首都加德满都基本上可以吃到全世界的美食。尼泊尔菜大多是印度地方性烹调的演变。尼泊尔人比较喜欢吃咖喱，而且口味较重。大米是尼泊尔人的主食，山区居民的主食是玉米、小米和荞麦。尼泊尔人平时喜欢吃薄饼、土豆、青菜和羊肉，爱喝牛奶和茶，吃饭时每人一个盘子，用来盛放主食和蔬菜，通常用手抓着吃。

（3）礼仪

尼泊尔最常见的礼节是双手合十礼，施礼时，双手齐胸合掌问候。尼泊尔平日见长辈要施吻足礼，低种姓的人在拜见比自己种姓高贵的人时，要施掬手礼，双手呈掬水状，并使双手尖触到自己的额头。在山区，人们初次见面时，要伸出舌头向对方致礼。在尼泊尔，摸头礼是国王对下属及臣民的礼节，即用右手去抚摸臣民的头顶，一个人若能得到国王的抚摸，将是其终生的荣幸。随着社会的发展，握手礼在尼泊尔也开始使用。

（4）禁忌

尼泊尔人在交谈中常用摇头表示同意，点头表示否定。在尼泊尔，火是非常神圣的，不能将垃圾丢进火中。“头”被认为是非常高贵而神圣的，所以不要去摸小孩的头。尼泊尔人对黄牛十分崇拜，他们视黄牛为“神”，将其比作“母亲”，并规定为“国兽”，因此有许多关于牛的禁忌：不得宰杀牛，忌食牛肉，不得用牛革制品，禁止进口牛肉、牛肉罐头。在餐饮中，不要用自己使用过的刀、叉、勺子或用手去接触别人的食物或餐具。左手在尼泊尔人的生活习惯与观念中代表不洁，握手或传递东西时最好用右手或双手。不要用脚去碰尼泊尔人的物品，这被认为是一种冒犯行为。参观寺庙勿触摸寺庙内的任何供品，通常按顺时针方向参观。

4. 文化艺术

尼泊尔有着悠久的文化传统，加德满都河谷各民族居民在建筑、雕刻、绘画、金属工艺、文学、艺术、音乐和舞蹈等领域都留下了许多宝贵的遗产。

尼泊尔的佛教造像艺术历史悠久、风格独特，在吸收古代印度造像艺术手法和风格的基础上，不断融进本民族不同时代的审美观念和雕刻技艺，从而形成了一种具有鲜明地区和民族特色的艺术风格。

尼泊尔的音乐、舞蹈个性独特，宗教祭祀、节日婚丧演奏的传统宗教音乐和抒情的民间歌曲，构成了尼泊尔音乐的丰富性和代表性；民间舞蹈绚丽多姿，具有强烈的民族气息。

尼泊尔的建筑也极具特色，不论是历朝王宫，还是百姓居家，建筑门窗上都有精美的雕饰，花纹鸟兽别具一格。雕有孔雀形象的孔雀窗和巴德岗老王宫的 55 扇窗是世界闻名的杰作。

知识链接 2-20

璀璨夺目的尼泊尔造像艺术

尼泊尔造像艺术从公元 7 世纪开始影响我国西藏，成为影响我国西藏造像艺术的主流。历史上有不少尼泊尔艺术大师翻山越岭入藏帮助造像。元朝时入仕我国的尼泊尔艺术大师阿尼哥便是其中杰出的一位。阿尼哥于 1244 年出生在尼泊尔加德满都帕坦城。1260 年，阿尼哥带队抵达西藏萨迦寺，完成了黄金塔的建造任务之后，被元朝帝师八思巴带到了元大都，举荐给元世祖忽必烈，担负大护国仁王寺、大圣寿万安寺等皇家大寺的兴建任务。尼泊尔造像艺术具有民族特色、宗教特色，用材独特，表现为以金铜造像为主。

（资料来源：http://fo.ifeng.com/foyibolan/detail_2010_11/05/3011372_0.shtml，节选，有改动）

（三）旅游资源

尼泊尔自古就有“亚洲山国”“神秘国度”“纯净天堂”的美称，是世界著名的登山之地。

1. 名城

（1）加德满都

加德满都是尼泊尔的首都和最大城市。建于公元 723 年，坐落在喜马拉雅山南坡，这道天然屏障为城市遮挡来自北方的寒风，城市南面迎着印度洋的暖流，得天独厚的地理环境使这里年平均气温为 20℃，气候宜人，终年阳光灿烂，绿树葱郁，鲜花盛开，有“山中天堂”之美誉，是世界闻名的游览胜地。加德满都城内的庙宇、佛堂、经塔、神像等具有珍贵的历史文化价值，文物种类繁多，难以准确数计。加德满都于 1980 年被联合国教科文组织列入亚洲重点保护的 18 座古城之列。著名景点有杜巴广场、太庙、帕斯帕提那神庙。

（2）帕坦

帕坦是尼泊尔古城，与加德满都仅一河之隔，建于公元 299 年，但在公元前 650 年已成为居民点。11～18 世纪，帕坦曾为尼瓦人帕坦王国的都城，为国内最古老的城市，也是加德满都河谷古代的商业中心。帕坦古迹如云，有许多古老的庙宇，其中最著名的是建于 12 世纪的金寺，被誉为“艺术之城”。帕坦的杜巴广场也被称为王宫广场，这里集中了数目众多的寺庙，尼泊尔人的艺术天赋在这些建筑中展露无遗。帕坦于 1980 年被联合国教科文组织列为亚洲重点保护的 18 座古城之一。

（3）巴德岗

巴德岗位于加德满都以东 14 千米，为加德满都河谷三大城市之一，是尼泊尔中世纪建筑和艺术的发源地。巴德岗在尼泊尔语中意为“稻米之城”或“虔诚者之城”。巴德岗于 12 世纪由安南达・马拉国王正式兴建。作为曾经的国都，巴德岗有着相当规模的古建筑群，主要集中在古城中心的三大广场为：杜巴广场、陶玛迪广场和塔丘帕广场。

（4）博克拉

博克拉位于尼泊尔中部喜马拉雅山南坡山麓博克拉河谷。博克拉依偎在终年积雪的安娜普纳山峰和鱼尾峰下，傍着迷人的费瓦湖，苍翠繁茂的植被和壮丽的雪山风光形成强烈对比。由于周围的雪山攀登难度不大，加上沿途服务设施优越，长期以来博克拉一直是世界各国登山运动员攀登喜马拉雅山雪峰重要的准备基地与训练场所，并已成为许多徒步线路的起点或终点，是世界各国旅行者公认的“徒步天堂”。

2. 名胜古迹

（1）杜巴广场

杜巴广场意为王宫广场，在加德满都河谷的 3 个古城——加德满都、帕坦和巴德岗中各有一个，是当年 3 个王国的王宫广场。马拉王朝时期在文化、建筑、艺术上曾一度达到巅峰。马拉王朝第六代国王死后，其 3 个儿子各据一方，自立为王，相互征战，斥巨资修建王宫广场。杜巴广场的古建筑多建于 16～19 世纪，有 50 座以上的寺庙和宫殿。广场西南有独木庙、活女神庙等，东北有旧皇宫、塔莱珠神庙等。

（2）萨加玛塔国家公园

萨加玛塔国家公园位于尼泊尔喜马拉雅山区，是联合国教科文组织公布的首批世界文化遗产和世界自然遗产之一。由于地处山区，公园海拔相差很大，适于多种动植物生长，从而造就了丰富的生态环境。同时，这里也是世界著名的攀登区，它因独特的地质地貌而成为世界上最令人感兴趣的探险地区之一。

（3）费瓦湖

费瓦湖是尼泊尔著名的皇家度假胜地，雄伟的安纳普尔纳山峰构成了费瓦湖的天然背景。尼泊尔的皇家行宫坐落在费瓦湖的南岸，北岸是游客云集的费瓦湖湖畔区，也是整个景区的中心，大部分旅馆和餐馆沿湖滨而建，迷人的湖光山色每年都吸引大批的游客前来。

四、斯里兰卡

（一）基本国情

1. 自然地理

斯里兰卡是热带岛国，位于南亚次大陆以南印度洋上，西北隔保克海峡与印度相望，接近赤道，终年如夏，属热带季风气候，年平均气温为 28℃。

斯里兰卡在僧伽罗语中意为“乐土”或“光明富庶的土地”，有“宝石王国”“印度洋上的珍珠”的美称，被马可・波罗认为是最美丽的岛屿。

斯里兰卡岛大致呈梨形，中南部是高原，北部和沿海地区为平原。斯里兰卡主要矿藏有石墨、宝石、钛铁、锆石、云母等。渔业、林业和水力资源丰富。

国土面积：65 610 平方千米。

2. 简史

2 500 年前，来自北印度的雅利安人移民至锡兰岛建立僧伽罗王朝。公元前 247 年，印度孔雀王朝的阿育王派其子来岛上生活，受到当地国王欢迎。公元前 2 世纪前后，南印度的泰米尔人也开始迁徙并定居锡兰岛。公元 5～16 世纪，岛内僧伽罗王国和泰米尔王国征战不断，直至 1521 年葡萄牙船队在科伦坡附近登陆。1656 年 5 月 12 日，荷兰军队攻克科伦坡。1796 年 2 月 15 日，英军占领科伦坡，荷兰人统治时期结束。1802 年，斯里兰卡被正式宣布为英国的殖民地。1948 年 2 月 4 日，斯里兰卡正式宣布独立，定国名为锡兰，成为英联邦的自治领。1972 年 5 月 22 日改国名为斯里兰卡共和国。1978 年 8 月 16 日改国名为斯里兰卡民主社会主义共和国。

3. 政治

1978 年 9 月 7 日，斯里兰卡宪法废除沿袭多年的英国式议会制，效仿法国和美国，改行总统制。总统为国家元首、政府首脑、武装部队总司令，享有任命总理和内阁其他成员的权力。斯里兰卡议会为一院制，由 225 名议员组成，任期 6 年。司法机构由法院、司法部、司法委员会三部分组成。

4. 经济

斯里兰卡以种植园经济为主，主要作物有茶叶、橡胶、椰子和稻米。工业基础薄弱，以农产品和服装加工业为主。其在南亚国家中率先实行经济自由化政策。

斯里兰卡经济在自由化进程中，增长速度持续加快。斯里兰卡最大优势在于矿业和地理位置，它是一个宝石富集的岛屿，是世界前五名的宝石生产大国，被誉为“宝石岛”。在经济发展初期阶段，每年宝石出口可达 5 亿美元的出口值，红宝石、蓝宝石及猫眼石最出名。纺织和茶叶虽处于初期发展阶段，但是茶叶在欧洲市场广受欢迎，红茶产品闻名于世，年产量达 2.849 亿千克。斯里兰卡旅游业也是其经济的重要组成部分，游客主要来自欧洲、印度、东南亚等国家和地区。

货币：卢比。

（二）人文习俗

1. 民族、语言、人口、宗教

民族：主要民族为僧伽罗族、泰米尔族。僧伽罗族约占总人口的 74.9%，泰米尔族约占总人口的 15.4%，摩尔族约占总人口的 9.2%，其他民族约占总人口的 0.5%。

语言：僧伽罗语、泰米尔语同为官方语言和全国语言，上层社会通用英语。

人口：2 144 万（2017 年）。

宗教：70.2%的居民信奉佛教，12.6%的居民信奉印度教，9.7%的居民信奉伊斯兰教，7.4%的居民信奉天主教和基督教。

2. 主要节日

独立日：2 月 4 日（1948 年）。

湿婆神节：3 月 1 日，印度教节日。

僧伽罗和泰米尔新年节：4 月 13、14 日。

维萨克节：5 月 22 日。斯里兰卡佛教节日，又称灯节。

月圆节：8 月 11 日。

开斋节：伊斯兰教历 10 月 1 日。

排灯节：10 月 29 日。

知识链接 2-21

月　圆　节

斯里兰卡的月圆节是佛教节日。在斯里兰卡，每月月圆时就要过一次佳节，并以月圆节最为隆重。月圆节这天，斯里兰卡全国放假。善男信女们早早享用美味佳肴，争先恐后地到寺庙或神堂去听讲经，拜月亮。之后，人们围坐在场院里，吃着美食，端坐赏月，直至明月西沉，尽兴而散。在每个月的月圆日，遍布全国的佛寺都要在喧闹的城镇街市举行供奉佛教圣物的各种宗教仪式。

（资料来源：https://wenku.baidu.com/view/4ecf73c702020740bf1e9bb6.html，节选，有改动）

3. 民俗风情

（1）服饰

纱丽是斯里兰卡、孟加拉国、印度、巴基斯坦、尼泊尔等国妇女的一种传统服装。斯里兰卡的纱丽一般有两种穿法：一种为印度式；另一种为坎迪式。坎迪式纱丽和印度式纱丽穿法不太一样，坎迪式纱丽更适合年轻女性，更显身材妩媚。纱丽虽然很漂亮，但穿起来十分费事，为了参加一次庆典或其他重要活动，妇女们往往要花 2～3 个小时来穿纱丽，所以斯里兰卡的女性平日里都穿着另一种简易服装旁遮比。斯里兰卡男人通常穿长袖紧口短褂，下身着纱笼，一般为白色。

（2）饮食

斯里兰卡是印度洋上的热带岛国，与印度隔海相望，饮食文化受到印度的影响但又有着独特的风味。斯里兰卡人大多以大米、椰肉、玉米、木薯等为主要食物。斯里兰卡生产各种香料，这里的人们在传统的咖喱拌饭里加入了斯里兰卡独特的香料，吃起来更辣一些，味道更香一些。根据传统印度古法医学或生命科学研究，斯里兰卡每一顿饭都有 6 种口味平衡身体所需，分别是甜、酸、咸、辣、苦和涩味，在烹调时，兼具各种植物的医学特性。当地特色食物有帽子饼、咖喱饭、红米饭、兰卡酸奶。斯里兰卡人有一日三餐饮茶的习惯，日常饮用红茶时，喜欢放糖和牛奶。

（3）礼仪

斯里兰卡佛教徒见面礼节是施合掌礼。通常要说一句“阿尤宝温”，意为美好的祝愿。当对方施合掌礼时，客人也一定要还之以同样的礼节。僧伽罗族人中最重的礼节莫过于“五体投地礼”，即用双膝、双手和前额均贴于地，这一般用于重大场合，对佛教长老或父母施礼，受礼者则以右手抚摸施礼者的头顶，以示祝福。“摸脚”也是僧伽罗族人的一种传统礼仪，即晚辈给长辈或信徒给僧侣施跪拜礼时，要摸一下受礼者的脚背，以示尊敬。受外国人的影响，目前斯里兰卡人也逐渐流行握手礼。

（4）禁忌

斯里兰卡的佛教徒持有“过午不食”的教规，不进娱乐场所，不骑车，不乘母畜拉的车，不戴手表，庙内赤足。日常生活中，人们对僧侣格外尊敬，乘公共汽车，普通人均从后门上车，而僧人则从前门上车，车前还有僧人专座。在斯里兰卡，点头和摇头的含义与中国相反。斯里兰卡人用右手的拇指、食指、中指拿起食物食用，吃饭和接受礼物时，都要用右手。斯里兰卡僧侣禁止饮酒，也不吃蘑菇。

4. 文化艺术

斯里兰卡的古代文化基本上属于印度文化体系，但又有其特点。僧伽罗音乐受印度影响很大，在古僧伽罗王朝时代，国王经常派人去印度学习音乐，现存最早的音乐教科书是康提王朝最后一位国王派人去印度取来翻译而成的。斯里兰卡有记载的古代乐器有60余种，但流传下来的只有20多种，最常见的主要有凯特鼓、雅卡鼓、乌贷吉和椎击鼓4种鼓。僧伽罗族是一个能歌善舞的民族，僧伽罗舞大致可分为康提舞（又称高地舞）、低地舞和萨巴拉加穆瓦舞（又称中地舞）三大系统，其中康提舞最为典型，被誉为斯里兰卡最纯洁的艺术表现形式之一。僧伽罗族的绘画、建筑、雕刻艺术都是与佛教一同发展起来的。古城波隆纳鲁瓦的壁画和康提绘画也是僧伽罗古代艺术宝库中珍贵的遗产，内容多是与佛教有关的活动，宏伟的佛塔寺庙、辉煌的王宫及大型水利设施，显示出僧伽罗族人很早就掌握了高超的建筑艺术。

知识链接 2-22

康 提 舞

康提舞是斯里兰卡僧伽罗族传统舞蹈中最有代表性的舞蹈派别，是僧伽罗族文化标志之一，起源于古代康提王国统辖的中央山地地区，故又称为高地舞。康提舞可分为古典舞和民间舞两大类。这种舞蹈是在祭神会上表演的祭祀舞蹈，仪式中通过吟诵赞词、打鼓、跳舞、向神灵祭献食品等程序，表达人们驱鬼降魔、祈求神灵保佑的愿望，也具有一定的娱乐性。

（资料来源：https://baike.baidu.com/item/%E5%BA%B7%E6%8F%90%E8%88%9E/3765040?fr=aladdin，节选，有改动）

（三）旅游资源

斯里兰卡拥有丰富的自然文化遗产，被誉为“印度洋上的珍珠”。

1. 名城

（1）科伦坡

科伦坡是斯里兰卡的最大城市与商业中心，位于斯里兰卡岛西南岸，濒临印度洋，是进入斯里兰卡的门户，印度洋重要港口，世界著名的人工海港，素有“东方十字路口”之称。科伦坡的两大标志景观是斯里兰卡国家博物馆和班达拉奈克国际会议大厦。斯里兰卡国家博物馆是斯里兰卡最大的文物收藏地，保存着明朝郑和下西洋时在斯里兰卡建立的纪念碑。班达拉奈克国际会议大厦是中国援助建造的国际知名大厦。科伦坡的主要景点有锡吉里亚古宫、斯里兰卡国家博物馆、都波罗摩塔、德希韦拉动物园、波隆纳鲁瓦古城、阿努拉德普勒古城。

（2）康提

康提是斯里兰卡第二大城市，位于中部山区，是中部山区的主要商业、宗教、文化和交通中心。1988 年，联合国将圣城康提作为世界文化遗产列入《世界遗产名录》。

（3）加勒

加勒是斯里兰卡西南的港口城市，16～17 世纪东方著名的商业中心。加勒现为海军基地，有铁路和公路与科伦坡连接。加勒是斯里兰卡最大的渔港，有现代化的冷藏设备，出口橡胶、椰子、石墨、手工艺品和香茅油。加勒附近的景点有雅拉国家公园。

（4）努瓦拉埃利亚

努瓦拉埃利亚是斯里兰卡的山区城市，位于康提东南。1828 年建立疗养站，逐渐发展为群山环抱、森林遍布、气候凉爽、空气清新的疗养城市。市区有公园、旅馆、球场、矿泉疗养所。努瓦拉埃利亚也是斯里兰卡茶叶、橡胶、蔬菜的集散地。

2. 名胜古迹

（1）亚当峰

亚当峰又名圣足山，位于斯里兰卡中南部，西距科伦坡约 40 千米。既是朝觐圣地，也是著名的风景区。佛教、印度教、伊斯兰教、天主教、基督教教徒均以此山为顶礼膜拜之地。亚当峰海拔 2 243 米，呈圆锥形，为斯里兰卡南部最高峰。有许多小路通向山顶，西南坡的山道两旁有铁链，人们可扶铁链拾级而上登达峰顶。每一座小山顶上有一铜钟，游人每到达一座山顶，可敲钟一次。

（2）班达拉奈克国际会议大厦

班达拉奈克国际会议大厦（图 2.20）位于科伦坡贝塔区中心地带，建筑宏伟，精美壮观，是该市标志性建筑之一。大厦是由中国政府无偿援助的项目，于 1973 年 5 月竣工，建成投入使用以来，在斯里兰卡社会生活中发挥着重要作用。

（3）阿努拉德普勒

阿努拉德普勒是斯里兰卡古都和佛教圣地，位于斯里兰卡中北部。公元前3世纪～10世纪一直是僧伽罗王朝的都城，历史上曾繁盛一时。2 000多年前，孔雀王朝阿育王之子，印度高僧摩哂陀携佛经渡海到此，开创了斯里兰卡的佛教历史，阿努拉德普勒逐渐成了斯里兰卡最早的佛教圣地，而后逐渐荒废，19世纪被重新发现并整修，现成为斯里兰卡佛教朝礼中心及游览胜地。1982年，阿努拉德普勒被列入《世界遗产名录》。

图2.20 班达拉奈克国际会议大厦

（4）波隆纳鲁沃

波隆纳鲁沃位于斯里兰卡东北部，是与阿努拉德普勒齐名的古都。10世纪末，当时的国都和佛教中心阿努拉德普勒开始衰落，波隆纳鲁沃取而代之，声名鹊起。1059～1207年，波隆纳鲁沃逐渐繁荣，其建筑水平达到了炉火纯青的地步。这里可以游览国王议会大楼、皇家城堡、皇家楼阁、精美巨大的佛像。1982年，波隆纳鲁沃被列入《世界遗产名录》。

第四节 中亚地区

中亚地处亚欧大陆中部，距海洋较远。狭义上的中亚国家包括五国，即哈萨克斯坦、吉尔吉斯斯坦、塔吉克斯坦、土库曼斯坦、乌兹别克斯坦。湖泊多为内流湖，西部濒临世界最大的内流湖里海，中部有咸海、巴尔喀什湖、阿拉湖和伊塞克湖。中亚自然环境恶劣，荒漠、半荒漠和草原占据从里海到天山山地之间的巨大面积，极度干旱、贫瘠，缺少植被。在中亚地区生活的有130多个大小民族，中亚地区是以伊斯兰教为主的多宗教地区。

一、哈萨克斯坦

（一）基本国情

1. 自然地理

哈萨克斯坦是一个位于中亚的内陆国家，也是世界上最大的内陆国。哈萨克斯坦领土横跨亚洲、欧洲，以乌拉尔河为洲界。东南连接中国新疆，北邻俄罗斯，南与乌兹别克斯坦、土库曼斯坦和吉尔吉斯斯坦接壤，西濒里海。哈萨克斯坦通过里海可以到达阿塞拜疆和伊朗，通过伏尔加河、顿河运河可以到达亚速海和黑海。

哈萨克斯坦地形复杂，特点是东南高、西北低，大部分领土为平原和低地。

国土面积：2 724 900 平方千米。

2. 简史

16 世纪之前，哈萨克斯坦境内生活的是游牧的突厥民族，直到 19 世纪初期，俄罗斯帝国将哈萨克斯坦全境吞并。1925 年 4 月 19 日，中亚各国按民族划界，改称哈萨克苏维埃社会主义自治共和国。1936 年定名为哈萨克苏维埃社会主义共和国，成为苏联的加盟共和国。1990 年 10 月 25 日，发表主权宣言。1991 年 12 月 10 日，改称为哈萨克斯坦共和国。1991 年 12 月 16 日，哈萨克斯坦共和国宣布独立。

3. 政治

哈萨克斯坦共和国宪法具有最高的法律效力，是哈萨克斯坦国家法律体系及立法进一步发展的核心和基础。哈萨克斯坦宪法规定哈萨克斯坦为总统制单一制共和国。哈萨克斯坦政局稳定。议会是国家最高立法机构，由上下两院组成，其中上院又称“参议院”，下院又称“马日利斯”。政府是国家最高行政机关，行使行政权，其活动对总统负责。哈萨克斯坦于 20 世纪 80 年代末开始实行政治多元化，独立后，即推行多党制进程。

4. 经济

哈萨克斯坦经济以石油、天然气、采矿、煤炭和农牧业为主，加工工业和轻工业相对落后。哈萨克斯坦地广人稀，主要农作物包括小麦、玉米、大麦、燕麦、黑麦、水稻、棉花、烟草、葡萄和水果等。哈萨克斯坦工业基础较为薄弱，发展缓慢，大部分日用消费品依靠进口。2010～2012 年，随着世界经济的复苏、国际市场需求恢复及能源和金属等国际价格稳定，哈萨克斯坦经济开始强劲反弹，出口开始增长。从商品结构上看，主要出口商品中矿产品占 75%，金属及其制品占 13.1%。

货币：坚戈。

知识链接 2-23

中哈“一带一路”合作

“一带一路”旨在借用古代丝绸之路的历史符号，高举和平发展的旗帜，积极发展与沿线国家的经济合作伙伴关系，共同打造政治互信、经济融合、文化包容的利益共同体、命运共同体和责任共同体。

2013 年 9 月，习近平主席访问哈萨克斯坦期间，首次提出共建“丝绸之路经济带”的宏伟倡议。纳扎尔巴耶夫总统表示支持，在不到 4 年时间内，中哈两国以“共商、共建、共享”原则，全面加强两国之间政治沟通、道路联通、贸易联通、货币流通和民心相通，发挥中哈合作对丝绸之路途经地区区域合作的示范和带头作用，带动更多国家积极参与“丝绸之路经济带”建设。

（资料来源：杨成，2017-06-08. “一带一路”下的中哈合作［N］. 光明日报，10.）

（二）人文习俗

1. 民族、语言、人口、宗教

民族：约有 140 个民族，其中哈萨克族占总人口的 65.5%，俄罗斯族占总人口的 21.4%。

语言：哈萨克语为国语，哈萨克语和俄语同为官方语言。

人口：1 831.17 万（2019 年 1 月）。

宗教：哈萨克斯坦是世俗国家。多数居民信奉伊斯兰教（逊尼派），此外还有东正教、天主教、佛教等。

知识链接 2-24

世 俗 国 家

世俗国家是指一些在宗教事务持中立态度的国家，没有对任何一种宗教习俗持赞成或反对的态度，也没有类似国教的宗教。一个世俗国家也视信奉不同宗教的人为平等的个体，不会偏袒或歧视信奉个别宗教的人。

理论上，世俗国家保护宗教自由及政教分离，也指一些防止宗教干预和控制政府权力的国家，更有法令保护任何一种宗教，包括少数宗教免受歧视。

（资料来源：https://baike.baidu.com/item/%E4%B8%96%E4%BF%97%E5%9B%BD%E5%AE%B6/5462425?fr=aladdin，节选，有改动）

2. 主要节日

元旦：1 月 1 日。

纳乌鲁斯节（波斯语和突厥语国家的春节）：3 月 21 日。

祖国保卫者日：5 月 7 日。

宪法日：8 月 30 日，哈萨克斯坦于 1995 年 8 月 30 日通过宪法。

独立日：12 月 16 日（1991 年）。

3. 民俗风情

（1）服饰

哈萨克斯坦男子夏季穿白色宽大衬衫、宽裆裤，外罩一件齐膝的无袖长衣，头戴绣花小帽或浅色尖顶软毡帽；冬季穿皮大衣，头戴皮帽，脚穿毡袜和高统皮靴。妇女平时上衣短小，配穿绣花丝绒坎肩，下穿裤脚带褶的灯笼裤，喜欢戴手镯、项链和耳环等饰品。

（2）饮食

哈萨克斯坦人的主要食物是牛羊肉、奶、面食等，最常喝的饮料是奶茶和马奶。他们用餐习惯以手抓饭取食，最流行的菜肴是手抓羊肉，最诱人的是马肠肉。在严冬时节，许多住在北方严寒地区的人会以食马肉抗寒。哈萨克斯坦人最钟情的食物是一种名叫“别什巴尔马克”的热汤面，是用大块的去骨马肉熬汤，然后在鲜美的汤中加入手擀面片，吃过面片之后便喝汤。

（3）礼仪

哈萨克斯坦人在与朋友相见时，打招呼的习俗很有民族特色，一般客人见到主人的时候要先问“牲畜平安”，再问“全家平安”。哈萨克斯坦是个极为重视文明礼貌的民族，他们有这样一个信条：“对长者要尊敬，对幼小要扶持，对友信要忠诚。”哈萨克斯坦人在社交场合与客人相见时，一般以握手为礼，女性一般向客人施屈膝礼。他们路遇长者，晚辈要右手按胸，施 30° 鞠躬礼，并要说祝愿的话，然后握手。若平辈相见，一般是直接握手，道好问安，握手后俯身互吻手背。

（4）禁忌

哈萨克斯坦人忌讳与人谈话时脱帽，认为脱帽是不礼貌的。最忌讳别人当着他们的面赞美他们的孩子和牲畜，认为这样会给孩子和牲畜带来不祥。忌讳用手指或用棍棒比画清点人数，认为这意味着把人比喻成牲畜，是污辱人的举止。哈萨克斯坦人有“以右为上，左为贱”的民族传统观念。他们在做礼拜时，最忌讳别人从面前通过。厌恶黑色，认为黑色是丧葬的颜色。禁食猪肉、骡肉、驴肉和动物血及一切自死的动物，但把羊头视为餐中的珍品。他们对绿色有着很深的感情，认为绿色是积极向上的色彩，给人以吉祥和幸福的印象。

4. 文化艺术

哈萨克斯坦是古丝绸之路经过的地方，曾经为沟通东西方文明，促进不同民族、不同文化相互交流与合作做出了重要贡献。哈萨克斯坦文化领域重点是保护历史文化遗产，包括历史遗迹、考古遗址、建筑艺术。哈萨克斯坦 89 个国家级文化艺术博物馆展室中陈列着超过 256 万件文物、珍稀手稿和出版物。近年来，哈萨克斯坦文化及休闲场所的基础设施建设发展迅速。

阿拜是哈萨克斯坦的“精神之父”，是哈萨克族“诗圣”，哈萨克族伟大的诗人、作曲家、哲学家、经典作家。

（三）旅游资源

哈萨克斯坦拥有世界上较为完美的自然风景和人文风景，哈萨克斯坦南部地区最负盛名的旅游景点有恰伦峡谷，西部地区有世界上第二低地卡拉吉耶洼地。

1. 名城

（1）阿斯塔纳

阿斯塔纳于1997年取代阿拉木图成为哈萨克斯坦的新首都，也是哈萨克斯坦第二大金融中心。阿斯塔纳位于广阔的哈萨克斯坦中北部半沙漠草原，在伊希姆河的旁边。阿斯塔纳是世界上第二冷的城市，最低温度可达到－40℃。阿斯塔纳是哈萨克斯坦工农业的主要生产基地、全国铁路交通枢纽。主要景观有可汗之帐、电视高塔、总统府、和平金字塔等。

（2）阿拉木图

阿拉木图是哈萨克斯坦第一大城市，也是整个中亚的金融、教育中心。早年因盛产苹果而被称为苹果城。阿拉木图位于哈萨克斯坦东南部边境，东邻中国新疆，南邻吉尔吉斯斯坦。阿拉木图南部为山区，北部是大片沙漠和伊犁河谷地，三面环山，是一座风光独特的旅游城市。阿拉木图也是个历史性城市，1991年举世瞩目的苏联解体宣言在此发表。阿拉木图的公路枢纽、航空要站、铁路通往西伯利亚、乌拉尔、中亚和中国新疆，是哈萨克斯坦的重要公路运输中心和国内国际航空港。

（3）乌拉尔

乌拉尔是哈萨克斯坦西北部城市，在乌拉尔河右岸，是哈萨克斯坦的古城之一。1613年建为要塞，19世纪曾为贸易中心，如今为铁路要站、河港和航空港。乌拉尔的工业以罐头、奶制品等食品加工业，以及皮毛、毡靴、制革等轻工业为主，还有农机及汽车修配厂等。

2. 名胜古迹

（1）可汗之帐

可汗之帐（图2.21）是阿斯塔纳的著名景点，于2010年7月建成。在室外温度为－40℃～－30℃时，可汗之帐内依然可以享受热带的气候。这座巨型透明“帐篷”采用了索式结构，建有室内公园、商场和娱乐设施。习惯了寒冷的阿斯塔纳市民可以在可汗之帐享受到热带的气候，以及室内海滩、水滑梯、造浪机和热带花园等人造娱乐设施。它还包含室内跑道、小型游乐场和综合购物中心，这些设施由行驶在单轨铁道上的火车连接。

图2.21 可汗之帐

（2）奇姆布拉克高山滑雪基地

奇姆布拉克高山滑雪基地海拔2 230米，有三级缆车，长约1 500米，滑雪道长约3 000米，是冬季休闲、娱乐的好地方。这里目前是阿拉木图的运动员、市民、旅游者从事体育锻炼的场所。这里空气清新，环境优美，综合体育运动设施完善，是哈萨克斯坦的著名旅游点之一。

（3）哈萨克斯坦国家博物馆

哈萨克斯坦首都阿斯塔纳是全球最年轻的首都之一，在2014年6月4日作为对“阿斯塔纳城市日”的献礼，哈萨克斯坦国家博物馆对公众开放。该博物馆展示着哈萨克斯坦从古至今各时期的文物。该博物馆是中亚地区最大的博物馆之一，共有7个大展厅，其中包括远古世纪、中世纪、民族传统习俗、历史文化、建国历史、现代艺术等展区。在这里，古丝绸之路绽放光彩、东西方文明碰撞交融。

（4）潘菲洛夫师罗契柯夫战斗组公园

潘菲洛夫师罗契柯夫战斗组公园坐落于阿拉木图的果戈里大街。公园林木茂盛、景色秀丽，园内有长明火、光荣纪念碑、军官之家等建筑。公园始建于20世纪70年代，其修建的目的是纪念在莫斯科保卫战中全部壮烈牺牲的苏联红军步兵第316师（“潘菲洛夫师”）第1075团罗契柯夫战斗组的28位勇士（其中有10人为阿拉木图人）。

二、吉尔吉斯斯坦

（一）基本国情

1. 自然地理

吉尔吉斯斯坦位于中亚东北部，边界线全长4 503千米，东南和东面与中国接壤，北面和东北接哈萨克斯坦，西南毗连乌兹别克斯坦，南邻塔吉克斯坦。境内多山，平均海拔2 750米，90%的领土在海拔1 500米以上。天山山脉和帕米尔-阿赖山脉绵亘于中吉边境，其中天山山脉西段盘踞境内东北部，西南部为帕米尔-阿赖山脉，中吉边界的托木尔峰为最高山峰，位于该国东端。吉尔吉斯斯坦境内湖泊众多，水资源丰富，煤、汞、锑矿储藏较丰富，蕴藏量在独联体国家中居第三位，仅次于俄罗斯、塔吉克斯坦。

国土面积：198 500平方千米。

2. 简史

吉尔吉斯斯坦在公元前3世纪已有文字记载，在《史记》和《汉书》里被称为“鬲昆”“坚昆”。公元6～13世纪曾建立吉尔吉斯汗国。在西汉、唐朝、元朝、清朝时期曾有部分疆域归属中国。16世纪被迫从叶尼塞河上游迁居至现居住地。1876年，被沙俄吞并。1917年11月至1918年6月建立苏维埃政权。1924年10月14日成立卡拉吉尔吉斯自治州。1936年12月5日成立吉尔吉斯苏维埃社会主义共和国，加入苏联。1991年8月31日，吉尔吉斯最高苏维埃通过国家独立宣言，正式宣布独立，改国名为吉尔吉斯共和国，同年12月21日加入独联体。吉尔吉斯斯坦是古丝绸之路穿越的地方，楚河畔的托克马克（唐代碎叶城）是中国唐代伟大诗人李白（公元701—762年）的诞生地。

知识链接 2-25

丝绸之路

丝绸之路起源于西汉，汉武帝派张骞出使西域，开辟了以首都长安（今西安）为起点，经甘肃、新疆，到中亚、西亚，并连接地中海各国的陆上通道。它的最初作用是运输中国古代出产的丝绸。2014 年 6 月 22 日，中国、哈萨克斯坦、吉尔吉斯斯坦三国联合申报的陆上丝绸之路的东段“长安—天山廊道的路网”成功申报为世界文化遗产，成为首例跨国合作而成功申遗的项目。

（资料来源：https://baike.baidu.com/item/%E4%B8%9D%E7%BB%B8%E4%B9%8B%E8%B7%AF/434?fr=aladdin，节选，有改动）

3. 政治

1993 年 5 月 5 日，吉尔吉斯斯坦议会通过独立后第一部宪法，规定吉尔吉斯斯坦是建立在法治、世俗国家基础上的主权、单一制民主共和国，实行立法、司法、行政三权分立，总统为国家元首。议会是国家最高立法机构，实行一院制，由 120 名议员组成，任期 5 年。政治上推行民主改革并实行多党制。2010 年 6 月 27 日，吉尔吉斯斯坦全民公投通过新宪法，国家政体改为议会制，总统权力大幅削减，议会权力实质性扩大。

4. 经济

吉尔吉斯斯坦的经济以农业为主，工业基础薄弱，农业产值占整个国家国民生产总值的 1/2。农业基础主要是畜牧业、种植业。自然资源主要有黄金、锑、钨、锡、汞、铀和稀有金属等。其中，锑的产量居世界第三位、独联体第一位，锡产量和汞产量居独联体第二位，水电资源在独联体国家中居第三位。吉尔吉斯斯坦是中亚地区唯一一个产糖国家。旅游和服务行业是今后吉尔吉斯斯坦经济的重点发展方向。2017 年吉尔吉斯斯坦 GDP 为 4 933.22 亿索姆（约合 71.63 亿美元），同比增长 4.5%，人均 GDP 为 1 154 美元。2015 年 8 月 12 日，吉尔吉斯斯坦正式加入欧亚经济联盟。

货币：索姆。

（二）人文习俗

1. 民族、语言、人口、宗教

民族：吉尔吉斯斯坦有 80 多个民族，其中吉尔吉斯族占总人口的 72.8%，乌兹别克族占总人口的 14.5%，俄罗斯族占总人口的 6.2%，东干族占总人口的 1.1%，维吾尔族占总人口的 0.9%，塔吉克族占总人口的 0.9%，土耳其族占总人口的 0.7%，哈萨克族占总人口的0.6%，其他为鞑靼族、阿塞拜疆族、朝鲜族、乌克兰族等民族。

语言：吉尔吉斯语为国语，俄语为官方语言。

人口：636.2万（2018年10月）。

宗教：70%以上居民信仰伊斯兰教，多数属逊尼派。

2. 主要节日

宪法日：5月5日（1993年）。

反法西斯胜利纪念日：5月9日。

建军节：5月29日（1992年）。

独立日：8月31日（1991年）。

纳乌鲁斯节：3月21日。

吉尔吉斯斯坦的节日还有宰牲节、开斋节、古尔邦节等。

知识链接 2-26

中亚"斯坦"

"斯坦"一词出自波斯语，即地方、地区的意思，一般指面积比较大的地区。直到今天，在南亚和中亚，有不少带"斯坦"的地名。其中，有的是国名，如巴基斯坦、乌兹别克斯坦、吉尔吉斯斯坦、土库曼斯坦、哈萨克斯坦等；有的是地区名，如兴都斯坦、雷吉斯坦、洛雷斯坦、锡斯坦、胡齐斯坦、库尔德斯坦等；有的是城市名，如突厥斯坦。

总而言之，"斯坦"的含义，大抵不外乎城市名、地区名、省名、国家名几种。

（资料来源：https://baike.baidu.com/item/%E6%96%AF%E5%9D%A6/17831?fr=aladdin，节选，有改动）

3. 民俗风情

（1）服饰

吉尔吉斯斯坦男子的传统服装是上身穿长袍，罩羊皮袄，下身穿布料长裤，冬天穿皮裤，脚穿皮靴或毡靴，头戴皮帽或绣花小帽，更多的则是戴一顶名叫卡尔帕克的帽子。卡尔帕克帽帽檐用白毡做成，帽里的下沿向上翻过来，并在左右两边各开一个口儿，帽顶呈四方形，缀有珠子和缨穗，这种卡尔帕克帽是吉尔吉斯斯坦人的标志。妇女一般穿色彩鲜艳的宽大连衣裙，外罩丝绒小坎肩，下配灯笼裤，长袍外面束一条开襟的绣花围裙。青年妇女一般戴红、绿色头巾，老年妇女多戴白色头巾。目前，吉尔吉斯斯坦年轻人已普遍穿着现代服装，只有老年人及一部分中年人仍喜欢穿传统的民族服装。

（2）饮食

吉尔吉斯斯坦人的饮食习惯与中亚其他国家相似，主食以面食为主，以米饭为辅，代表食物有烤面饼和手抓饭。辅食中多半是奶制品和肉类。奶制品有纯酸牛奶、乳酪、奶渣干酪、乳皮。肉类食品主要有羊肉、马肉、牛肉、骆驼肉和牦牛肉。在饮品方面，当地人喜欢喝砖茶煮成的奶茶。

（3）礼仪

吉尔吉斯斯坦人在社交场合与客人相见时，多施握手礼。在与亲友相见时，还常以右手按胸并鞠躬为礼，同时要说句祝愿的吉言。吉尔吉斯斯坦人认为，来客是福，客人不管是萍水相逢，还是远道而来，都要热情招待。家里一切好的物品、食品、床铺都要献给客人。如果客人是骑马来的，主人就必须出门迎接，帮助客人下马，把客人请进毡房。主人负责安排客人住宿，如果主人不让客人住宿或者照顾不周，客人会怀着不满的心情离去，像这样对待客人的态度会受到社会舆论的谴责。在关系亲近的吉尔吉斯斯坦人中，还有相互馈赠的风俗，可互相赠送牲口、猎禽、马饰品、皮鞭、乐器和首饰等。

（4）禁忌

吉尔吉斯斯坦人重视衣帽，他们认为随便抛掷帽子、拿错帽子或者走路不戴帽子都是很不礼貌的。他们忌讳黑色，认为黑色是死亡和丧葬的色彩。吉尔吉斯斯坦人忌食猪肉、狗肉、驴肉、骡肉、蛇肉，以及凶猛禽肉和自死畜肉。

4. 文化艺术

吉尔吉斯斯坦的文学经历了一个由口头传承文学到书面文学的漫长发展过程。口头传承文学体裁广泛，包括神话、故事、谜语、成语、谚语、俗语、绕口令、民间歌谣和民族史诗等。其中，诞生于 10 世纪前后的长篇史诗《玛纳斯》是杰出代表。由于吉尔吉斯斯坦文字在 19 世纪后期才形成，因此所有关于吉尔吉斯斯坦的文字记载仅见于汉语、伊朗语、突厥语和阿拉伯语的史献资料中。吉尔吉斯斯坦的书面文学作品是 1917 年“十月革命”后在俄罗斯文学的影响下逐渐发展起来的。吉尔吉斯斯坦有许多工艺美术大师，制作的毡毯、彩饰皮革、蚕丝、棉织物、金属艺术品具有鲜明的民族特色。吉尔吉斯斯坦人崇尚绘画艺术，特别是对马有着特殊的情感，许多绘画题材是以马为素材创作的。进入 21 世纪，该国的绘画已经步入市场，许多名家的作品能在比什凯克画廊寻到。

知识链接 2-27

突厥民族的变迁

突厥是历史上活跃于蒙古高原和中亚地区的民族集团统称，也是中国西北与北方草原地区继匈奴、鲜卑以来又一个重要的游牧民族。公元 540 年，突厥这个词始见于中国史册。

公元 630 年，唐朝攻灭东突厥汗国，东突厥诸部融入唐朝，西突厥部落活跃于中亚地区。如今的“突厥”并不是一个单一民族，而是语言属于突厥语族的各个民族的统称，大多是历史上受突厥人统治或者突厥化的其他民族及古代突厥人的后裔，主要民族有土耳其族、维吾尔族、鞑靼族、哈萨克族、吉尔吉斯斯坦族、阿塞拜疆族、土库曼族、乌兹别克族等。

（资料来源：https://baike.baidu.com/item/%E7%AA%81%E5%8E%A5%E6%97%8F/4528341?fr=aladdin，节选，有改动）

（三）旅游资源

吉尔吉斯斯坦是丝绸之路穿越的地方，是贯穿中国、伊朗、印度、阿拉伯海和西方国家贸易的交会点。古城奥什，是历史上著名的丝绸之路中转站。境内伊塞克湖位于天山北麓，观光资源丰富，极有潜力成为中亚的瑞士，是著名的旅游胜地。

1. 名城

（1）比什凯克

比什凯克是吉尔吉斯斯坦的首都，位于吉尔吉斯斯坦北部的吉尔吉斯斯坦阿拉套山北麓楚河的盆地中央，是中亚地区重要的工业城市，电力、机械、仪器、电器制造占主导地位，同时也是重要的陆路交通枢纽，有土耳其斯坦—西伯利亚铁路上的卢戈沃伊和伊塞克湖西岸的雷巴奇耶的铁路，也有通往塔什干、阿拉木图、奥什等地的公路。该城市主要旅游景点有阿拉亚卡国家公园、米哈伊尔·伏龙芝的纪念雕像、邓小平大街。

（2）奥什市

奥什州成立于1939年11月21日，州首府是奥什市。2000年10月，吉尔吉斯斯坦庆祝奥什建城3 000周年时，将奥什市定为第二首都。奥什位于吉尔吉斯斯坦共和国南部，南与塔吉克斯坦交界，北邻乌兹别克斯坦，东南与中国新疆接壤。奥什州水资源丰富，境内有大量高山湖泊和冰川，大型火电厂和水电站为全国提供充足的电力。奥什市自然资源也非常丰富，矿产以燃料和有色金属为主。燃料有煤、石油和天然气，有色金属主要是锑和汞，该州境内还发现了多处矿泉和温泉。被誉为丝绸之路重镇的奥什市是一座伊斯兰教古城，宗教氛围浓厚，市中心的苏莱曼山被称为“小麦加”。

（3）巴特肯市

巴特肯州成立于1999年10月13日，州首府是巴特肯市，位于吉尔吉斯斯坦西南部。

2. 名胜古迹

（1）伊塞克湖

伊塞克湖（图2.22）位于吉尔吉斯斯坦东北部的天山山脉北麓的伊塞克湖盆地，属内陆咸水湖，有“中亚明珠”之称。伊塞克湖水面海拔1 600余米，面积为6 300多平方千米，在世界高山湖泊中，水深居第一、集水量居第二。湖水清澈澄碧，风光独特，终年不冻，以“热湖”著称，是中亚地区旅游疗养的胜地。

图2.22 伊塞克湖

（2）卡拉科尔

卡拉科尔坐落于吉尔吉斯斯坦东部，临近伊塞克湖，为伊塞克湖州首府所在地。这座城市为吉尔吉斯斯坦第四大城市，同时也是重要的旅游目的地。卡拉科尔是天山之旅的起点，游客可以从这里进入天山的南部和东部，是杰出的徒步旅游、滑雪、山地自行车之地。这座城市最具名气的景点为东干清真寺，这是由中国艺术家为当地的东干族建立的木制清真寺，建造于 1907～1910 年。这里还有一座地区博物馆，以收藏和展出伊塞克湖岩画、塞西亚青铜艺术作品为主。

（3）苏莱曼圣山

苏莱曼圣山位于费尔干纳盆地，即中亚丝绸之路重要路线的十字路口。苏莱曼在超过一个半世纪的时间里一直是旅行者的指示灯，被尊为圣山。其 5 座山峰和山坡散布着无数古代朝圣遗迹、岩石壁画的岩洞及两座 16 世纪建造的清真寺。目前，苏莱曼圣山已经记录有 101 个充满岩石壁画的岩洞，雕刻着人物、动物和几何图形。苏莱曼圣山包括 17 个仍在使用的朝圣地，这些散布在山峰各处的朝圣地被朝圣者的脚印连接起来。对这些山峰的崇敬混合了伊斯兰教的信仰，该遗产被认为是中亚地区圣山的象征。

第五节 西亚地区

西亚，即亚洲西部，自阿富汗至土耳其，是联系亚洲、欧洲、非洲三大洲和沟通大西洋、印度洋的枢纽。西亚的地理位置非常重要，古代著名的陆上贸易通道丝绸之路，就是从中国西安出发，沿河西走廊出新疆，经过中亚、西亚，到达欧洲的。西亚有铁路、公路，以及国际航空线联结亚洲其他地区、欧洲和非洲，还控制着海上交通要道。西亚的古巴比伦是人类古代文明发祥地之一，也是伊斯兰教、基督教、犹太教等世界性和地区性宗教的发源地。西亚是目前世界上石油储量最丰富、产量最大和出口量最多的地区，有“世界石油宝库”的称号。西亚地区包括伊朗、伊拉克、阿塞拜疆、格鲁吉亚、亚美尼亚、土耳其、叙利亚、约旦、以色列、巴勒斯坦、沙特阿拉伯、巴林、卡塔尔、也门、阿曼、阿拉伯联合酋长国、科威特、黎巴嫩、塞浦路斯、阿富汗共 20 个国家。

一、沙特阿拉伯

（一）基本国情

1. 自然地理

在阿拉伯语中，“沙特”是幸福的意思，“阿拉伯”则指沙漠，沙特阿拉伯意为“幸福的沙漠”。沙特阿拉伯位于阿拉伯半岛，东濒波斯湾，西临红海，同约旦、伊拉克、科威特、阿拉伯联合酋长国、阿曼、也门等国接壤。

沙特阿拉伯地势西高东低，全境大部分为高原，其北部有内夫得沙漠，南部有鲁卜哈利沙漠。除西南高原和北方地区属亚热带地中海气候外，其他地区均属热带沙漠气候。夏季炎热干燥，最高气温可达 50℃以上；冬季气候温和。沙特阿拉伯有金、铜、铁、锡、铝、锌、磷酸盐等矿藏。东部波斯湾沿岸陆上与近海的石油和天然气储藏量极为丰富，是名副其实的"石油王国"，石油储量和产量均居世界首位。

国土面积：2 250 000 平方千米。

2. 简史

公元 7 世纪，伊斯兰教的创始人穆罕默德的继承者建立了阿拉伯帝国，公元 8 世纪为鼎盛期，版图横跨欧、亚、非三洲。11 世纪开始衰落，16 世纪为奥斯曼帝国所统治。19 世纪英国侵入，当时分为汉志和内志两部分。1924 年，内志酋长阿卜杜勒阿齐兹·阿勒沙特兼并汉志，次年自称国王。经过多年征战，阿卜杜勒阿齐兹·阿勒沙特终于统一了阿拉伯半岛，于 1932 年 9 月 23 日宣告建立沙特阿拉伯王国，这一天定为沙特阿拉伯国庆日。

3. 政治

沙特阿拉伯是君主制王国，禁止政党活动。无宪法，《古兰经》和先知穆罕默德的圣训是国家执法的依据。国王亦称"两个圣地（麦加和麦地那）的仆人"。国王行使最高行政权和司法权，有权任命、解散或改组内阁，有权立、废王储，解散协商会议，有权批准和否决内阁会议决议及与外国签订的条约、协议。沙特阿拉伯协商会议于 1993 年 12 月 29 日正式成立，是国家政治咨询机构。

4. 经济

沙特阿拉伯以"石油王国"著称，是世界上石油储量、产量和销售量最多的国家之一。沙特阿拉伯政府实行经济多样化政策，重点发展现代工业和基础工业，以逐步改变单纯依赖石油收入的状况，建立现代化、多样化的国民经济体系。2005 年 12 月，沙特阿拉伯正式加入世界贸易组织。沙特阿拉伯有约 39 万人从事游牧，放养骆驼、绵羊、山羊、马。农业可耕地面积只占土地面积的 1.6%，农产品有椰枣、小麦、大麦、蔬菜、水果。工业有石油提炼、石油化工、钢铁、纺织、水泥等部门。沙特阿拉伯对外贸易实行自由贸易和低关税政策。石油和石化工业是沙特阿拉伯的经济命脉，石油收入占国家财政收入的 87%，石化及部分工业产品的出口量也在逐渐增加。进口产品主要是机械设备、食品、纺织等消费品和化工产品。主要贸易伙伴有美国、日本、中国、英国、德国、意大利、法国、韩国等。

货币：沙特里亚尔。

（二）人文习俗

1. 民族、语言、人口、宗教

民族：主体民族为阿拉伯民族。

语言：官方语言为阿拉伯语，通用英语。

人口：3 225 万（2017 年），其中沙特阿拉伯公民约占总人口的 62%。

宗教：伊斯兰教为国教，全民信仰伊斯兰教。其中，逊尼派占总人口的85%，什叶派占总人口的15%。

知识链接 2-28

独特的沙特阿拉伯工作日

沙特阿拉伯的周末是周五和周六。所有的商业银行和一些办事机构将会在星期五停止办公，政府规定的工作时间是7:30～14:30（从星期六到星期三）。斋月期间，这个时间表则改为9:00～15:00。商务机构从星期六到星期三的工作时间为8:00～13:00，然后从17:00营业到20:00。星期四则会在中午以前就关门。银行的营业时间为8:00到下午，然后从17:00到20:00（星期六到星期三），星期四一般营业到中午。在斋月，白天的工作时间大大缩短，商业性行业则会从21:00一直工作到半夜。

（资料来源：http://bbs.fobshanghai.com/thread-6839300-1-1.html，节选，有改动）

2. 主要节日

沙特阿拉伯一年有两个重大的宗教节日，即开斋节和古尔邦节。开斋节休假7天，古尔邦节休假长达两个星期。

开斋节：伊斯兰教历9月为斋月，开斋节是伊斯兰教历的10月1日。根据规定，斋月期满29日时，寻看新月，见月即行开斋，次日为开斋节。如不见月，则继续斋戒一日，开斋节顺延。

古尔邦节（又称宰牲节）：伊斯兰教历12月10日。

国庆日：9月23日。

知识链接 2-29

伊斯兰教历

伊斯兰教历即伊斯兰教的历法，与公历、阴历不同，在我国称回历，为世界伊斯兰教教徒所通用。我国主要在新疆、甘肃、宁夏、青海等地方使用。伊斯兰教历以月亮圆缺1周为1月，历时29日12小时44分2.8秒，月亮圆缺12周为一年，历时354日8小时48分33.6秒。单数月份即1、3、5、7、9、11月为“大建”（即大月），30天；双数月份即2、4、6、8、10月为“小建”（即小月），29天；12月平年为“小建”（即29天），闰年为“大建”（即30天）。这样，平年354天，闰年355天。因为增加闰月违反伊斯兰教教义，所以伊斯兰教历一直处于纯阴历状态，直到现在。伊斯兰教历对昼夜的计算，以日落为1天之始，到次日日落为1日。伊斯兰教历1439年1月1日为公历2017年9月22日。

（资料来源：https://baike.baidu.com/item/%E4%BC%8A%E6%96%AF%E5%85%B0%E5%8E%86%E6%B3%95/1305034?fr= aladdin，节选，有改动）

3. 民俗风情

（1）服饰

沙特阿拉伯人衣着朴素。男人穿白色长袍，头戴白头巾，用黑色绳圈压着，也有许多人喜欢戴红色格子的头巾。社会地位高的人士，在白袍外边穿一件黑色或金黄色镶金边的纱袍，王室成员和大酋长都穿这种纱袍。沙特阿拉伯妇女始终保持着伊斯兰教的传统习惯，不接触陌生男人，外出活动穿黑袍、蒙面纱。

（2）饮食

沙特阿拉伯人饮食禁忌遵从伊斯兰教教义。沙特阿拉伯人的主食是大饼和手抓饭，餐桌上最常见的菜肴有烤羊肉、烤鸡、炸鱼、煮牛肉、酸黄瓜、腌橄榄、奶酪、沙拉。他们制作菜肴的烹饪方法相对单一，以烤、炸为主。茶和咖啡在沙特阿拉伯是非常受欢迎的饮品。阿拉伯咖啡是用烘焙并研磨好的咖啡末在铜质咖啡壶中煮沸而成的，待咖啡煮沸后，加入丁香、豆蔻和肉桂等香料，其味道独特，口感极苦。如今沙特阿拉伯喜欢西餐和中餐的人日渐增多，它反映出沙特阿拉伯人接受外来饮食文化的开放性。

（3）礼仪

沙特阿拉伯人热情好客，即使初次见面，也会主动跟对方打招呼。双方握手致意后，还会相互寒暄问候。如果是两个老朋友相见，必须相互拥抱，再行贴面礼。行贴面礼时，一方用右手扶住对方的左肩，左手搂抱对方腰部，按照先左后右的顺序，贴面三次，即左右左。在贴面的同时，双方会低语问候，如果两人关系十分亲热，在贴面的同时嘴里会发出亲吻的声音。此外，有少数沙特阿拉伯人在见面时除握手以外，还会亲吻对方的鼻子和额头。因为信奉伊斯兰教的沙特阿拉伯人在做礼拜时，额头和鼻子是最先着地的地方，亲吻这两个部位，表示尊重对方，期望对方吉祥如意。异性之间见面，一般只行握手礼。需要特别注意的是，由于伊斯兰教的教义规定男女之间授受不亲，因此，男士不可以主动向女士伸手致意，一般是女士先伸手，男士方可握手，而且在握手时只握女士的指尖，点到即可。男女握手时，男士必须从座位上站起来，而女士则不必起身。

（4）禁忌

沙特阿拉伯民众是虔诚的伊斯兰教教徒，禁忌较多。他们认为，人体感官上的一切刺激都是一种堕落的表现，是犯罪的开始。全国禁酒、禁跳舞、禁拍照、禁止偶像崇拜、禁止在报纸和刊物上登载妇女照片、禁止女性接触陌生男子、忌讳用左手递送东西或食物。斋月期间，除病患、孕妇、喂奶的妇女和儿童外，从日出到日落禁食、禁喝水及吸烟。禁止在公众场合、景点拍照，未经许可，不能对人拍照，尤其是不能对沙特阿拉伯的妇女拍照。在沙特阿拉伯，男女在社会活动中截然分开，妇女只能在妇女银行、妇女商场、女子学校等地工作和活动。饮食禁忌前面已叙述，不再赘述。

4. 文化艺术

诗歌对沙特阿拉伯人的文化生活尤为重要，一直以来都被认为是文学艺术的最高表达形式之一。《古兰经》将阿拉伯人对语言和诗歌的热爱提升到了新的水平，体现出对阿拉伯语言的熟练运用，被认为是文学模式达到极致的产物。

沙特阿拉伯全国各地的音乐也有所不同。舞蹈也颇受沙特阿拉伯人欢迎，沙特阿拉伯的传统舞蹈是被称为“阿达”的男性剑舞，该舞蹈是歌者、持剑的舞者及诗人或解说者的结合，通常男性舞者持剑站立成两排或一个圆圈，诗人在中间歌咏，进行传统的舞蹈表演。

书法也是沙特阿拉伯颇受尊崇的艺术。沙特阿拉伯的博物馆收藏着一些珍贵的书法手稿，其他承担书法艺术传承工作的机构也提供此种艺术形式的培训并主办竞赛以鼓励新一代年轻艺术家。清真寺的内壁及一些公共与私人的办公室和家庭常以书法为饰。

作为伊斯兰教的发源地，沙特阿拉伯特别注意对其伊斯兰教文化遗产的保护，境内许多清真寺已经过精心恢复，包括麦加大清真寺、麦地那先知清真寺及先知穆罕默德死后首任哈里发建立的清真寺等。

知识链接 2-30

正统哈里发

哈里发为阿拉伯文的音译，意为真主使者的“继承人”。伊斯兰教先知穆罕默德在世时，既没有留下儿子，也没有明确指定谁做继承人。因此，他去世后，辅佐穆罕默德传播伊斯兰教有功的圣门弟子经由伊斯兰教教徒民主选举产生即位者。公元 7 世纪，对继承伊斯兰教先知穆罕默德遗志，领导伊斯兰教教徒的四位领袖统称为“正统哈里发”，分别指艾布•伯克尔（公元 632～634 年在位）、欧麦尔（公元 634～644 年在位）、奥斯曼（公元 644～656 年在位）、阿里（公元 656～661 年在位）。他们执政年代虽短，但因对捍卫和发展伊斯兰教起着承前启后的重要作用，故一般史书均把这段时间划为伊斯兰教史上的一个重要发展阶段，称为“四大哈里发时期”。

（资料来源：https://baike.baidu.com/item/%E5%9B%9B%E5%A4%A7%E5%93%88%E9%87%8C%E5%8F%91/4911895，节选，有改动）

（三）旅游资源

沙特阿拉伯旅游资源丰富独特，每年有来自世界各地的伊斯兰教教徒到圣地麦加和圣城麦地那朝觐。沙特阿拉伯有众多的考古遗址、雕刻墓群，还有神奇的沙漠探险之旅。

1. 名城

（1）利雅得

利雅得，在阿拉伯语中为“庭院”之意，是一个典型的绿洲城市，是沙特阿拉伯的首都和第一大城市，位于阿拉伯半岛中部的哈尼法谷地的平原。利雅得于 20 世纪 30 年代发现石油后，经过几十年的建设和发展，已建成为沙特阿拉伯最著名的花园城市之一。

市区分为居民区、农业区、商业区和工业区，布局井然有序。利雅得城市淡水资源稀缺，水比油贵。

（2）麦加

麦加是伊斯兰教的第一圣地，坐落在沙特阿拉伯西部赛拉特山区一条狭窄的山谷里。麦加城因其是伊斯兰教创始人穆罕默德的诞生地而著名。穆罕默德在麦加创立和传播伊斯兰教。公元 630 年，穆罕默德率兵攻占麦加，把圣殿改为伊斯兰教清真寺。1932 年沙特阿拉伯王国建国，麦加被称为“宗教之都”。

（3）麦地那

麦地那位于沙特阿拉伯王国境内西部赛拉特山区中的一处开阔平地，与麦加、耶路撒冷一起被称为伊斯兰教三大圣地，是伊斯兰教的第二圣城。公元 622 年，先知穆罕默德在麦加受当地人排挤迫害而被迫迁徙来到麦地那，并在这里建立最早的伊斯兰教政权。伊斯兰教教徒曾冠之以“被照亮之城”“和平之城”“胜利之城”等美名。麦地那伊斯兰大学招收来自世界各地的伊斯兰教教徒青年留学就读。麦地那主要圣地为先知清真寺，寺内有穆罕默德墓，经过多次扩建，先知清真寺已成为一个庞大的建筑群，可容纳 100 万人，成为伊斯兰教第二圣寺。

（4）吉达

吉达是沙特阿拉伯政府外交部及各国使馆驻地，全国第二大城市、第一大港、重要的金融中心，是汉志省唯一允许非伊斯兰教教徒居住的城市。17 世纪起作为朝觐者的中转港而兴盛，是麦加的主要进出口岸。第一次世界大战前，受奥斯曼帝国控制，1916 年属恢复独立的汉志王国。1925 年随汉志并入内志。1932 年后为沙特阿拉伯的主要商港。吉达工业有石油化工、炼钢、化肥、制革、造船和印刷等，并建有海水淡化厂。商业以地毯和陶器交易为最盛。主要出口椰枣、石油及其制品，进口纺织品、粮食、食糖和茶叶等。

2. 名胜古迹

（1）麦加大清真寺

麦加被伊斯兰教教徒誉为“诸城之母”。该城中心的麦加大清真寺是伊斯兰教著名圣寺，是世界各国伊斯兰教教徒去麦加朝觐礼拜的主要圣地。据《古兰经》经文，在此禁止凶杀、抢劫、械斗，因此这里也称禁寺。禁寺位于沙特阿拉伯麦加城中心，规模恢宏，经过几个世纪以来的扩建和修葺，可容纳 50 万伊斯兰教教徒同时做礼拜。禁寺从围墙、楼梯、台阶以及整个地面都用洁白大理石铺砌，禁寺中央稍南是巍峨的立方体圣殿克尔白，每年伊斯兰教历 12 月，来自世界各地虔诚的伊斯兰教教徒到麦加朝觐时，都要围着克尔白游转。

（2）玛甸 • 沙勒遗址

玛甸 • 沙勒遗址是沙特阿拉伯第一个列入《世界遗产名录》的遗产。这座遗址以前被称为黑格拉，是约旦佩特拉城南部的纳巴泰文明保留下来的最大一处遗址。玛甸·沙勒遗址在两千多年前是纳巴泰王国的南部都城，通过一条商旅路线将南阿拉伯半岛和地中海盆地及美索不达米亚连接起来的贸易中心。古代是一座繁荣的城市，环绕其中的巨大坟墓群上刻有130多座天然岩壁雕凿而成的雕刻，散发着最原始的阿拉伯风情。

（3）吉达喷泉

吉达喷泉于1980～1983年建造，1985年开始使用，全名为法赫德国王喷泉。因为法赫德国王喜欢大海，所以吉达的行宫是建在海边的“和平宫”。“和平宫”建好后，设计师为了让“和平宫”和大海成为一体建筑，把宫殿中的喷泉建在大海上。吉达喷泉是国际公认的建筑杰作，如今已成为吉达的象征，喷泉喷出的水高达312米，是世界上最高的喷泉。喷泉使用的是红海中的咸海水。吉达喷泉是法赫德国王捐赠给吉达港的，整个城市都能看到，喷泉水柱冲向天空，又缓缓飘洒而下，融入大海。

二、阿拉伯联合酋长国

（一）基本国情

1. 自然地理

阿拉伯联合酋长国，简称“阿联酋”，由阿布扎比、迪拜、沙迦、富查伊拉、乌姆盖万、阿治曼和哈伊马角7个酋长国组成的联邦国家，位于阿拉伯半岛东部，北濒波斯湾，海岸线长约734千米，西北与卡塔尔为邻，西部和南部与沙特阿拉伯交界，东部和东北与阿曼毗连。属热带沙漠气候。

阿联酋是一个以石油和天然气著称的西亚沙漠国家，有“沙漠中的花朵”的美称。截至2017年，已探明石油储量为126亿吨，占世界石油总储量的9.5%。

国土面积：83 600平方千米。

2. 简史

公元7世纪，阿联酋隶属阿拉伯帝国。自16世纪开始，葡萄牙、荷兰、法国等殖民主义者相继侵入。19世纪初，逐步沦为英国保护国。1971年3月1日，英国宣布同各酋长国签订的条约于年底终止，同年12月2日，阿拉伯联合酋长国宣告成立，由阿布扎比、迪拜、沙迦、富查伊拉、乌姆盖万和阿治曼6个酋长国组成联邦国家，1972年2月10日，哈伊马角加入联邦。

3. 政治

阿联酋联邦最高委员会由7个酋长国的酋长组成，是最高权力机构。重大内外政策制定、联邦预算审核、法律和条约批准均由该委员会讨论决定。总统是国家元首兼任武装部队总司令，由联邦最高委员会从委员会成员中选举产生，任期5年。除外交和国防相对统一外，各酋长国拥有相当的独立性和自主权。联邦经费基本上由阿布扎比和迪拜两个酋长国承担。

1971 年 7 月 18 日，联邦最高委员会通过临时宪法，同年 12 月 2 日宣布临时宪法生效。1996 年 12 月，联邦最高委员会通过决议，临时宪法确定为永久宪法，并确定阿布扎比为阿联酋永久首都。联邦国民议会是咨询机构，每届任期 4 年，负责讨论内阁会议提出的法案，并提出修改建议。阿联酋的最高司法机构是联邦最高法院，由首席法官和不超过 5 名的法官团组成，由联邦最高委员会任命。

4. 经济

阿联酋以石油生产和石油化工工业为主，整个阿联酋的石油储藏量，阿布扎比酋长国占 90%以上。迪拜石油储藏量相当小，20 世纪 90 年代开始推行观光旅游，到 21 世纪，迪拜已发展成为中东地区的转运中心、观光旅游购物城、科技网络城，旅游经济已成为迪拜的主要经济收入来源之一。21 世纪以后，阿联酋开始发展民航业，并开始发展以阿布扎比、迪拜为核心的全球航空转运网络。阿联酋银行业发达，现有本国银行 328 家，外国银行 109 家，外汇不受限制，货币自由入出境，汇率稳定。

阿联酋政府在发展石化工业的同时，把发展多样化经济、扩大贸易和增加非石油收入在 GDP 中的比例作为首要任务，努力发展水泥、炼铝、塑料制品、建筑材料、服装、食品加工等工业，重视发展农、牧、渔业；充分利用各种财源，重点发展文教、卫生事业。

货币：迪拉姆。

知识链接 2-31

沙漠绿洲国度

随着城市现代化建设的发展，阿布扎比的绿化植林取得了令人瞩目的巨大成就。建城伊始，阿布扎比市政府就十分重视城市的绿化。他们懂得，没有绿化，就谈不上城市的现代化。于是，专门成立了植树绿化机构，由市政府主席负责该市的城建规划和绿化工作。阿布扎比的城市建设往往与绿化工作同步进行，哪里出现新住宅，哪里就有新栽种的花草树木；哪里有街道公路，哪里就有草坪、街心公园和树林。阿布扎比城市规划局规定，任何公司、单位和私人在申请建房的规划中，必须划出绿化面积，否则不予批准。阿布扎比市区和郊区的绿化地已连成一片，就像绿色的海洋把整个阿布扎比给淹没了。

（资料来源：https://baike.baidu.com/item/%E9%98%BF%E5%B8%83%E6%89%8E%E6%AF%94/2753896?fr=aladdin，节选，有改动）

（二）人文习俗

1. 民族、语言、人口、宗教

民族：原住民是阿拉伯人。外籍人口约占总人口的 88.5%，主要来自印度、巴基斯坦、埃及、叙利亚、巴勒斯坦等国。

语言：官方语言为阿拉伯语，通用英语。

人口：930万（2019年1月）。

宗教：居民大多信奉伊斯兰教，多数属逊尼派。

2. 主要节日

阿联酋的节假日大多是伊斯兰教的节日，如开斋节、古尔邦节等。

登霄节：伊斯兰教历7月27日。

阿联酋联邦政府建立纪念日：12月1日。

驻阿拉法日：伊斯兰教历12月9日。

国庆日：12月2日。

3. 民俗风情

（1）服饰

阿联酋服饰设计有两大功能：穿着舒适、沿袭宗教信仰。男士穿坎度拉或迪士达沙的宽松服饰，通常以白色棉布制成，长及脚踝，头戴白头巾，并在头顶加一圈环箍。阿联酋男士在穿着传统长袍时，一律只穿拖鞋，且不穿袜子。女士在服装外面披上飘逸的阿巴娅黑袍，通常是套在传统长衣外面，再以黑披肩包头，面蒙黑纱。由于阿联酋气候炎热、风沙大，长袍具有隔热、通风、防沙的特点，成为阿联酋民族服饰文化的一部分。

（2）饮食

阿联酋是一个移民国家，本国人口仅占11.5%左右，境内汇聚了大量来自印度、巴基斯坦、埃及，以及欧美和东亚等国家和地区的人。多种族的人口构成特点使阿联酋形成了满足不同族群饮食习惯的餐饮系列，概括起来主要有四大系列：阿拉伯餐、西餐、南亚餐、东亚餐。阿联酋是信仰伊斯兰教的国家，一般餐饮企业向顾客提供的饮食要符合伊斯兰教教规，猪肉和酒类必须有营业执照才可以经营，否则是禁止的。阿联酋本国人饮食习惯类似沙特阿拉伯。

（3）礼仪

阿联酋人殷勤好客，接待客人礼仪隆重，有贵客临门，必须远迎。客人进屋时，首先为客人熏香。以茶待客是阿联酋人的习惯，喝红茶时喜欢放糖。客人告辞时，要在客人手上洒香水。阿联酋人对外国人行握手礼，但妇女不与男性握手。阿联酋人对本国人或阿拉伯人行拥抱和吻礼，但只限于同性别间。每个伊斯兰教教徒必须每天进行5次礼拜，做礼拜是一件十分严肃的事情，旁人不得与其谈话，更不得开玩笑。

（4）禁忌

阿联酋人喜爱棕色、深蓝色，禁忌粉红色、黄色、紫色。当地每年一次的斋月期间，在日出后和日落前，不许在公共场所喝水、吸烟、吃东西，当地绝大多数餐馆和饮品店在这个时期关门停业。与阿联酋人交往，与男士谈话时不能主动问及其夫人的情况；与妇女交往只能简单问候几句，不能单独或长时间与她们谈话，更不能因好奇盯住她们的服饰看，也不许给她们拍照或未经允许合影。在社会行为方面，禁放高利贷、玩搏和背盟爽约。在饮食生活方面，遵从伊斯兰教禁忌。

4. 文化艺术

阿联酋是一个典型的阿拉伯国度，以伊斯兰文化为首要根底。但该国因88%以上的人口为外来人口，所以形成了多元化和多文化的国度。阿联酋传统技艺“萨杜”是阿联酋农村和牧区妇女所从事的装饰品编织技艺，2011 年 11 月 27 日，被列入联合国教科文组织急需保护的人类非物质文化遗产名录。阿联酋民间舞蹈多姿多彩，有独具魅力的甩发舞、尤拉舞、阿亚拉舞、哈尔比亚舞。

（三）旅游资源

阿联酋有着丰富的旅游资源。境内有著名的七星级酒店阿拉伯塔酒店和被称为“世界第八大奇迹”的棕榈岛。在阿联酋，游客可以享受原始的阳光海滩、沙漠驱车、骑骆驼等旅游项目。

1. 名城

（1）阿布扎比

阿布扎比是阿联酋最大的酋长国，其中包括大约 200 个岛屿，占全国总面积的86.68%。阿布扎比是阿联酋的首都。石油是阿布扎比主要的财政收入和经济来源。阿布扎比重视发展民族工业，主要有食品加工、卷烟、成衣、机械维修、水泥、塑料、石化等工厂。近年来，旅游业和服务业十分兴旺，在阿布扎比，70%的游客来自欧洲国家，在一些比较重大的会议和贸易博览会期间，饭店宾馆的客房使用率可以达到 100%。阿布扎比的著名景点有阿莱因国家博物馆、法拉利主题公园等。

（2）迪拜

迪拜是现代化的国际大都市，阿联酋人口最多的城市，中东第二富裕的城市，被称为中东北非地区的“贸易之都”。迪拜是国际金融中心，东、西方各资本市场之间的桥梁，同时也是重要的物流、贸易、交通运输、旅游和购物中心。拥有世界第一家七星级酒店（阿拉伯塔酒店）、世界最高的摩天大楼（哈利法塔）、全球最大的购物中心、世界最大的室内滑雪场等。

（3）沙迦

沙迦是仅次于阿布扎比和迪拜的阿联酋第三大酋长国。沙迦是阿联酋中唯一一个在阿拉伯海湾及阿曼湾均有海岸线的酋长国，其辖区除首府沙迦市外，还包括迪巴、豪尔法坎等城镇。沙迦距迪拜约 9 千米，是该酋长国的政治、经济和文化中心，也是酋长国王室及主要政府部门的所在地。沙迦也是中东地区的文化名城，古兰经纪念碑广场则是沙迦的文化中心。在纪念碑后方的白色建筑是酋长办公室，左边是皇家礼拜清真寺，右边是文化宫，另一边则是大会堂。1998 年，联合国教科文组织授予沙迦“阿拉伯世界文化之都”的称号，以表彰其在文教领域的突出成就。沙迦著名景点有黄金巴扎和卡斯巴河沟。

2. 名胜古迹

（1）阿拉伯塔酒店

阿拉伯塔酒店（图 2.23），又名帆船酒店，是迪拜的地标性建筑，世界上唯一一家七星级酒店。酒店建筑延伸至阿拉伯海湾约 280 米处的人工岛上，塔高 321 米，一共有 56 层，是阿联酋最奢华的代表。其实，在酒店的专业评级中并没有七星级酒店。在开业初期，一名英国记者对阿拉伯塔酒店做出了最高评价：“我已经找不到用什么语言来形容它了，只能用七星级来给它定级，以示它的与众不同。”从此之后，“七星级酒店”的美名便流传了下来。参观阿拉伯塔酒店需要提前预约，各大旅行社均可以提供参观服务。在酒店内部餐厅订餐也可免费进入并参观。

图 2.23　阿拉伯塔酒店

（2）迪拜地球群岛

迪拜地球群岛，又名世界岛，位于迪拜闻名遐迩的朱美拉棕榈岛和德拉棕榈岛之间，由 300 个形状模仿世界各大洲的人工岛屿组成一个微缩版的地球，其中包括约 1 平方千米的沙滩，每个岛屿的面积从 2.3 万～8.4 万平方米不等。据悉，此项工程耗资约 140 亿美元。

（3）迪拜滑雪场

迪拜滑雪场是一座独特的室内滑雪场，位于迪拜的阿联酋购物中心里，占地约 2.25 万平方米，全年覆盖真实的皑皑白雪。这里拥有 5 条在难度、高度和坡度上变化多端的滑雪道。其中，最长的一条滑雪道有 400 米，高低落差达 60 米。

（4）迪拜国家博物馆

迪拜国家博物馆是迪拜少数几个提供当地历史文物信息的景点之一，建于 1798 年，1971 年正式作为迪拜国家博物馆，其前身是皇宫要塞及海防的古堡，是迪拜最古老的建筑物。走进博物馆就像进入了时光隧道，从博物馆的露天展览可以看到古阿拉伯人的民俗风情，室内展区部分位于古堡底层，是一座以仿古市集形式展现阿拉伯传统风貌的艺术馆。

三、土耳其

（一）基本国情

1. 自然地理

土耳其是一个横跨欧、亚两洲的国家，国土包括西亚的小亚细亚半岛和南欧巴尔干半岛的东色雷斯地区。土耳其北临黑海，南临地中海，东南与叙利亚、伊拉克接壤，西临爱琴海，并与希腊及保加利亚接壤，东部与格鲁吉亚、亚美尼亚、阿塞拜疆和伊朗接壤，是连接欧亚的“十字路口”。在小亚细亚半岛和东色雷斯地区之间的土耳其海峡，是连接黑海及地中海的唯一航道。土耳其在地理上是亚洲国家，但在政治、经济、文化等领域均实行欧洲模式。

土耳其的气候类型变化很大。东南部较干旱，中部安纳托利亚高原比较凉爽。气候的多样性使土耳其的农作物品种极为丰富。这里是世界上主要的烟草、开心果、葡萄干和水果蔬菜的产地之一。

国土面积：783 600 平方千米。

2. 简史

土耳其人史称突厥，公元 8 世纪起由阿尔泰山一带迁入小亚细亚，13 世纪末建立奥斯曼帝国，16 世纪达到鼎盛期，20 世纪初沦为英国、法国、德国等国的半殖民地。1919 年，凯末尔领导民族解放战争反抗侵略并取得胜利，1923 年 10 月 29 日建立土耳其共和国，凯末尔当选首任总统。

知识链接 2-32

奥斯曼帝国

奥斯曼帝国（1299～1922 年），又称“奥托曼帝国”，是奥斯曼土耳其人建立的军事封建帝国。奥斯曼土耳其人为突厥人的一支，原居中亚，信奉伊斯兰教。奥斯曼帝国的创立者为奥斯曼一世。奥斯曼帝国自消灭东罗马帝国后，定都于君士坦丁堡，且以东罗马帝国的继承人自居，掌握东西文明的陆上交通线达 6 个世纪。16 世纪，苏里曼大帝在位之时，日趋鼎盛，其领土在 17 世纪更达最高峰，地跨亚、非、欧三洲，在巴巴罗萨的带领下，其海军掌控地中海。19 世纪初趋于没落，并最终于第一次世界大战中败于协约国之手，奥斯曼帝国因而分裂。

（资料来源：https://baike.baidu.com/item/%E5%A5%A5%E6%96%AF%E6%9B%BC%E5%B8%9D%E5%9B%BD/730879?fr=aladdin，节选，有改动）

3. 政治

2017 年 4 月 16 日，土耳其举行修宪公投。计票结果显示，支持修宪的比例为 51.4%，修宪获得通过，土耳其政体由议会制改成总统制，土耳其总理职位被废除，行政权完全移交给总统。总统可直接任命包括副总统和内阁部长在内的政府高官，还可以继续担任政党主席。此外，总统还可以任命最高司法机关“法官和检察官最高委员会”的多数成员。总统可以不经过议会批准颁布法令和宣布国家进入紧急状态。宪法规定：土耳其为民族、民主、政教分离和实行法制的国家。土耳其大国民议会为最高立法机构。土耳其政党主要有正义与发展党、土耳其共和人民党等。

4. 经济

20 世纪 80 年代以来，土耳其开始实行对外开放政策，经济实现跨越式发展，由经济基础较为落后的传统农业国向现代化的工业国快速转变。目前，服务业为土耳其第一大产业，产值在 GDP 中的占比约为 59%，尤以交通、旅游、银行、零售业最为发达。工业产值在 GDP 中的占比约为 32%，其中汽车制造、纺织、食品加工、钢铁、水泥、采矿等为主要行业。农业产值在 GDP 中的占比约为 9%。榛子、樱桃和葡萄干产量居世界首位，橄榄油、葡萄和小麦产量居世界前十位。2017 年，土耳其 GDP 为 7 695 亿美元，同比增长 13%，人均 GDP 为 9 647 美元。

货币：土耳其里拉。

（二）人文习俗

1. 民族、语言、人口、宗教

民族：土耳其族占总人口的 80%以上，库尔德族约占总人口的 15%。

语言：土耳其语为国语。

人口：8 081 万（2018 年）。

宗教：99%的居民信奉伊斯兰教，其中 85%属逊尼派，其余为什叶派（阿拉维派）；少数人信仰基督教和犹太教。

2. 主要节日

元旦：1 月 1 日。

国家主权和儿童日：4 月 23 日。

青年和体育节：5 月 19 日。

胜利日：8 月 30 日。

共和国成立日：10 月 29 日。

土耳其的节日还有开斋节、古尔邦节等。

3. 民俗风情

（1）服饰

土耳其人的传统服饰为：男士头戴高筒毡帽或呢帽，身穿长袍与灯笼裤；妇女面罩黑纱，身着黑袍与灯笼裤。土耳其人目前的着装，既保留了传统特征，又受西化影响。现在，土耳其男士大多上穿西服外套，下穿灯笼裤；妇女不再面罩黑纱，她们通常喜欢穿着鲜艳的上衣，下穿花哨的灯笼裤，但是妇女不能穿无袖上衣和西式短裤。

（2）饮食

土耳其烹饪发源于中亚，发展于小亚细亚，在某种意义上说是中东与地中海烹饪的国度。土耳其菜是世界三大菜系（中国菜系、法国菜系、土耳其菜系）之一，其特点在于突出原料的自然风味，讲究原汁原味，并以黄油、橄榄油、盐、洋葱、大蒜、香料和醋加以突出。面包是土耳其人的主食。牛、羊、鸡肉为其主菜。基本的烹饪方式是烤、煮。在土耳其的任何餐厅中，拿起他们的菜单，你可以看见最少 5 种烤肉。土耳其烤肉是利用十余种调料对牛、羊、鸡等肉类进行腌制后，采用旋转式烤肉机，经电加热烤熟后，从烤肉柱上一片片削下，佐以沙拉、配料装入特制的面饼中。

（3）礼仪

土耳其人在社交场合与客人见面时，一般先互致问候，然后施握手礼，同时祝愿客人身体好。他们在同亲朋好友相见时，也有的施亲吻礼。送别时，一般多施鞠躬礼，施礼时，要以两手交叉放在胸前鞠躬 90°，以表示对客人的敬重和惜别之情。倘若两手不交叉于胸前，则寓意不欢迎再访的意思。

（4）禁忌

土耳其人忌讳紫色、黄色和花色，他们认为黄色象征死亡，花色是凶兆，绝对不可用来布置居室。土耳其人还忌讳猪、猫、熊猫图案，喜欢骆驼。土耳其人忌讳用左手传递东西或食物。对已婚男女之间或恋人之间在公共场合的相互亲昵的举止，他们也是极为反感和厌恶的。在社交活动与客人闲谈中，不喜欢谈论有关政治，以及塞浦路斯与希腊的冲突等方面的问题。信奉伊斯兰教的土耳其人饮食禁忌遵从伊斯兰教教义。

知识链接 2-33

土耳其浴

土耳其浴是中东地区在公众浴场进行的一种传统洗浴方式。利用浴室内的高温，使人大汗淋漓，再用温水或冷水淋浴全身，达到清除污垢、舒活筋骨、消除疲劳的目的。伊斯坦布尔老城区的恰阿奥卢浴室是土耳其最著名的浴室，建于 1714 年。19 世纪英国画家汤姆斯·阿隆曾来此游历，绘制了大名鼎鼎的《恰阿奥卢浴室》铜版画。此后，阿隆的铜版画流传到欧洲各国，恰阿奥卢浴室也因此成为土耳其浴的象征。一个伊斯兰教教徒一天要做 5 次礼拜，因此，土耳其人也就与浴室结下了不解之缘。到 17 世纪，在君士坦丁堡就有 168 个大大小小的浴室。

（资料来源：https://baike.baidu.com/item/%E5%9C%9F%E8%80%B3%E5%85%B6%E6%B5%B4/2907096?fr= aladdin，节选，有改动）

4. 文化艺术

土耳其的文化艺术舞台非常活跃，既有专业水准极高的戏剧、歌剧和芭蕾舞团体，也有非常繁荣的电影制作业，每年举办多个艺术节，其中最有名的是伊斯坦布尔国际艺术节。

土耳其民间传统舞蹈历史悠久，各地风格各异，但都色彩斑斓、节奏明快。土耳其传统音乐随着宫廷文化的出现而出现，经历了从民间向古典的演化过程，而其流行音乐又脱胎于传统音乐，主要使用塔布尔琴、卡农琴、乌德琴等乐器。土耳其戏剧发源于卡拉戈兹皮影戏，这是一种风格介于英国传统滑稽木偶剧和美国打闹喜剧的表演艺术。18 世纪以前，土耳其绘画以彩绘为主，一般作为书籍的手工插图。进入 18 世纪以后，油画日渐盛行。

文学是土耳其文化生活的重要组成部分。最早的伊斯兰前期文学遗产是发现于蒙古国中部的奥尔浑铭文。奥斯曼帝国时期，土耳其文学深受波斯文化的影响，诗歌是主要的文学体裁，文学语言是阿拉伯语、波斯语和土耳其语的混合。

（三）旅游资源

土耳其是一个横跨欧、亚两洲的国家。独特的地理位置和宜人的气候条件使土耳其成为游人向往的乐园。

1. 名城

（1）安卡拉

安卡拉是土耳其的首都和第二大城市，是土耳其政治、经济、文化、交通和贸易中心，位于小亚细亚半岛上的安纳托利亚高原的西北部，素有“土耳其的心脏”之称。1923 年，土耳其宣布成立共和国，开国元勋穆斯塔法·凯末尔放弃三朝古都的伊斯坦布尔，把国都定在安卡拉。安卡拉历史悠久，市区名胜古迹很多，如罗马时期的朱里安柱和奥古斯都庙，拜占庭时期的城堡和墓地，塞尔柱时期的阿拉丁清真寺、苏丹艾哈迈德清真寺及奥斯曼时期的穆罕默德帕夏市场。

（2）伊斯坦布尔

伊斯坦布尔位于巴尔干半岛东端，博斯普鲁斯海峡南口西岸，扼黑海入口，为欧、亚两洲的交通要道，始建于公元前 7 世纪，当时称拜占庭。公元 3 世纪，罗马帝国的君士坦丁大帝从罗马迁都于此，改名君士坦丁堡。1453 年成为奥斯曼帝国首都，称为伊斯坦布尔。伊斯坦布尔不仅地理上横跨欧、亚两洲，而且对欧、亚、非三洲各民族思想、文化、艺术之精粹兼收并蓄，从而成为东西方思想文化的一个重要交汇点，随之遗留下许多源远流长的名胜古迹。伊斯坦布尔现有 40 多座博物馆、20 多座教堂、450 多座清真寺。著名景观包括托普卡珀宫、苏莱曼清真寺、苏丹艾哈迈德清真寺、圣索菲亚大教堂、多尔马巴赫切宫、地下宫殿、博斯普鲁斯大桥、贝勒贝伊宫。

（3）伊兹密尔

伊兹密尔是土耳其第三大城市，位于安纳托利亚高原西端的爱琴海边，是重要的工业、商业、外贸、海运中心，同时也是历史文化名城、旅游胜地和军事要塞。自古该城便是爱琴海沿岸农业区的中心。伊兹密尔市区保留着众多名胜古迹，如古钟楼、希萨尔清真寺、埃菲斯希腊古城遗址、圣母玛利亚最后的隐居地等。

（4）布尔萨

布尔萨位于土耳其西北部，马尔马拉海以南的乌卢山北麓，是该国第四大城市。布尔萨位于丝绸之路上，自中国传入蚕桑，誉称“丝绸之城”。夏季雪融，为城市提供充足用水，城市农业发达，种植蔬菜、水果、玉米和向日葵，桑树遍植，有“绿色布尔萨”之称。布尔萨为全国纺织工业中心，有棉、毛纺织和丝织业、地毯业，还有食品和机械等工业。有铁路、公路通往马尔马拉海滨，并有快速轮渡与伊斯坦布尔相通。布尔萨也是土耳其的汽车工业中心，菲亚特和雷诺在此均设有工厂。

2. *名胜古迹*

（1）阿尔忒弥斯神庙遗址

阿尔忒弥斯神庙是希腊神话中阿尔忒弥斯女神的神庙，位列世界七大奇迹之一，长约 141.67 米，宽约 76.67 米，有 126 根高 20 米大理石柱。据称建筑时间前后长达 120 年。公元前 356 年 7 月 21 日，神庙被黑若斯达特斯焚毁，该神庙至今只剩下一根柱子。这座神殿遗址位于今天土耳其的爱奥尼亚海滨。

（2）圣索菲亚大教堂

圣索菲亚大教堂修建于公元 532～537 年，位于伊斯坦布尔，有近 1 500 年的历史，因巨大的圆顶而闻名于世，是一幢拜占庭式建筑。1453 年，奥斯曼土耳其苏丹将君士坦丁堡改名为伊斯坦布尔，并将圣索菲亚大教堂改成阿雅索菲亚清真寺，还在周围修建了 4 座高大的尖塔。1935 年，土耳其总统凯末尔将圣索菲亚大教堂变为博物馆。

图 2.24　苏丹艾哈迈德清真寺

（3）苏丹艾哈迈德清真寺

苏丹艾哈迈德清真寺（图 2.24），是伊斯坦布尔最重要的标志性建筑之一。因寺内墙壁全部用蓝、白两色的依兹尼克瓷砖装饰，又称蓝色清真寺。该寺建于 1609 年，1616 年建成，中央是属拜占庭风格的圆顶建筑，周围有 6 座宣礼塔。这是拜占庭的希腊文化和奥斯曼土耳其的伊斯兰教文化相结合的建筑，如果没有四周的 6 座宣礼塔，就会被看成一座东正教教堂。建造蓝色清真寺未使用一根铁钉，建筑结构严谨，外观造型独特，

400 多年间历经数次大地震仍安然无恙。

（4）托普卡珀宫

托普卡珀宫在1465～1853年一直都是奥斯曼土耳其苏丹在城内的官邸及主要居所，是昔日举行国家仪式及皇室娱乐的场所。这座宫殿四周有 5 千米长的宫墙环绕。整个宫殿有 7 座大门，4 座面朝陆地，3 座面朝海洋，其中主要的一座大门面对圣索菲亚大教堂。奥斯曼帝国灭亡后，托普卡珀宫于 1924 年 4 月 3 日在政府政令下变成了帝国时代的博物馆，分为瓷器馆、土耳其国宝馆、历代苏丹服饰馆、古代刺绣馆、古代武器馆、古代钟表馆等展馆。

第二章试题

第三章

欧洲地区

学习目标

1. 熟悉欧洲地区主要客源国的自然地理、简史、政治、经济。
2. 掌握欧洲地区主要客源国的民族、宗教、节日、民俗风情、文化艺术。
3. 熟知欧洲地区客源国旅游自然资源和人文资源。
4. 能够根据客源国旅游资源合理规划旅游线路。

欧洲，也被称为欧罗巴洲，名字来源于希腊神话故事中的人物“欧罗巴”，意思是“西方之地”或“日落的地方”。欧洲面积约 1 016 万平方千米，是世界第六大洲，居民中 99%以上属欧罗巴人种，是人种构成比较单一的大洲，居民大多信仰天主教、基督教新教和东正教。

欧洲位于亚洲的西面，是欧亚大陆的一部分，北、西、南三面分别濒临北冰洋、大西洋、地中海和黑海，东部和东南部与亚洲毗连，以乌拉尔山脉、乌拉尔河、里海、大高加索山脉、黑海和土耳其海峡为界，与亚洲合称为欧亚大陆。

第一节　西欧地区

西欧，指欧洲西部濒临大西洋的地区和附近岛屿，包括英国、爱尔兰、荷兰、比利时、卢森堡、法国和摩纳哥共 7 个国家。地形以平原和高原为主，山地面积较小。主要的河流有莱茵河、塞纳河、卢瓦尔河、泰晤士河等，还有世界最繁忙的海运通道英吉利海峡和多佛尔海峡。西欧大部分地区属温带海洋性气候，气候温和，降水丰沛且稳定均匀。主要矿物有煤、铁、石油、天然气、钾盐等。农作物有小麦、大麦、燕麦、马铃薯、甜菜等。西欧是近代科学技术发展最早的地区，也是世界经济最发达的地区之一。

一、英国

（一）基本国情

1. 自然地理

英国的全称是大不列颠及北爱尔兰联合王国，有时也称“联合王国”。“不列颠”来自不列颠人的部族名称，是“杂色多彩”的意思。英国位于欧洲西部，被北海、英吉利海峡和大西洋包围，是大西洋中一个名副其实的岛国，陆界与爱尔兰共和国接壤。英国领土由大不列颠岛（包括英格兰、威尔士和苏格兰）、爱尔兰岛东北部的北爱尔兰以及一系列附属岛屿组成，其中英格兰、威尔士和苏格兰是主体部分，所以英国也被称为“英伦三岛”。英格兰长期以来一直是英国的政治和经济中心。

英国的地形以低山和丘陵为主，主要的河流有塞文河和泰晤士河，其中塞文河是英国境内最长的河流，泰晤士河被誉为英国的“母亲河”。

英国属海洋性温带阔叶林气候，全年温和湿润，四季寒暑变化不大，但天气多变。

国土面积：244 100 平方千米（包括内陆水域）。其中，英格兰地区 130 400 平方千米，苏格兰地区 78 800 平方千米，威尔士 20 800 平方千米，北爱尔兰 14 100 平方千米。

2. 简史

公元 1～5 世纪，大不列颠岛东南部受罗马帝国统治。后盎格鲁-撒克逊人、朱特人相继入侵。公元 7 世纪开始形成封建制度。公元 829 年英格兰统一，史称“盎格鲁-撒克逊时代”。1066 年，诺曼底公爵威廉渡海征服英格兰，建立诺曼底王朝。1536 年，英格兰与威尔士合并。1640 年，爆发资产阶级革命，1649 年 5 月 19 日宣布为共和国。1660 年，王朝复辟。1688 年，发生“光荣革命”，确定了君主立宪制。1707 年，英格兰与苏格兰合并，1801 年又与爱尔兰合并。18 世纪 60 年代～19 世纪 30 年代成为世界上第一个完成工业革命的国家。1914 年，占有的殖民地比本土大 111 倍，是第一殖民大国，自称“日不落帝国”。1921 年，爱尔兰南部 26 郡成立“自由邦”，北部 6 郡仍归英国。第一次世界大战后英国开始衰落，其世界霸权地位逐渐被美国取代。第二次世界大战严重削弱了英国的经济实力。随着 1947 年印度和巴基斯坦相继独立，英国殖民体系开始瓦解，但英国仍是英联邦 53 个成员国的盟主。目前，英国在海外仍有 13 块领地。1973 年 1 月加入欧洲共同体。

3. 政治

英国政体为君主立宪制。君主是国家元首、最高司法长官、武装部队总司令和英国国教圣公会的“最高领袖”，形式上有权任免首相、各部大臣、高级法官、军官、各属地的总督、外交官、主教及英国圣公会的高级神职人员等，并有召集、停止和解散议会，批准法律，宣战媾和等权力，但实权在内阁。议会是最高司法和立法机构，由君主、上院和下院组成。政府实行内阁制，由君主任命在议会中占多数席位的政党领袖出任首相并组阁，向议会负责。英国宪法不是一个独立的文件，由成文法、习惯法、惯例组成。英国法官一律采用任命制，大法官、法官上院议员、上诉法院法官由首相推荐，英王任命。英国没有司法部，大法官拥有对司法人员的任免权。大法官必须是“法律协会”的出庭律师，并有一定年限的司法实践。大法官一经任命，非经本人同意，一般不能被免职。

4. 经济

英国作为一个重要的贸易实体、经济强国及金融中心，是世界第六大经济体，也是全球最富裕、经济最发达和生活水准最高的国家之一。私有企业是英国经济的主体，占其国内生产总值的60%以上，服务业占国内生产总值的3/4，制造业只占1/10左右。

货币：英镑。

（二）人文习俗

1. 民族、语言、人口、宗教

民族：主要民族是英格兰人、苏格兰人和爱尔兰人。

语言：官方语言为英语，威尔士北部还使用威尔士语，苏格兰西北高地及北爱尔兰部分地区仍使用盖尔语。

人口：6 605万（2017年）。

宗教：居民多信奉基督教新教，主要分英格兰教会（也称英国国教圣公会）和苏格兰教会（也称长老会）。另有天主教会及伊斯兰教、印度教、锡克教、犹太教和佛教等较大的宗教团体。

知识链接 3-1

英国的三大主要民族

英格兰人是英国的主体民族，主要分布在英格兰和威尔士。英格兰人是在长期的历史发展过程中，由来自凯尔特部落群的不列颠人和日耳曼部落的盎格鲁-撒克逊人演化而来的，多数信仰基督教新教圣公宗教派，又称为英国国教。苏格兰人主要聚居在不列颠岛北部的苏格兰，多数信仰基督教的长老宗教派。爱尔兰人主要分布在北爱尔兰地区，属于凯尔特人种，使用英语和盖尔语（也称爱尔兰语，是北爱尔兰官方承认的区域语言），多数信仰天主教。

（资料来源：屈勒味林，2008．英国史［M］．钱端升，译．北京：中国社会科学出版社.）

2. 主要节日

元旦：1月1日。

耶稣受难日：复活节前的星期五。

复活节：一般在每年春分后月圆第一个星期日，时间是 3 月 21 日～4 月 25 日。

银行春假日：5 月的最后一个星期一。

银行夏假日：8 月的最后一个星期一。

圣诞节：12 月 25 日。

英联邦纪念日：5 月 24 日。

3. 民俗风情

（1）服装

英国享有“绅士淑女之国”的美誉，讲究衣着打扮。西服称得上是英国的国服，女士一般为上衣下裤或上衣下裙。在参加宴会时，男士穿燕尾服，女士着低胸晚礼服。日常一般喜欢穿休闲服，式样简单、舒服合体。英国人十分重视传统服饰，苏格兰男子至今仍保持着穿花格子裙（称为“基尔特”）的传统，遇到传统节日，男子都会穿戴。

英国还开启了当代时尚之风，巴宝莉（Burberry）是极具英国传统风格的奢侈品牌。登喜路（Dunhill）是以男性服饰为主导的国际品牌。保罗·史密斯（Paul Smith）的时装和成衣系列在时尚界与法国奢侈品牌路易·威登（Louis Vuitton）和迪奥（Dior）齐名。

（2）饮食

英国人从 19 世纪起就将“人为生存而吃”作为信条，不大讲究美食。英国人的饮食特点是口味清淡，喜欢甜酸、微辣味，爱吃甜食和烤肉。“烤牛肉加约克郡布丁”被称为国菜。英国人不吃动物的头、脚和内脏，忌用味精调味，不吃狗肉。英国人的饮食比较简单，但是他们创造的炸鱼、土豆条和三明治对现代快餐业做出了重要贡献。英国人喜欢喝威士忌，饮酒大多去酒吧。酒吧是英国人重要的社交场所。

（3）礼仪

英国人在待人接物方面与欧洲其他国家有很大差异。英国人处事较为谨慎保守，不善言谈，在英国应避免没有预约的拜访，甚至没有正当理由的电话也被认为是失礼的。在社交场合，英国人强调的绅士风度不仅表现在对女性的照顾与尊重方面，而且见于个人的仪表整洁、服饰得体和举止修养方面。初次见面，英国人多行握手礼，与人交往时常用礼貌用语，即使家人、夫妻之间也经常使用。在称呼上，英国人大多在对方姓名前加荣誉头衔、世袭爵位、职位或“阁下”“先生”“小姐”“夫人”等称呼。在公共场合有自觉排队的习惯。约会时应准时，洽谈生意时应按事先约定的时间到达。

给英国人送礼物，以高级巧克力、低度数的苏格兰威士忌、带有民族特色的工艺品、音乐会门票和鲜花为宜。上了年纪的英国人不喜欢被人搀扶。英国流行给小费，通常按应付金额的 10%～15%付小费。

（4）禁忌

英国各地区的人都非常重视民族自尊，在称呼上，他们对于“英国人”这个笼统的称呼极为反感，因为“英国人”原意是指“英格兰人”，而“不列颠”这个称呼能让所有英国人都感到满意。在数字方面，英国人忌讳 13、3、星期五。他们忌讳黑色，不喜欢墨绿色和紫色。在花卉及图案方面，忌讳象征死亡的百合花和菊花，还忌讳将人像、大象、孔雀、黑猫、猫头鹰作图案和商品装潢。与英国人交谈时，不应涉及个人私事，切勿谈论王室、教会及英国各地区的矛盾。与英国人谈话时如果坐着，应避免两腿分开过远，更不能翘起“二郎腿”；站着谈话时，不可把手插入衣袋。英国人忌讳耳语和拍打肩背，忌讳用同一根火柴连续为 3 个人点烟，他们认为这样做会给其中一人带来不幸。

4. 文化艺术

英国是世界上文化艺术遗产最丰富的国家之一。诗人杰弗雷·乔叟被公认为中世纪最伟大的英国诗人，享有“英国诗歌之父”的尊称，其代表作《坎特伯雷故事集》是英国文学史上体现现实主义的第一部典范。威廉·莎士比亚是欧洲文艺复兴时期的文学巨匠、英国伟大的戏剧大师和诗人。18 世纪，丹尼尔·笛福的代表作《鲁滨孙漂流记》奠定了英国现实主义小说的基础，他本人也被称为“英国与欧洲小说之父”。19 世纪，英国涌现出众多的浪漫主义诗人，以拜伦、雪莱、济慈为代表。

英国小说在 19 世纪 40～50 年代得到更大的发展，批判现实主义大师查尔斯·狄更斯的代表作《雾都孤儿》《大卫·科波菲尔》《双城记》等在全世界盛行不衰。20 世纪，英国现代杰出的现实主义戏剧作家萧伯纳以幽默讽刺的语言见长，并于 1925 年获得诺贝尔文学奖。除此之外，英国还有夏洛蒂·勃朗特、艾米莉·勃朗特、简·奥斯汀、托马斯·哈代、毛姆、阿瑟·柯南·道尔、J.K.罗琳等知名作家。2017 年，日裔英国作家石黑一雄获得诺贝尔文学奖。

英国是世界上最知名的戏剧中心之一。皇家芭蕾舞团在国际上享有盛誉，保留剧目有《胡桃夹子》《罗密欧与朱丽叶》《曼农》《爱丽丝梦游仙境》等。

英国音乐至今一直非常受欢迎，每年举行 500 多个专业艺术节，其中爱丁堡国际艺术节堪称世界最盛大的艺术节之一。

英国曾于 1908 年、1948 年和 2012 年在伦敦举行过三届奥林匹克运动会，素有“户外运动之乡”之称，是许多近代竞技运动的发源地。足球在英国是最盛行、最能聚集广大观众的运动项目。

知识链接 3-2

英国王室文化品牌价值

英国是世界上最早确立君主立宪制的国家，是英国王权、贵族与资产阶级长期斗争而产生的制度，蕴含着英国人“保守”和“传统”的政治文化。随着现代民主政治的演进，王室逐渐成为传统文化延续的象征，是全国精神凝聚的力量，起着联结各邦、平衡利益的重要作用。2011 年是英国皇室文化的主题年，威廉王子的盛大婚礼不仅拉动了英国经济，而且有着重要的政治意义。特别是2014年6月2日，英国迎来了伊丽莎白女王登基60周年庆典，女王充分利用自己的影响，不断积极强化英联邦成员国之间的团结。英国媒体报告显示，王室对英国旅游业的贡献约为5亿英镑，转换成相应的无形资产超过160亿英镑。王室成员出访国外，为英国带来的海外广告效应价值超过40亿英镑。

（资料来源：何丽芳，2010. 中国旅游客源国概况［M］. 长沙：湖南大学出版社.）

（三）旅游资源

英国是一个有着深厚文化积淀的国家，旅游资源中人文资源最丰富、最具特色，其中又以历史文化遗迹、王室文化和博物馆文化最具有吸引力。

截至2017年7月，英国列入联合国教科文组织《世界遗产名录》的自然遗产和文化遗产共31项，遗产数量名列世界第八位，包括26项文化遗产、4项自然遗产、1项文化与自然双重遗产。

1. 名城

（1）伦敦

伦敦是英国的首都，全国的政治、经济、文化和交通中心，位于英格兰东南部，跨泰晤士河下游两岸。伦敦也是全球重要的传媒中心，包括英国广播公司（BBC）和路透社在内的多家电视及广播媒体都在伦敦设立总部。伦敦作为一座驰名世界的旅游城市，既有数量众多的名胜古迹，又有独具特色的现代化建筑，是英国的旅游中心。著名景点有伊丽莎白塔、白金汉宫、大英博物馆、威斯敏斯特教堂等。

（2）爱丁堡

爱丁堡是苏格兰首府，英国著名的文化古城，苏格兰历史文化的发源地，素有“北方雅典”之称。它位于苏格兰东海岸福斯湾南岸，是英国仅次于伦敦的第二大旅游城市。爱丁古堡始建于公元6世纪，1329年正式建市，1437～1707年成为苏格兰王国首都。爱丁堡由旧城区和新城区两部分组成，1995年被联合国教科文组织列入《世界遗产名录》。

（3）贝尔法斯特

贝尔法斯特位于爱尔兰岛东北沿海，始建于1888年，1920年起成为北爱尔兰的首府。17世纪是世界最大的亚麻工业中心，造船业历史悠久。众所周知的“泰坦尼克号”就是在位于贝尔法斯特的哈兰德·沃尔夫造船厂建造的。如今的贝尔法斯特已成为一个以文化和观光为主要特色的城市，比较有名的建筑是贝尔法斯特城堡，代表着辉煌的维多利亚时代。被视为自然奇迹的“巨人之路”是一条绵延6 000米的堤道，为柱状玄武岩石地貌景观，1986年联合国教科文组织将其作为文化遗产列入了《世界遗产名录》。

（4）曼彻斯特

曼彻斯特位于英格兰西北部，是棉纺织工业的发祥地，也是世界上第一座工业化城市。近些年，曼彻斯特发展成为以金融、教育、旅游、商业、制造业为特色的繁华都市，是英国除伦敦以外最大的金融中心城市。著名景点有艾伯特广场、劳瑞中心、中国城、凯瑟菲尔德城市遗址公园等。

2. 名胜古迹

（1）白金汉宫

白金汉宫位于英国首都伦敦，1703 年由白金汉公爵所建。1837 年维多利亚女王即位后，白金汉宫正式成为王宫，现为英国女王伊丽莎白二世的驻地，女王的重要国事活动都在这里举行。白金汉宫是一座规模宏伟的三层长方形建筑，正面的大门上方悬挂着王室徽章，是至高无上的英王权力中心地。宫前广场中央竖立着建于 1911 年的维多利亚镀金雕像纪念碑，主碑的下部是维多利亚女王的大型汉白玉坐像，顶端是鎏金的胜利女神像，四周辅以四组石雕群。白金汉宫广场是伦敦观光客最为集中的地方，此处的皇家近卫队换岗仪式已有数百年历史，至今仍是伦敦的主要游览项目。

（2）威斯敏斯特宫

威斯敏斯特宫位于泰晤士河西岸，建于 11 世纪中期，16 世纪成为英国国会的所在地，又称议会大厦，1987 年被列入《世界遗产名录》。威斯敏斯特宫是哥特复兴式建筑的代表作之一，包括约 1 100 个独立房间、100 座楼梯和 4.8 千米长的走廊。尽管今天的宫殿基本上重修于 19 世纪，但在威斯敏斯特宫中依然保留着初建时的许多历史遗迹，如威斯敏斯特厅，现今是重大的公共庆典仪式举行之地，也是英王去世后举行国葬前遗体的存放地。威斯敏斯特宫西北角的钟楼就是著名的伊丽莎白塔，伊丽莎白塔是伦敦的传统地标，伦敦的标志，于 1923 年开始为英国广播公司播送钟声，如图 3.1 所示。

图 3.1　威斯敏斯特宫和伊丽莎白塔

（3）威斯敏斯特教堂

威斯敏斯特教堂位于伦敦泰晤士河北岸，也被译作西敏寺，始建于公元 960 年。从 11 世纪开始，先后有 38 位英国国王在这里加冕登基，它还是皇室成员举行婚礼庆典、葬礼仪式的地方。这座古老的教堂是英国哥特式建筑的典型代表，1987 年联合国教科文组织将其作为文化遗产列入《世界遗产名录》。教堂后面的墓地埋葬着英国20多位国王，也是一些著名政治家、科学家、军事家、音乐家，如丘吉尔、张伯伦、牛顿、达尔文、狄更斯等人的墓地，因此威斯敏斯特教堂也被称为“荣誉的塔尖”。

（4）唐宁街10号

唐宁街10号（图3.2）位于伦敦中心唐宁街，建于17世纪，原是乔治·唐宁爵士的私人房产，从1937年开始，成为历任英国首相办公和居住的场所，是英国政府的中枢，在伦敦是一座极具历史价值的地标。唐宁街10号外观很普通，黑色大门建于1760年，门上镶有狮子头叩门环，写有白色阿拉伯数字“10”。唐宁街10号的保安措施十分严密，黑色正门前有身穿制服的警卫，不对外开放。

图3.2　唐宁街10号

（5）伦敦塔桥

伦敦塔桥（图3.3）横跨泰晤士河，将伦敦南北区连接成整体，是伦敦的象征，有“伦敦正门”之称。该桥始建于1886年，1894年对公众开放，是伦敦历史上最悠久的一座桥。塔桥桥身分上下两层，当有万吨级船只通过时，下层桥面能够自动打开，呈“八”字形状，船只通过后，桥身慢慢落下合拢。假若遇上有雾天气，“雾锁塔桥”是伦敦胜景之一。

图3.3　伦敦塔桥

（6）大英博物馆

大英博物馆，又名不列颠博物馆，始建于1753年，1759年1月15日起正式对公众开放，堪称世界上历史最悠久、规模最宏伟的综合性博物馆，与俄罗斯圣彼得堡艾尔米塔什博物馆、法国巴黎卢浮宫博物馆、美国纽约大都会艺术博物馆并称世界四大博物馆。大英博物馆共有100多个陈列室、藏品800多万件，包括来自世界各地的许多文物和珍品，以及众多伟大科学家的手稿，不少是仅存的孤本。大英博物馆藏品之丰富、种类之繁多，为全世界博物馆所罕见。

二、法国

（一）基本国情

1. 自然地理

法国位于欧洲大陆西部，本土呈六边形，三边临水。与比利时、卢森堡、德国、瑞士、意大利、西班牙、安道尔、摩纳哥接壤，西北隔拉芒什海峡与英国相望。

法国地形以平原和丘陵为主，平原占总面积的 2/3。法、意边境的勃朗峰为阿尔卑斯山脉的主峰，海拔4 810米，是欧洲最高峰。地中海中的科西嘉岛是法国的最大岛。法国河流大多能通航，主要有卢瓦尔河、罗讷河、塞纳河等。

法国西部为温带海洋性气候，南部属亚热带地中海气候，中部和东部属大陆性气候，还有面积不大的高山气候分布。

国土面积：551 602平方千米，是欧盟面积最大的国家。

2. 简史

法国古称“高卢”，公元1世纪被罗马人占领。公元5世纪，法兰克人移居到这里。公元843年建立查理曼帝国，成为独立国家。10～14世纪，加佩王朝统治时期改称法兰西王国。17世纪下半叶，波旁王朝路易十四统治时期达到鼎盛。1789年7月14日，爆发资产阶级大革命，发表《人权宣言》，废除君主制，1792年建立第一共和国。此后，法国历经拿破仑建立的第一帝国、波旁王朝复辟、七月王朝、第二共和国、第二帝国，1870年普法战争法军战败，巴黎人民起义建立第三共和国。1871年3月，巴黎人民武装起义，成立了世界上第一个无产阶级政权——巴黎公社，当年5月被镇压。第一次世界大战中，法国参加协约国，对同盟国作战获胜。第二次世界大战期间遭到德国入侵，六周后法国投降。戴高乐将军组织了反法西斯的“自由法国”运动，1944年8月与盟军一同光复巴黎。1946年10月，法兰西第四共和国成立，进入政坛不稳定时期，12年间更迭了20多届政府。1958年，第五共和国成立，戴高乐出任首任总统。此后，蓬皮杜、德斯坦、密特朗、希拉克、萨科齐、奥朗德、马克龙先后出任总统。

3. 政治

法国实行多党制。总统是国家元首和武装部队统帅，从2000年6月开始改为任期

5 年，可连选连任一次，由选民直接选举产生，是国家真正的权力中心。法国议会实行两院制，由法国国民议会和法国参议院组成，拥有制定法律、监督政府、通过预算、批准宣战等权力。司法机构分为两个相对独立的司法管辖体系：一是负责审理民事和刑事案件的普通法院；二是负责公民与政府机关之间争议案件的行政法院。

4. 经济

法国是最发达的工业国家之一，2016 年 GDP 位居世界第六位。法国是世界重要的农产品出口国，第三产业在法国经济中所占比重逐年上升，其中电信、信息、旅游服务和交通运输部门业务量增幅较大，服务业从业人员约占总劳动力的 70%。法国在核电、航空航天和铁路方面居世界领先地位。钢铁、汽车、建筑为法国工业的三大支柱。法国商业十分发达，巴黎是世界性的消费中心，大量的高档时装、香水、化妆品及波尔多红酒吸引着世界各地的消费者前来购买。

货币：欧元。

（二）人文习俗

1. 民族、语言、人口、宗教

民族：主体民族为法兰西人，边境地区还有阿尔萨斯人、布列塔尼人、科西嘉人、佛拉芒人、巴斯克人等少数民族。

语言：法语为官方语言。

人口：6 719 万（2018 年 1 月，含海外领地），其中本土人口 6 502 万。

宗教：居民中大多数信奉天主教，其余信奉伊斯兰教、基督教新教、犹太教等。

2. 主要节日

第二次世界大战停战日：5 月 8 日。

国庆日：7 月 14 日。1789 年 7 月 14 日，巴黎人民攻占了象征封建统治的巴士底狱，法国大革命序幕由此揭开。1880 年 6 月，法国议会正式通过法令确认 7 月 14 日为法国的国庆日。

遗产日：每年 9 月的第三个周六和周日。

第一次世界大战停战日：11 月 11 日。

圣诞节：12 月 25 日。

3. 民俗风情

（1）服装

法国时装在世界上历来享有盛誉，国际公认的顶尖服装品牌总部大部分集中在这里，每年从巴黎发出的服装信息一直是世界时装的潮流风向标。法国每年推出 3 500 多种新式时装，巴黎每年都会定期举行巴黎春夏时装博览会和巴黎秋冬时装博览会，是世界上最受瞩目的时装盛会。巴黎有 2 000 多家时装店，著名的时装品牌有路易 • 威登、卡夏尔（Cacharel）、巴黎世家（Balenciaga）、纪梵希（Givenchy）、香奈儿（Chanel）、迪奥和圣罗兰（YSL）等。

知识链接 3-3

法 国 香 水

法国香水与化妆品、时装、葡萄酒并列为法国三大精品产业，是法国人的骄傲。法国人使用香料和化妆品最早源于 13 世纪前后，使用者主要是贵族阶层。1730 年，法国第一家香精香料生产公司诞生在南部城市格拉斯，被称为“法国香水的摇篮”。直到现在，格拉斯还一直承担着为法国名牌香水销售公司配制香水的业务，是巴黎各大香水厂的原料供应地。全世界 80%的纯正香水产自这里，为法国赢得了“香水之国”的美誉。

法国的香水种类不计其数，有许多世界顶级品牌，如朗万（LANVIN）、香奈儿、纪梵希、兰蔻（LANCOME）、洛丽塔 • 朗皮卡（Lolita Lempicka）、娇兰（GUERLAIN）、雅诗兰黛（Estee Lauder）等。

（资料来源：https://wenku.baidu.com/view/3e20e4574028915f804dc2b5.html，节选，有改动）

（2）饮食

法国菜选料广泛，讲究色、形和营养。法国人烹调时，特别注重新鲜、原味，烹调方法以煎、炸、烧、烤、炒为主；配料使用大量的酒、牛油、鲜奶油及各种香料；肉食以牛肉、鸡肉、猪肉为主。法国人喜欢吃鱼子酱、鹅肝、松露菇，不喜欢吃肥肉、动物内脏。最让法国人引以为荣的食物是面包、奶酪和葡萄酒。法式面包外皮和里面都很硬，但脆而不碎。法国每年人均奶酪消费量居世界首位，使法国成为名副其实的“奶酪之国”。法国葡萄酒在世界上名气最大，具有浓郁柔和的特点。法国人注重菜肴和酒的搭配，吃红肉时配红葡萄酒，吃沙拉、汤和鱼虾海味时喝白葡萄酒或玫瑰酒。一顿标准式法国大餐的上菜顺序主要为冷盘菜、汤类、主菜和甜品。

（3）礼仪

法国是一个十分讲究礼仪的国家，现在欧美流行的许多礼仪多数源自法国。法国人见面时，通常行握手礼。男女之间以及女士之间见面时，还常用亲面颊或贴面颊代替相互间的握手，长辈对晚辈表示礼貌的动作是亲吻额头。

法国人在日常生活中较重视进屋脱帽、坐立端正、服装整洁等良好的行为习惯。法国人用餐时，两手可以放在餐桌上，但不允许两肘支在桌子上。

（4）禁忌

法国人忌讳数字 13 和星期五。除非关系比较融洽，法国人一般不互相送礼。送礼时，宜选择具有艺术品位和纪念意义的物品，如唱片、画作或名人传记、历史评论及回忆录等书籍，也可以送巧克力、香槟等，但不适合送刀、剑、剪、餐具（意味着双方会割断关系），带有明显广告标志的物品也不适宜。接受礼品时，应当着送礼者的面打开包装。法国人大多喜欢蓝色，认为其代表宁静和忠诚，忌讳黄色与墨绿色，黄色在法国是不忠诚的象征，墨绿色在第二次世界大战期间是德国纳粹军服的颜色，被人们所厌恶。

花卉忌送菊花、水仙花及黄色的花。忌讳送带有仙鹤图案的礼物。法国人还视孔雀为恶鸟，忌讳乌龟。法国人极其注重个人隐私，所以与他们谈话要尽量回避个人问题，同时也要避免政治倾向和金钱之类的话题。

4. 文化艺术

法国的文化艺术在世界上享有极高的声誉，是世界文化艺术宝库中重要的组成部分。法国文学最初形成于中世纪，《斯特拉斯堡誓词》被看作法国文学起源的标志。文艺复兴时期，拉伯雷的长篇小说《巨人传》体现了新兴资产阶级对封建意识和教会神权的反抗精神，是法国长篇小说的先河之作。蒙田的《蒙田随笔集》开创了欧洲近代散文的体裁。17 世纪，法国古典文学的创作进入全盛时期，代表人物有莫里哀、拉封丹等，代表作品有《伪君子》《悭吝人》《拉封丹寓言》等。

18 世纪是法国启蒙文学的开始，但古典主义戏剧仍然占据着统治地位，有伏尔泰、狄德罗、博马舍等人。在这一时期，小说成了启蒙思想家宣扬哲理的工具，卢梭、孟德斯鸠是最主要的代表人物。19 世纪，法国的文学以浪漫主义和现实主义为特色，出现的文学家更是群星灿烂，有雨果、大仲马、巴尔扎克、小仲马、莫泊桑、福楼拜、司汤达、罗曼·罗兰等，他们的巨著成为世界文学的瑰宝。截至 2017 年，法国先后有 16 人获得诺贝尔文学奖。

法国的艺术在 11～12 世纪进入繁荣阶段，巴黎圣母院就是 12～13 世纪典型的哥特式教堂。弗朗索瓦·克洛埃是法国 16 世纪文艺复兴之初最有才华的艺术家，被称为“时代的光荣”。印象主义画派的代表人物莫奈被称为“水上拉斐尔”。法国的歌剧、芭蕾舞和音乐在世界上享有盛誉。德彪西、柏辽兹是闻名世界的音乐大师。

法国人喜爱体育运动。法国足球甲级联赛是世界顶级的足球联赛之一。法国网球公开赛是网球顶级赛事之一。环法自行车赛是知名的世界自行车赛事。

知识链接 3-4

法国戛纳国际电影节

法国戛纳国际电影节是国际上最有影响力的电影节之一。它与德国柏林国际电影节、意大利威尼斯国际电影节、加拿大蒙特利尔国际电影节和捷克卡罗维发利国际电影节被国际电影联合会确定为世界五大电影节。

法国戛纳国际电影节是在 1939 年为了对抗当时受意大利法西斯政权控制的威尼斯国际电影节而创办的。第二次世界大战结束后，1946 年 9 月 20 日在法国南部旅游胜地戛纳举办了首届电影节。法国戛纳国际电影节最高奖为“金棕榈奖”。

（资料来源：https://baike.baidu.com/item/戛纳国际电影节/187315?fr=aladdin，节选，有改动）

（三）旅游资源

法国的旅游资源非常丰富，截至 2017 年 7 月，列入联合国教科文组织《世界遗产名录》的自然与文化遗产有 43 项，包括 39 项文化遗产、3 项自然遗产、1 项自然和文化双重遗产，遗产数量名列世界第四位。

1. 名城

（1）巴黎

巴黎位于法国北部巴黎盆地的中央，横跨塞纳河两岸，是法国的首都，素有“世界花都”之称，是全国的政治、经济、文化、商业中心。巴黎建都已有 1 400 多年的历史，它不仅是法国，也是西欧的一个政治、经济和文化中心。巴黎是历史之城、美食之都和浪漫之都。同时，巴黎还是著名的世界艺术之都、印象派美术发源地、芭蕾舞的诞生地、欧洲启蒙思想运动的中心、电影的故乡和现代奥林匹克运动会的创始地。2017 年 8 月 1 日，国际奥委会宣布巴黎成为 2024 年第 33 届夏季奥林匹克运动会主办城市。巴黎又是世界公认的文化之都，大量的科学机构、研究院、图书馆、博物馆、电影院、剧院、音乐厅分布于全市的各个角落。巴黎的著名景点有埃菲尔铁塔、凯旋门、卢浮宫博物馆、巴黎圣母院、塞纳河畔、凡尔赛宫等。

（2）马赛

马赛是法国的第二大城市和最大贸易港口，东南临地中海，是法国国歌《马赛曲》的诞生地。其始建于公元前 6 世纪，是一座有着 2 500 年悠久历史的古城。马赛集中了法国 40%的石油加工工业。2017 年 7 月，马赛国际商贸城建成并投入使用，为马赛与欧洲、中东、中国各大贸易港的海上运输架起了桥梁，是马赛对接“一带一路”的重要标志。马赛的伊夫城堡因为大仲马的小说《基督山伯爵》而被人们熟知。

（3）里昂

里昂位于法国东南部，是仅次于巴黎和马赛的第三大城市。里昂是欧洲最重要的丝绸产地和贸易中心，在罗马时代就相当繁荣。里昂也是法国乃至欧洲重要的文化与艺术中心，里昂旧城中心分布有许多中世纪的建筑和教堂，因红瓦屋顶而被称为“拥有一颗粉红的心脏之城”，1998 年被联合国教科文组织列为《世界遗产名录》。里昂也是世界电影的诞生地和第二次世界大战期间参加抵抗运动的城市，此外，里昂还是国际刑警组织总部所在地。

（4）普罗旺斯

普罗旺斯是法国东南部的一个地区，毗邻地中海，是世界闻名的薰衣草故乡，出产优质葡萄酒。普罗旺斯的吕贝隆山区塞南克修道院建于 12 世纪，是最著名的薰衣草观赏地，被称为“全法国最美丽的山谷之一”。普罗旺斯农产品丰富，橄榄油、大蒜与西红柿最能代表当地的烹调特色，普罗旺斯还是世界最重要的黑松露产地。

2. 名胜古迹

图 3.4 埃菲尔铁塔

（1）埃菲尔铁塔

埃菲尔铁塔（图 3.4）位于巴黎市中心塞纳河南岸，是世界上第一座钢铁结构的高塔，被看作现代巴黎的标志与象征。埃菲尔铁塔建于 1887～1889 年，是为了纪念 1789 年法国资产阶级革命 100 周年和在巴黎举行的国际博览会而建，并以铁塔的设计者古斯塔夫·埃菲尔名字命名。埃菲尔铁塔总高 324 米，外形呈 A 形或倒 Y 形，代表了法国工业革命后现代艺术在建筑领域的技术杰作，是法国吸引游客最多的建筑之一。

（2）卢浮宫博物馆

卢浮宫也译作罗浮宫，地处巴黎市中心的塞纳河北岸，是法国文艺复兴时期最珍贵的建筑物之一，它和英国伦敦大英博物馆、俄罗斯圣彼得堡艾尔米塔什博物馆、美国纽约大都会艺术博物馆并称为世界四大博物馆。卢浮宫始建于 1204 年，当时是法国王室的城堡，后历经 700 多年的扩建和重修才形成今天的规模。卢浮宫以收藏丰富的古典绘画和雕刻闻名于世，如今博物馆收藏目录上记载的艺术品数量已达 40 万件，其中，《断臂维纳斯》雕像、《蒙娜丽莎》油画和《胜利女神》石雕享有“宫中三宝”的美誉。卢浮宫不仅因为藏有极其丰富的珍品而著名，而且其建筑物本身就是一件杰出的艺术品。

（3）巴黎圣母院

巴黎圣母院位于巴黎市中心塞纳河中的西岱岛上，始建于 1163 年，前后历时 180 多年，直到 1345 年全部建成，是一座典型的哥特式教堂。整个建筑全部由石头砌成，在西方建筑史上被誉为“由巨石构成的交响乐”，成为后世许多教堂的设计建造蓝本。教堂内外部的雕像、壁画和玫瑰玻璃窗精美绝伦，这里还珍藏着 13～17 世纪的大量艺术珍品。巴黎圣母院是法国各种重要典礼仪式的活动场所，拿破仑 1804 年就是在这里加冕称帝，又因法国作家雨果的著名小说《巴黎圣母院》而驰名世界。

图 3.5 凯旋门

（4）凯旋门

凯旋门（图 3.5）位于巴黎市戴高乐广场中央，四面各有一门，门上有许多精美雕刻。正面是四幅以战争为题材的大型浮雕，其中最著名的就是《马赛曲》浮雕，表现了一群朝气蓬勃的战士跟随自由女神准备出发的场景。其修建于 1806 年，是为纪念拿破仑一世 1805 年 12 月在奥斯特尔里茨战役中打败俄奥联军而建，历时 30 年，于

1836 年落成。

（5）凡尔赛宫

凡尔赛宫位于巴黎西南郊，是法国最宏大、最豪华的皇家宫苑，是法国古典主义建筑最杰出的代表作，被誉为“人类艺术宝库中的一颗璀璨明珠”，凡尔赛宫于 1979 年被联合国教科文组织列为世界文化遗产，1937 年开始对外开放。凡尔赛宫也是至高权力的象征，很多重大历史事件发生在这里，如 1919 年 6 月 28 日，法国、英国、美国等国同德国签订《凡尔赛和约》，宣告第一次世界大战结束。凡尔赛宫现在是法国总统和其他领导人举办外事活动、召开国际会议和签署国际条约的主要地方。

（6）爱丽舍宫

爱丽舍宫是法国总统官邸，位于巴黎香榭丽舍大街。“爱丽舍”在希腊语中为“乐土、福地”的意思。爱丽舍宫始建于 18 世纪初，距今已有 300 多年的历史，1879 年被正式确定为总统府，现在已成为法国政府的代称。从 2012 年 10 月 28 日起，爱丽舍宫花园每月对公众开放一次，游客可以近距离地观赏爱丽舍宫。

第二节　南 欧 地 区

南欧是欧洲南部的简称，是指阿尔卑斯山脉以南的巴尔干半岛、亚平宁半岛、伊比利亚半岛及附近岛屿，包括罗马尼亚、保加利亚、塞尔维亚、黑山、马其顿、阿尔巴尼亚、希腊、斯洛文尼亚、克罗地亚、波斯尼亚和黑塞哥维那、意大利、梵蒂冈、圣马力诺、马耳他、西班牙、葡萄牙、安道尔共 17 个国家。南欧地区隔地中海与亚、非两洲相望，自古以来与西亚及北非往来密切，是重要的古文明起源地。对西方世界而言，南欧地区更是孕育了古希腊、古罗马文化，确立了早期的基督教社会，为西方的思想及知识体系奠定了基础。

一、希腊

（一）基本国情

1. 自然地理

希腊的全称为希腊共和国，位于欧洲东南部的巴尔干半岛最南端，北与阿尔巴尼亚、马其顿、保加利亚相接，东北与土耳其的欧洲部分接壤，西南临爱奥尼亚海，东濒爱琴海，南隔地中海与非洲大陆相望。希腊领土包括巴尔干半岛南部的伯罗奔尼撒半岛和爱琴海中的 3 000 多个岛屿，是连接欧、亚、非三洲之间往来的交通要道，具有重要的战略意义。

希腊是一个多山的国家，山地面积占全国总面积的 3/4 左右，沿海有低地平原分布。多半岛、岛屿，其中最大半岛是伯罗奔尼撒半岛，最大岛屿为克里特岛。大部分地区为亚热带地中海气候，冬季温和多雨，夏季高温少雨，气候干燥，日照强烈。因此，希腊被称为“欧洲的阳台”。

国土面积：131 957 平方千米，其中 15%为岛屿。

2. 简史

希腊是西方文明的发祥地。公元前 3000～前 1100 年，克里特岛曾出现米诺斯文化，公元前 1600～前 1050 年，伯罗奔尼撒半岛出现迈锡尼文化，在吸收米诺斯文化的基础上，衍生出早期的希腊语。迈锡尼文化衰落后，希腊历史进入黑暗时期，《荷马史诗》记述了当时的社会情况，这一时期称为“荷马时代”。

公元前 8 世纪～前 6 世纪，希腊半岛、爱琴海诸岛以及小亚细亚沿岸形成了 200 多个城邦国家，其中雅典、斯巴达较为发达。公元前 776 年，希腊举行了第一届古代奥林匹克运动会，使希腊各邦拥有了共同的传统节日和历史纪年。随着人口的增长和社会经济的发展，希腊不断扩大殖民范围，先后建立了数百个移民区。

公元前 492～前 449 年，希波战争爆发，最后以希腊的胜利而告终。公元前 431～前 404 年，伯罗奔尼撒战争爆发，最终雅典失败，希腊古典文明也由全盛走向衰落。公元前 146 年并入罗马帝国。15 世纪中期希腊被奥斯曼帝国统治。1821 年 3 月 25 日，希腊爆发独立战争，同时宣布独立。1832 年，希腊第一共和国成立。1924 年，希腊第二共和国成立。1935 年，希腊恢复君主制。1974 年 12 月，希腊举行公民投票，废除君主制，希腊第三共和国成立。1981 年，希腊加入欧盟。

3. 政治

希腊国家体制为总统议会共和制，总统为国家元首，任期 5 年，可连任一次。立法权属议会和总统，行政权属总理，司法权由法院行使。1986 年通过的宪法修正案使总统的权力缩小。希腊议会为一院制，议会的主要职能是立法和监督政府工作。希腊最高司法机构包括最高法院、最高行政法院及检察机构。法院分为初级、上诉及最高法院三级。

4. 经济

希腊是巴尔干地区最大的经济体。在欧盟国家中，希腊属中等发达国家之一，经济基础较薄弱，工业制造业较落后，海运业、旅游和侨汇并列为国家外汇收入的三大支柱。希腊农业较发达，可耕种地面积占国土面积的 30%。希腊主要农产品都能自给自足，水果蔬菜可批量出口欧洲等地，只进口少量肉、奶及调剂类农产品。希腊主要工业有采矿、冶金、食品加工等。

货币：欧元。

（二）人文习俗

1. 民族、语言、人口、宗教

民族：居民中98%以上为希腊人，其余为伊斯兰教教徒及其他少数民族。

语言：官方语言为希腊语。

人口：1 074 万人（2018 年）。

宗教：东正教为国教。

2. 主要节日

独立日：3 月 25 日，也是希腊的国庆日，是为了纪念 1821 年希腊反对奥斯曼帝国统治兴起的反抗运动而设立的节日。

抗击意大利入侵日：10 月 28 日。

复活节：春分月圆后第一个星期日。

3. 民俗风情

（1）服装

古希腊传统服饰以优雅、飘逸见长，采用轻薄的纱质、缎质面料，体现了服装的垂顺感，胸线以下多为直筒轮廓。传统服饰通常由几块布料围住身体，再以胸针或扣结系住，形式简便。宽松的设计加上褶皱、垂坠和立体花卉的白色成了希腊式服装的经典搭配，对后世服饰的发展和演变有着重大的影响。

（2）饮食

希腊人的主食以面食为主，米饭通常是调剂食品，副食喜食鱼肉、牛肉、羊肉、虾、蟹、火鸡肉，爱吃土豆、豌豆、番茄、辣椒等蔬菜。调料爱用番茄汁、辣椒粉、胡椒粉、橄榄油、蒜、盐。橄榄油是希腊人的基本生活所需，通常用于生食、凉拌或色拉。希腊人讲究菜肴的营养成分，注重菜品的香、脆，喜爱在咖啡中加入浓浓的奶油。

（3）礼仪

在希腊流传着一句民谚："人也罢，神也罢，进了家门都应该被当成神来接待。"无论是准点赴约的客人，还是突然到来的不速之客，主人都会奉若上宾，热情款待。希腊人在待客时，通常会取出家里最好的食物请客人品尝，有时他们还会邀请客人和自己共舞。希腊商人谈生意时，主人先请客人喝浓浓的希腊咖啡或希腊烈酒，如果客人贸然拒绝，会被视为对对方的羞辱。在希腊，见面礼节是握手与拥抱，前者适用于一般场合，后者则多见于亲友之间。亲吻礼在希腊人中也被广泛使用。

（4）禁忌

希腊人平时不使用招手和摆手的动作，认为这是蔑视人的一种行为。他们认为长时间地凝视他人是不怀好意的表现。当众打喷嚏和用手帕擦鼻涕，是希腊人十分忌讳的动作。希腊人忌讳数字 13 和星期五。在颜色方面，他们忌讳黑色，尤其厌恶黑猫。与希

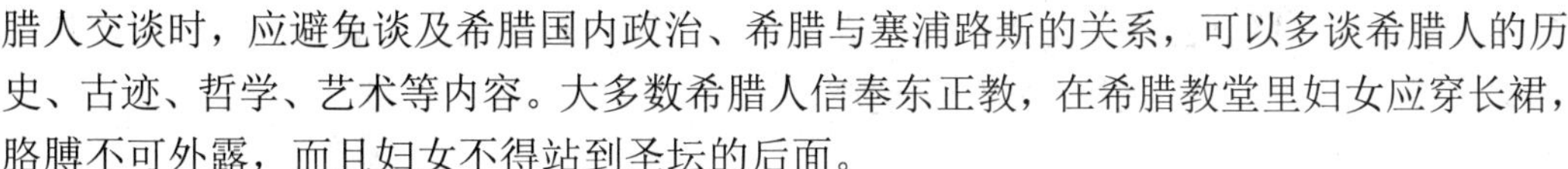

腊人交谈时，应避免谈及希腊国内政治、希腊与塞浦路斯的关系，可以多谈希腊人的历史、古迹、哲学、艺术等内容。大多数希腊人信奉东正教，在希腊教堂里妇女应穿长裙，胳膊不可外露，而且妇女不得站到圣坛的后面。

4. 文化艺术

希腊被誉为“西方文明的摇篮”，是西方哲学、西方戏剧、西方文学、历史学、民主政治、科学、数学原理及奥林匹克运动会的发源地，对世界历史的发展和文化的进步产生了巨大影响。

古希腊神话是西方世界最早的文学形式。《荷马史诗》是西方文学史上最早的正式书面文学作品，包括《伊利亚特》和《奥德赛》两部分。公元前 8 世纪～前 6 世纪的文学主要成就包括抒情诗和寓言，如我们熟知的《伊索寓言》等。古希腊著名的历史学家有希罗多德、修昔底德、色诺芬，其中希罗多德被西方史学界誉为“历史之父”，修昔底德著有《伯罗奔尼撒战争史》，色诺芬的代表作是《希腊史》。

公元前 6 世纪～前 4 世纪是古希腊发展的全盛时期，这一时期古希腊文学成就最高的是戏剧。悲剧作家以埃斯库罗斯、索福克勒斯和欧里庇得斯为代表。古希腊喜剧产生于言论比较自由的民主政治繁荣时期，但为人们熟知的喜剧作家只有阿里斯托芬，他被誉为“喜剧之父”。

古希腊最被人称道的 3 位雕刻家是米隆、波吕克利特、菲狄亚斯。米隆的代表作是《掷铁饼者》，波吕克利特代表作品是《持矛者像》，菲狄亚斯的作品以《雅典娜神像》和《宙斯神像》著称。

在建筑方面，希腊人善用柱廊，创造了多立克、爱奥尼、科林斯 3 种石柱的形式，被西方建筑沿袭，帕特农神庙是希腊建筑的杰出代表。直到今天，雅典卫城依然被学者们誉为“希腊建筑艺术的博物馆”。

知识链接 3-5

古代奥林匹克运动会

古代奥林匹克运动会（以下简称“古代奥运会”）最早开始于公元前 776 年，到公元 394 年为止，共举行了 293 届。古代奥运会是为祭祀宙斯神而定期举行的体育竞技活动。

在长达 1 000 年的时间里，古代奥运会项目逐步扩大，从单一的赛跑发展为摔跤、五项全能、拳击、赛马、角斗、战车赛、武装赛跑等项目，最多时达 23 项。虽然古代奥运会的比赛项目带有明显的军事烙印，但是奥运会本身是整个希腊民族集聚的盛会，对希腊文化、经济的繁荣起到了积极作用。

（资料来源：https://baike.baidu.com/item/古代奥林匹克运动会/855626?fr=aladdin，节选，有改动）

（三）旅游资源

希腊以悠久的历史和独特的地中海自然风光吸引了世界各地的旅游者。截至 2017 年

7 月，希腊列入联合国教科文组织《世界遗产名录》的自然与文化遗产有 18 项，包括 16 项文化遗产、2 项文化与自然双重遗产。

1. 名城

（1）雅典

雅典是希腊的首都和最大的城市，位于巴尔干半岛南端。雅典有记载的历史长达 3 000 多年，被誉为“西方文明的摇篮”。雅典也是欧洲哲学的发源地，对欧洲及世界文化产生了重大影响，诞生了苏格拉底、柏拉图等历史名人，被称为“民主的起源地”。雅典至今仍保留了很多历史遗迹和大量的艺术作品，其中最著名的是雅典卫城的帕特农神庙，被视为西方文化的象征。雅典是奥林匹克运动会的起源地，曾先后在 1896 年和 2004 年举办过第 1 届和第 28 届夏季奥运会。

（2）塞萨洛尼基

塞萨洛尼基是希腊北部最大的港口城市和第二大经济、文化中心，也是东南欧主要的交通枢纽，曾是古代马其顿王国的首都。塞萨洛尼基以建有大量的拜占庭建筑和一些重要的奥斯曼帝国时期、早期的基督教建筑而知名，其中最具代表性的有高 33 米的塞萨洛尼基白塔、圣索非亚大教堂。建于 1925 年的亚里士多德大学，以哲学、神学和考古专业享誉世界。1988 年，塞萨洛尼基的早期基督教和拜占庭建筑被联合国教科文组织列入《世界遗产名录》。

（3）帕特雷

帕特雷位于伯罗奔尼撒半岛西北部，是希腊西部通往意大利和爱琴海东岸的重要港口城市，希腊的第三大城市。帕特雷里翁-安提里翁大桥把希腊大陆的西南角和伯罗奔尼撒半岛的西北角连接起来，成为帕特雷的现代地标。著名景点有古罗马剧场、圣安德烈教堂、帕特雷灯塔。

（4）斯巴达

斯巴达是古代希腊城邦之一，位于希腊半岛南部。斯巴达三面环山，自古以来一直是战略要塞。古代斯巴达以其严酷纪律、独裁统治和军国主义而闻名。在伯罗奔尼撒战争中，斯巴达及其同盟者战胜雅典军队并霸占整个希腊。今天的斯巴达是 1834 年重建的，市内古迹已不多见。

图 3.6　雅典卫城遗迹

2. 名胜古迹

（1）雅典卫城

雅典卫城（图 3.6）建造于雅典西南海拔约 150 米的卫城山丘上，是祭祀雅典城的守护神雅典娜的圣地，集古希腊建筑与雕刻艺术之大成。雅典卫城始建于公元前 580 年，1987 年被列入《世界遗产名录》。希波战争中，雅典卫城被波斯军队彻底破坏。战争结束后雅典人花费了 40 年的时间重新修建了卫城，修建材料全部采用白色大理石。现存的主要建筑有帕特农神庙、伊瑞克提翁神庙、埃雷赫修神庙等，在建筑学史上具有重要地位，但现在大多仅存遗迹。雅典卫城是欧洲最古老且保存最完整的古典文明遗迹，每年都吸引着超过 300 万人的旅游者前来观光。

（2）奥林匹亚遗址

奥林匹亚遗址位于希腊伯罗奔尼撒半岛西部，是奥林匹克运动会的发源地，每一届奥林匹克运动会的圣火都在这里点燃，1989 年被列入《世界遗产名录》。奥林匹亚遗址的中心是宙斯神庙（图 3.7），建于公元前 470 年，神庙由 104 根科林斯柱支撑（现仅存 13 根），高约 17 米。位于宙斯神庙附近的运动场是世界上现存最古老的运动场。现存遗址上有 1883～1886 年修建的奥林匹亚考古博物馆，是希腊第一座地方博物馆，赫耳墨斯大理石雕塑被视为镇馆之宝。

图 3.7 宙斯神庙遗迹

（3）罗德岛

罗德岛是希腊第四大岛，位于爱琴海和地中海的交界处。罗德岛与土耳其隔马尔马拉海相望，是希腊最大的旅游中心，也是爱琴海地区文明的起源地之一，更是欧洲日照资源最丰富的地区。

（4）圣托里尼岛

圣托里尼岛地处希腊大陆东南的爱琴海上，是由火山组成的岛环。其中，最大的一个岛也叫圣托里尼岛，由 3 个小岛组成，以黑砾滩和黑沙滩为主要特色。圣托里尼岛被誉为“爱琴海最璀璨的一颗明珠”，岛上的建筑蓝白相间，衬以蔚蓝大海，是艺术家、摄影家的天堂。在这里还可以欣赏到“日落爱琴海”的美景。

二、意大利

（一）基本国情

1. 自然地理

意大利地处欧洲南部，陆界北部分别与法国、瑞士、奥地利和斯洛文尼亚接壤，东、西、南三面分别临地中海的属海亚得里亚海、爱奥尼亚海和第勒尼安海。领土由阿尔卑斯山南麓、波河平原地区、亚平宁半岛和位于地中海的西西里岛、撒丁岛及其他岛屿组成，其中亚平宁半岛占领土面积的 80%左右。

意大利地形以山丘为主，境内分布有阿尔卑斯山脉和亚平宁山脉。北部有波河平原，土壤肥沃，农业发达。意大利境内多火山和地震，波河是意大利最大的河流，发源于阿尔卑斯山南麓，台伯河是流经首都罗马的主要河流。

国土面积：301 333 平方千米。

2. 简史

意大利是欧洲历史古国，公元前 9 世纪，伊特鲁里亚人在这里曾创造了灿烂的文明。公元前 3 世纪末期，古罗马人占领了伊特鲁里亚城。公元前 509 年，古罗马人建立罗马共和国，逐步征服了意大利半岛。公元前 3 世纪～前 2 世纪，成为横跨亚、非、欧三大洲，称霸地中海的大国。公元前 27 年，罗马共和国进入帝国时代。公元 476 年，西罗马帝国灭亡，东罗马帝国于 1453 年灭亡。

15 世纪，人文主义和文艺复兴运动在意大利应运而生，16 世纪在欧洲广泛传播。1861 年 3 月建立意大利王国，1870 年攻克罗马，完成领土统一。此后，意大利同其他欧洲列强进行殖民扩张竞争。第一次世界大战时，获得了东北部的特伦蒂诺、上阿迪杰、威尼斯·朱利亚和多德卡尼索斯等地区。1922 年 10 月 31 日，墨索里尼上台执政，实行长达二十余年的法西斯统治；其间入侵埃塞俄比亚（1930～1936 年）、帮助佛朗哥在西班牙打内战和与德国结成罗马-柏林轴心（1938 年），随后卷入第二次世界大战（1939～1945 年）并沦为战败国。1946 年，组成共和国第一届政府。1948 年，参加马歇尔计划并积极参加欧洲一体化进程，是欧盟创始国之一。

3. 政治

意大利现行宪法于 1947 年 12 月 22 日由立宪大会通过，1948 年 1 月 1 日颁布，2001 年 10 月 7 日，全民公决通过修改后的宪法。宪法规定，意大利是一个建立在劳动基础上的民主共和国、议会共和制国家。总统为国家元首和武装部队统帅，代表国家的统一，由参、众两院联席会议选出。总理由总统任命，对议会负责。意大利议会是最高立法和监督机构，由参议院和众议院组成。两院具有同等权力，各自可通过决议，但两院决议相互关联。除少数终身参议员外，参、众议员均由普选产生，任期 5 年。意大利最高司法委员会是最高司法权力机构，拥有独立司法体制和任命、分配、调遣、晋升法官等权力。

4. 经济

意大利是发达工业国家，是欧盟内仅次于德国的第二大制造业强国。中小企业占企业总数的 99.8%以上，堪称“中小企业王国”。农、林、渔业占 GDP 比例为 2.4%。意大利是欧盟内仅次于法国的第二大农业国，农产品质量享誉世界，239 种农产品获得欧盟最高认证，是欧盟国家中拥有该级别认证最多的国家。2010 年，意大利葡萄酒产量超过法国，成为世界最大葡萄酒生产国，主要出口德国、美国和英国。服务业发展较快，始终保持上升势头，在国民经济中占有重要地位，产值占其国民生产总值的 2/3。

意大利对外贸易出口产品主要有葡萄酒、橄榄油及蔬菜肉类加工制成品，其中橄榄油出口量位居世界前列。意大利是世界著名的跑车生产国，法拉利、兰博基尼、玛莎拉蒂、阿尔法·罗密欧等品牌驰名世界。意大利旅游业发达，是世界第五大旅游国，旅游收入是其弥补国家收支逆差的第二大来源，仅次于服装出口业。

货币：欧元。

（二）人文习俗

1. 民族、语言、人口、宗教

民族：主要是意大利人。

语言：主要讲意大利语，西北部的瓦莱·达奥斯塔、东北部的特伦蒂诺-上阿迪杰和弗留利-威斯尼·朱利亚等少数民族地区分别讲法语、德语和斯洛文尼亚语。

人口：6 080 万（2018 年 10 月）。

宗教：大部分居民信奉天主教。

2. 主要节日

主显节：1 月 6 日。纪念耶稣显灵的节日，也是意大利的儿童节。

解放日：4 月 25 日。

国庆日：6 月 2 日。1946 年 6 月 2 日，意大利全民投票正式废除君主制，建立意大利共和国。

圣母升天节：8 月 15 日。可以追溯到 2 000 多年前的古罗马，通常意大利人要在 8 月节前后度假。

万圣节：11 月 1 日。

3. 民俗风情

（1）服装

意大利的民间服饰，保留了许多古老的传统，所用质料大多为亚麻布、天鹅绒和丝绸。女性丝绸衬衣、内衣常饰以花边和刺绣，即使在亚麻布制成的围裙上也饰以彩色的窄条装饰。意大利南部的妇女常年披着头巾，即便戴帽子也要把头巾罩在帽外，女性盛装时着宽松的黑色衬衣加上饰以红色缎带的白色围裙，衬衣外再穿上长袖的黑色或蓝色天鹅绒外套。西西里岛上的意大利男子的传统服饰常以白色为主调，白色的衬衣领子竖起并饰以刺绣，紧身裤也是白色的，有时罩上红色的背心和外套，上面装饰着刺绣花纹和穗带。

意大利是世界上最著名的时尚国度，孕育了许多世界一线服装品牌，有的品牌长达百年历史。著名服装名牌有贝博洛斯（Byblos）、华伦天奴（Valentino）、古驰（Gucci）、阿玛尼（Armani）、芬迪（Fendi）、范思哲（Versace）、莫斯奇诺（Moschino）、普拉达（Prada）等。从 1979 年起，米兰成为意大利时装的中心，米兰时装周与巴黎时装周、纽约时装周、伦敦时装周并称为国际四大著名时装周。

（2）饮食

意大利菜被誉为“欧洲大陆烹饪之始祖”，现在包括法国菜系在内的多国菜系都是在意大利餐饮基础上发扬光大的。意大利菜多以海鲜为主料，辅以肉类，配菜有卷心菜、胡萝卜、龙须菜、莴苣、土豆、香葱等。烹调方法通常采用煎、炒、炸、煮、红烩或红焖，喜加蒜蓉和干辣椒，火候一般是六七成，具有味厚、香鲜、原汁、微辣、硬韧的特点。意大利菜在烹制时，通常还佐以橄榄油、干白酪、香料、西红柿、马沙拉白葡萄酒等，被誉为“意大利菜肴调理上的灵魂”。意大利主食以面食为主，著名的有意大利面、比萨饼等。意大利无论男女都爱饮酒，甚至喝咖啡时也要掺酒以增加其香味，所以意大利人有一句口头禅——“不愿花时间就别喝酒”。

（3）礼仪

意大利人平常见面一般是握手或招手示意。遇到长者、有地位或不太熟悉的人，要称呼对方的姓，加上“先生”“太太”“小姐”等称呼或荣誉职称。在意大利，女士处处享有优先的权利，特别是在各种社交场合。去意大利人家做客时可带些小礼物，如葡萄酒、甜食、巧克力、鲜花或者民族特色的小工艺品，礼物一般习惯当面打开。意大利人在安排座位时，一般男女互相错开。在意大利吃面条时，要用叉子把面条卷起来送到嘴里，不可以用嘴吸食，尤其在喝汤时不要发出声响。意大利人喜爱看歌剧，到歌剧院看歌剧时大多穿着讲究、举止优雅，尤其是男士，要穿晚礼服或西装、打领带，在看歌剧期间，不要发出任何怪声和大声评论，对演员的精湛演出应报以热烈的掌声。

（4）禁忌

意大利人忌讳数字 13 和星期五，认为 13 这一数字象征着“厄兆”，星期五也是不吉利的象征。在赠送纪念品时，切忌送手帕，意大利人认为手帕是离别时擦眼泪用的，是不祥之物。颜色忌紫色。

意大利人忌讳菊花，因为菊花是丧葬场合使用的花。送花时，花朵应为单数，但要避开 13 朵，红玫瑰表示对女性的喜爱，一般不适合随意赠送。另外，意大利人忌讳带有仕女像、十字花的图案。

4. 文化艺术

意大利是欧洲文化的摇篮，曾孕育了罗马文化和伊特拉斯坎文明，是欧洲文艺复兴的发源地。文艺复兴前期，但丁、彼特拉克、薄伽丘并称“文坛三杰”，其中但丁是欧洲文艺复兴时期的开拓人物之一，也是现代意大利语的奠基者，代表作有《神曲》《新生》等。著名旅行家马可·波罗的《马可·波罗游记》对沟通东西方文化起到重要作用。

在艺术方面，意大利的绘画和雕塑享有极高的声誉。达·芬奇、米开朗基罗和拉斐尔并称“文艺复兴三杰”。其中，达·芬奇的代表作《最后的晚餐》是举世闻名的不朽之作，《蒙娜丽莎》的神秘微笑，为后世确立了半身肖像画的模式。

意大利许多著名的建筑都是建筑史上璀璨的明珠。拜占庭式、罗马式、哥特式和巴洛克式是意大利四大建筑特色。

意大利是一个体育强国，体育运动的开展较为广泛。1956 年的科蒂纳丹佩佐冬季奥运会、1960 年的罗马夏季奥运会和 2006 年的都灵冬季奥运会都是在意大利举办的。意大利被誉为“世界足球王国”之一，曾赢得 4 届世界杯冠军。

知识链接 3-6

文艺复兴运动

文艺复兴运动是指发生在 14～16 世纪的一场反映新兴资产阶级要求的欧洲思想文化运动。“文艺复兴”的概念在 14～16 世纪时已被意大利的人文主义作家和学者使用。当时的人们认为，文艺在希腊、罗马古典时代曾高度繁荣，但在中世纪“黑暗时代”衰败湮没，直到 14 世纪后才获得“再生”与“复兴”，因此称之为“文艺复兴”。文艺复兴最先在意大利各城市兴起，其后扩展到西欧各国，16 世纪达到顶峰，带来科学与艺术的革命，揭开了近代欧洲历史的序幕，被认为是中古时代和近代的分界。文艺复兴的代表人物有但丁、达·芬奇、莎士比亚等。

（资料来源：https://baike.baidu.com/item/文艺复兴/93247?fr=aladdin，节选，有改动）

（三）旅游资源

意大利以适宜的气候、优美的地中海沿岸风光、悠久的历史闻名于世。截至 2018 年 7 月，意大利列入联合国教科文组织《世界遗产名录》的自然与文化遗产有 54 项，数量为世界第一，包括 49 项文化遗产和 5 项自然遗产。

1. 名城

（1）罗马

罗马是意大利的首都，全国的政治、经济、文化和交通中心，位于意大利半岛中西部，台伯河入地中海处的平原区。罗马是古罗马文化的发祥地，已有 2 500 多年历史，是世界著名的历史文化名城。由于它建在七座山丘之上，而且历史悠久，因此被称为“七丘城”和“永恒之城”。罗马也是全世界天主教会的中心，有 700 多座教堂与修道院、7 所天主教大学。文艺复兴时期，罗马与佛罗伦萨同为意大利文艺复兴的中心。1980 年，罗马的历史城区被联合国教科文组织列入《世界遗产名录》。著名景点有古罗马竞技场、万神殿、罗马国立博物馆。

（2）威尼斯

威尼斯是举世闻名的水上之城，位于意大利东北部，是亚得里亚海威尼斯湾西北岸

图 3.8 贡多拉

的重要港口，有“亚得里亚海上明珠”的美称，1987 年被联合国教科文组织列入《世界遗产名录》。威尼斯由 118 座岛屿和邻近一个半岛组成，117 条水道和 400 多座桥梁纵横交叉，“因水而生，因水而美，因水而兴”，被誉为“水城”“水上都市”“百岛城”。威尼斯是世界上唯一没有汽车的水上城市，贡多拉（图 3.8）是人们出行的主要代步工具。威尼斯著名景点有凤凰歌剧院、圣马可大教堂、叹息桥。

知识链接 3-7

威尼斯的贡多拉

贡多拉是威尼斯独具特色的尖舟，这种轻盈纤细、造型别致的小舟一直是威尼斯人代步的工具。贡多拉的历史悠久，最盛行时期是 11 世纪。16 世纪，贵族们经常乘坐用缎子和丝绸装饰、雕刻精美的贡多拉出行，以此来炫耀自己的财富。为了遏制这种奢靡的风气，威尼斯元老院颁布了一条禁令，不准在尖舟上进行任何装饰，已经安装的必须拆除。从那时起，所有的贡多拉都被漆成了黑色，直至今日。

每年 9 月的第一个星期日下午，在威尼斯的大运河上还会举行贡多拉划船比赛。据史料记载，这项活动起源于 1315 年，距今已有 700 多年的历史。

（资料来源：https://baike.baidu.com/item/%E8%B4%A1%E5%A4%9A%E6%8B%89/4656938?fr=aladdin，节选，有改动）

（3）米兰

米兰是意大利的第二大城市和最重要的工业中心，位于意大利西北部，北靠阿尔卑斯山，南邻波河。米兰也是欧洲南方的交通要道，因建筑、时装、艺术、绘画、歌剧、足球、旅游而闻名于世。米兰的丝绸、纺织、化工、服装工业极为发达，是欧洲人口最密集与工业最发达的地区。世界顶级服装品牌阿玛尼、范思哲、普拉达、华伦天奴、古驰等的大本营也在这里，米兰时装周影响着世界时尚。著名景点有米兰大教堂、斯卡拉大剧院。

（4）佛罗伦萨

佛罗伦萨位于意大利中部，在 15～16 世纪是欧洲最著名的艺术中心，以美术工艺品和纺织品而驰名。佛罗伦萨是欧洲文艺复兴运动的发祥地、歌剧的诞生地，是举世闻名的文化旅游胜地。佛罗伦萨国际当代艺术双年展与威尼斯双年展、米兰三年展并称为意大利三大艺术展。著名景点有花之圣母大教堂、圣乔凡尼礼拜堂、维琪奥王宫。

2. 名胜古迹

（1）古罗马竞技场

古罗马竞技场（图 3.9）位于罗马市中心，始建于公元 72 年，是古罗马文明的象征，也是古罗马帝国和罗马城的标志性建筑之一。从外观看呈正圆形，俯瞰时呈椭圆形，用石头垒砌而成，如今只剩下大半部分。

图 3.9 古罗马竞技场

（2）万神殿

万神殿，又称为万神庙或潘提翁神殿，位于罗马市中心，是古罗马精湛建筑技术的典范之作。始建于公元前 27 年，用以供奉奥林匹亚山上诸神。现在的万神殿重建于公元 120 年，米开朗基罗称其为“天使的设计”。从外观看，万神殿呈一个巨大的圆柱体，直径与高度相等，同为 43.4 米，上面覆盖着半圆形的穹顶，下半部为空心。意大利文艺复兴时期的画家拉斐尔等，以及意大利君主时期的统治者都葬于此。万神殿对面是罗通达广场，广场中央建有美丽的喷泉。

（3）君士坦丁凯旋门

君士坦丁凯旋门位于罗马市中心，建于公元 315 年，是为庆祝君士坦丁一世于公元 312 年彻底战胜强敌实现罗马帝国统一而建的。君士坦丁凯旋门有 3 个拱门，主体由数根圆柱及顶阁构成，墙体上面刻有浮雕，大部分取自当时罗马帝国的其他建筑物，再经拼装而成。君士坦丁凯旋门集合了众多不同时代的雕像，反映了罗马雕塑艺术的发展历程。

（4）米兰大教堂

米兰大教堂位于意大利米兰市中心，是著名的天主教堂、世界上最大的哥特式教堂，也是规模仅次于梵蒂冈圣彼得大教堂的世界第二大教堂。米兰大教堂于 1386 年开工建造，于 1500 年完成拱顶，1774 年中央塔上的镀金圣母玛利亚雕像就位，1965 年完工，历时 5 个世纪。米兰大教堂在宗教界的地位极其重要，使基督教得以合法化的《米兰敕令》就是在这里颁布的，基督教也从此成为罗马帝国的国教。达·芬奇、布拉曼特曾为大教堂画过无数设计草稿。拿破仑于 1805 年在这里加冕。

（5）比萨斜塔

比萨斜塔（图 3.10）始建于 1173 年，历经近 200 年才完工，被看作比萨城的标志。

比萨斜塔在最初的设计中本是垂直的建筑，修建到第4层时发现由于地基不均匀和土层松软，钟楼已经倾斜偏向东南方。1360 年，在停滞了差不多一个世纪后钟楼向完工开始冲刺，并作了最后一次重要的修正。1987 年，比萨斜塔作为意大利比萨城奇迹广场的一部分被列入《世界遗产名录》。

图 3.10 比萨斜塔

三、西班牙

（一）基本国情

1. 自然地理

西班牙位于欧洲西南部的伊比利亚半岛，地处欧洲与非洲的交界处，西邻葡萄牙，北濒比斯开湾，东北部与法国、安道尔接壤，南隔直布罗陀海峡与非洲的摩洛哥相望，领土还包括地中海的巴利阿里群岛、大西洋的加那利群岛、非洲的休达和梅利利亚。

西班牙的地形以高原为主，间以山脉分布，比利牛斯山脉是西班牙与法国的界山。西班牙的中部高原属于温带大陆性气候，北部和西北部沿海属温带海洋性气候，地中海式气候主要分布在南部和东南部。

国土面积：505 925 平方千米。

2. 简史

公元前 3 000 年左右，来自非洲或欧洲其他地区的人在伊比利亚半岛定居，被称为伊比利亚人。公元前 218 年，罗马人大举入侵西班牙，直到公元前 19 年，成为罗马帝国的属地西班牙省，这一时期的西班牙完全吸收了罗马文化。公元 409 年，西哥特人入侵西班牙，建立西哥特王国，统治时间长达 300 年。公元 718 年成为阿拉伯帝国的一部分，西班牙在这个时期吸收了灿烂的阿拉伯文化，中国古代称之为“绿衣大食”。

1492 年，统一的西班牙封建王朝建立。随着哥伦布发现西印度群岛，西班牙逐渐发展成为海上强国，建有许多殖民地。1588 年，西班牙“无敌舰队”被英国击溃，开始衰落。1837 年正式成为一个国家，西班牙国名正式开始使用。1873 年爆发资产阶级革命，建立西班牙第一共和国。1874 年 12 月，西班牙王朝复辟。1898 年，美西战争爆发，最终西班牙失败，丧失了所有海外殖民地。

1947 年，佛朗哥宣布西班牙为君主国，直到 1975 年 11 月病逝，西班牙再次恢复君主制。1978 年，西班牙宣布实行议会君主制。1986 年，西班牙成为欧洲共同体一员，现为欧盟成员国。

知识链接 3-8

航海家哥伦布

克里斯托弗·哥伦布是意大利人，自幼热爱航海冒险，1492～1502 年在西班牙国王的资助下 4 次横渡大西洋，到达美洲大陆，成为名垂青史的航海家。哥伦布在 1492 年的第一次航行中，曾在中美洲的巴哈马群岛登陆。后来的 3 次航行中，哥伦布曾到达过大安的列斯群岛、小安的列斯群岛、加勒比海岸的委内瑞拉及中美洲，并宣布它们为西班牙帝国的领地。有些欧美国家把 10 月 12 日或 10 月的第二个星期一定为哥伦布日，以纪念哥伦布于 1492 年首次登上美洲大陆。

（资料来源：徐文平，2012．哥伦布［M］．北京：中国社会出版社．）

3．政治

根据西班牙现行宪法规定，西班牙是社会与民主的法治国家，实行议会君主制。王位由胡安·卡洛斯一世的直系后代世袭。国王为国家元首与武装部队最高统帅，代表国家。议会由参、众两院组成，行使立法权，审批财政预算，监督政府工作。政府负责治理国家并向议会报告工作。宪法承认并保证各民族地区的自治权。

4．经济

西班牙是一个中等发达的资本主义工业国家，1998 年 5 月成为首批加入欧元区的国家后，经济持续快速增长，年增幅高于欧盟国家平均水平。2017 年，西班牙 GDP 为 1.16 万亿欧元，GDP 增长率为 3.1%。

西班牙旅游业发达，是其国民经济的重要支柱之一。2017 年，西班牙入境旅游人数为 8 178 万人次，仅次于法国，居世界第二，同比增长 8.13%。入境旅游收入达 734.3 亿美元，同比增长 10.1%，位列世界第二。世界旅游组织总部设在马德里。

货币：欧元。

（二）人文习俗

1．民族、语言、人口、宗教

民族：主要是卡斯蒂利亚人（即西班牙人），加泰罗尼亚人、加里西亚人和巴斯克人是主要的少数民族。

语言：卡斯蒂利亚语（即西班牙语）是官方语言和全国通用语言。

人口：4 673 万（2019 年 1 月）。

宗教：96%的居民信奉天主教。

2．主要节日

国庆节：10 月 12 日。为纪念 1492 年 10 月 12 日哥伦布到达美洲大陆，1987 年定为国庆节。

宪法日：12 月 6 日。1978 年 12 月 6 日全国公民投票通过新宪法。

圣诞节：12 月 25 日。

西班牙比较富有民族风俗的节日还有加那利狂欢节、巴伦西亚的法雅节（火节）、塞维利亚的四月节、马德里的圣伊西德罗节（又称斗牛节）、潘普洛纳奔牛节、布涅西红柿节等。

知识链接 3-9

西班牙奔牛节

奔牛节是西班牙东北部潘普洛纳市的一项传统庆祝活动，正式名称是圣费尔明节，圣费尔明是当地的保护神。美国著名作家海明威在《太阳照样升起》一书中，对奔牛活动的描绘极为传神，奔牛节也因此闻名，开始由一个地区性节日变为一个世界性节日。奔牛节在每年的 7 月 6～14 日举行，每天都有 6 头经过两年专门驯养的凶悍公牛追逐着数百名壮汉，沿狭窄的“奔牛之路”穿城而过，直奔斗牛场，场面异常刺激与危险。

每年奔牛节期间都有人受伤，甚至发生过死亡事件。节日期间，来自世界各地的游客大量涌入。

（资料来源：https://baike.baidu.com/item/圣费尔明节/562337?fr=aladdin，节选，有改动）

3. 民俗风情

（1）服装

西班牙的女式衬衣，通常在衣领、袖口处以彩绣装饰，在边缘上饰以白细布制成的折裥花边，头上通常围带有花边的头巾，头发上常插把梳子，以此将花边头巾支撑起来，头上有时戴鲜花。男子常穿白色衬衣、无领背心和外衣，下穿黑色的紧身裤，宽阔的刺绣纹饰腰带系扎在腰部，外衣和马裤上都装饰着穗带，头上戴着遮阳的黑色檐帽。

西班牙斗牛士的传统服饰，一般头戴三角帽，上身穿白衬衣，外罩长及腰际的坎肩或带袖上衣，下身穿紧腿裤，绑腿用钢片折叠编制而成。脚蹬矮腰软牛皮马靴。红布和斗篷是斗牛士两件非常重要的工具。

西班牙著名的服装品牌是飒拉（ZARA），创立于 1975 年，深受全球时尚青年的喜爱。

（2）饮食

西班牙被称为“美食家的天堂”。西班牙海鲜饭与法国蜗牛、意大利面一起被誉为欧洲三大名菜。西班牙海鲜饭种类很多，大多以黄色为主，这是因为在烹制时要放番红花，不仅味香，还可以去除海鲜的腥味。马德里肉菜汤深受西班牙人喜爱，它混合了牛肉、鸡肉、火腿、猪肚、山黧豆、卷心菜、腊肠及黑香肠，慢火细炖，美味可口。西班牙菜汇集了西式南北菜肴的烹制方法，品种繁多，口味较重，以辛辣酸苦为特色。

西班牙人在烹调时喜欢用橄榄油和大蒜。在西班牙，餐与酒也是分不开的，雪利酒是西班牙的国酒。

（3）礼仪

西班牙人在社交场合一般行握手礼，见到熟人，男士之间互抱肩膀，女士一般拥抱并亲吻双颊。西班牙人举止文雅，看不惯当众接吻，认为这是极不雅观的举止。西班牙女性外出有戴耳环的习俗，不戴会被人嘲笑。到西班牙人家中做客，必须事先约定，一般要比预约的时间晚到10～15分钟，可携带小礼物，如一瓶酒、一盒糖果或一束鲜花。就餐安排座次时，一般是主人夫妇面对面坐桌子的两头，客人坐两旁。西班牙人社交活动大多安排在21:00以后。

在西班牙，扇语可以代女性表达思想感情：打开扇子遮住下半部脸时，意思是“你喜欢我吗”或者“我爱你”；不停地扇扇子，表示“请离开我”。

（4）禁忌

热情奔放的西班牙人天生喜爱鲜花，尤其是石榴花。但是马德里人忌讳送大丽花和菊花。送花的时间也有讲究，每月的13日一般不宜送花，送花时也不该送13支，因为西班牙人认为13这个数字很不吉利。西班牙人非常健谈，话题以斗牛活动、艺术文学为主，但忌谈政治、宗教和个人私事。在西班牙，不要对斗牛活动有非议。西班牙人对宠物珍爱有加，当局为保护狗、猫等动物制定了有关法律，无故打死别人的宠物，要负责赔偿，甚至可能被拘留。

4. 文化艺术

西班牙最早的文学作品出自10世纪，流传至今比较完整的史诗有《我的熙德之歌》。文艺复兴时期是西班牙文学史上的“黄金时代”，出现了塞万提斯、维伽等文学巨匠，其中塞万提斯的《唐•吉诃德》是西班牙现实主义文学的最高成就代表，出版量仅次于《圣经》。截至2017年，西班牙共有5位作家获得诺贝尔文学奖。

西班牙画家、雕塑家毕加索，位居20世纪最伟大的十大画家之首，是西方现代派绘画的主要代表。他的作品总计近37 000件，全世界拍卖价最高的10幅作品中有4幅是毕加索的。

弗拉明戈舞与斗牛并称为西班牙两大国粹。弗拉明戈舞是西班牙最流行的艺术形式。西班牙也是近代古典吉他的发源地。

西班牙是举办大型国际比赛的重要场所之一。1992年，第25届夏季奥运会在巴塞罗那举行，世界一级方程式锦标赛西班牙站加泰罗尼亚赛道被公认为最贴近完美的跑道。西班牙足球处于欧洲顶尖水平，特别是足球俱乐部在欧洲乃至世界很有影响。

知识链接 3-10

人 塔

人塔是西班牙加泰罗尼亚地区的一项传统民俗活动，又称“叠人塔”，类似于中国传统的"叠罗汉"。在加泰罗尼亚语中，"人塔"的意思是城堡。人塔起源于18世纪末，通常在7层左右，多见于当地庆典，由身着白裤、黑布缠腰的"塔人"一层层以叠罗汉的方式搭成高"塔"。

叠人塔要求参与者具备"力量、沉着、勇敢、理智"的素质。力量代表粗犷强壮的基层叠塔队员；沉着冷静、良好平衡则是对每一层支撑上层人塔的队员的基本要求；勇气无疑是叠人塔队员最显著的特征，而作为塔尖封顶的小孩子则是勇气的最佳代言人；理智意味着每一个人塔团队都经过日积月累的演练，只有通过周密的练习及细致的安排，才能毫无差错地完成叠"人塔"的创举。

（资料来源：https://baike.baidu.com/item/%E5%8F%A0%E4%BA%BA%E5%A1%94，节选，有改动）

（三）旅游资源

西班牙旅游业发达，享有"旅游王国"的美誉，素以斗牛、舞蹈、吉他闻名天下。在西班牙3 000多千米蜿蜒曲折的海岸线上，遍布着许多天然的海滨浴场，对旅游者极具吸引力。截至2018年7月，西班牙列入联合国教科文组织《世界遗产名录》的自然与文化遗产有47项，包括41项文化遗产、4项自然遗产、2项文化与自然双重遗产。

1. 名城

（1）马德里

马德里是西班牙的首都和商业中心，第一大城市，位于伊比利亚半岛中部，海拔670米，是欧洲海拔最高的首都。马德里南下隔直布罗陀海峡与非洲大陆相通，北越比利牛斯山可直抵欧洲腹地，地理位置十分重要，在历史上素有"欧洲之门"之称。马德里也是南欧地区的旅游、文化中心，历史文化遗迹丰富，现代旅游设施齐全，服务业发达。著名景点有普拉多博物馆、马约尔广场、阿尔卡拉门。

（2）巴塞罗那

巴塞罗那位于伊比利亚半岛东北部的地中海沿岸，是西班牙的第二大城市，以加泰罗尼亚人最多，是享誉世界的地中海风光旅游目的地和世界著名的历史文化名城，也是西班牙最重要的贸易、工业、金融、港口基地。巴塞罗那素有"伊比利亚半岛的明珠"之称，是国际建筑界公认的将古代文明和现代文明结合最完美的城市。著名景点有毕加索博物馆、神圣家族大教堂等。

（3）瓦伦西亚

瓦伦西亚是西班牙的第三大城市，以极其优越的地理位置被誉为"地中海的明珠"。其东部沿海平原是全国最大的平原，在古罗马时代，该地区的农业灌溉已经非常发达。近海渔业、水稻、柑橘、蔬菜丰富，山坡地带主要种植葡萄、橄榄等。

（4）塞维利亚

塞维利亚位于伊比利亚半岛南部，西班牙的第四大城市，也是西班牙唯一有内河港口的城市。塞维利亚始建于公元前43年，现存大部分建筑系11世纪的遗物。1492年8月

3 日，意大利人哥伦布在西班牙国王的资助下，从这里出发，发现了美洲大陆。塞维利亚现在是西班牙南部经济、贸易、旅游和文化重镇，是享誉世界的名酒雪利酒的出产地，也是西班牙的国粹弗拉明戈舞的兴起地，塞万提斯在这里写下了文学巨著《唐·吉诃德》。

2. 名胜古迹

（1）马德里皇宫

马德里皇宫（图 3.11）位于西班牙首都马德里，是世界上保存最完整、最精美的宫殿之一，也是欧洲仅次于法国凡尔赛宫和奥地利维也纳皇宫的第三大皇家宫殿。马德里皇宫建于 1738～1764 年，平面呈正方形，从外观看具有法国卢浮宫的建筑风格，内部装潢是当时流行的意大利式。整个宫殿豪华绝伦，藏有无数珍品，专供游人参观。

图 3.11 马德里皇宫

（2）太阳门广场

西班牙首都马德里有 300 多个街心广场，其中最有名的是太阳门广场，正处于马德里的正中心位置。太阳门广场呈半圆形，四周被各式建筑环绕，在建筑物的空隙之间有 10 条街道，以广场为中心呈放射状向外延伸。广场人行道上有一个直径一尺的半环，内有伊比利亚半岛的地图，中央标有意为“零千米”的字样，从这里为起点，可以计算出通往全国各地的汽车、火车、飞机的里程。

（3）普拉多博物馆

普拉多博物馆位于西班牙马德里，建于 18 世纪，是皇室藏品保存之地，19 世纪改为国家绘画雕刻博物馆。从 1918 年开始不断进行扩建和增建，形成今天的规模。普拉多博物馆是世界上最伟大的博物馆之一，也是收藏 11～18 世纪西班牙绘画作品最全面、最权威的美术馆。博物馆中收藏的绘画作品约有 8 600 幅，西班牙国宝、毕加索的巨幅油画《格尔尼卡》也珍藏在这里。

（4）米拉之家

米拉之家（图 3.12）位于西班牙巴塞罗那，建于 1906～1912 年，最初是西班牙富翁米拉的私人公寓，现已成为博物馆。米拉之家是西班牙加泰罗尼亚现代主义建筑师高迪的代表作之一，也是他设计的最后一栋私人住宅。高迪的建筑作品有 8 栋被列入《世界遗产名录》。米拉之家是其所有现代建筑中最有独创性的建筑，整座建筑外观没有一处是直角，房间的形状也几乎全是圆形的，天花板、窗户、走廊很少是矩形，这也是高迪作品的最大特色。米拉之家还很实用，它的自然通风系统使所有形式的空调机都成为多余，房间的墙壁可以移动以适应结构重组，所有的走廊里都有自然光。米拉之家已成为巴塞罗那的地标之一，1984 年被联合国教科文组织列入《世界遗产名录》。

（5）塞维利亚大教堂

塞维利亚大教堂（图 3.13）是世界第三大教堂，仅次于梵蒂冈的圣彼得大教堂和意大利的米兰大教堂。最早建于 12 世纪，15 世纪在原址上改建为塞维利亚大教堂。1898 年哥伦布的灵柩由古巴运回西班牙后，就葬在这里。1987 年，塞维利亚大教堂、城堡及西印度群岛档案馆共同被联合国教科文组织列入《世界遗产名录》。

图 3.12　米拉之家

图 3.13　塞维利亚大教堂

第三节　中 欧 地 区

中欧是欧洲中部的简称，是指波罗的海以南、阿尔卑斯山脉以北的欧洲中部地区，包括德国、波兰、捷克、斯洛伐克、匈牙利、奥地利、列支敦士登和瑞士 8 个国家。因地处欧洲中部，自然环境和人文习俗具有多样性和过渡性的特点。

中欧地形从北向南呈阶梯状分布，最北部为波德平原，中部以丘陵、山地为主，南部则是阿尔卑斯山脉，境内河湖众多，河网密布，水运发达。中欧地区科技文化发达，人文素养极高，在文学、思想、科学等领域都取得了重大成就，是世界上获得诺贝尔奖最多的地区。

一、德国

（一）基本国情

1. 自然地理

德国位于欧洲中部，东邻波兰和捷克，南接奥地利和瑞士，西有荷兰、比利时、卢森堡、法国，北与丹麦相连，濒临北海和波罗的海，是连接东西欧及斯堪的纳维亚半岛与地中海地区之间的交通枢纽，被称为“欧洲走廊”。

德国西北部属温带海洋性气候，往东、南部逐渐向大陆性气候过渡，主要河流有流经境内的莱茵河、易北河、威悉河、奥得河、多瑙河。较大的湖泊是博登湖、基姆湖、阿默湖、米里茨湖。

国土面积：357 021 平方千米。

2. 简史

公元 962 年，建立德意志民族神圣罗马帝国。1871 年建立统一的德意志帝国。1914 年挑起第一次世界大战，1918 年因战败而崩溃投降，德皇威廉二世退位。1919 年建立魏玛共和国。1933 年，希特勒掌权后实行独裁统治。1939 年 9 月 1 日，德国对波兰发动闪电进攻，英、法对德宣战，第二次世界大战爆发。1945 年 5 月 8 日，德国投降。战后，德国被划分为 4 个军事占领区。1949 年 5 月，美国、英国及法国占领区合并，成立德意志联邦共和国，首都波恩。1949 年 10 月，苏联占领区成立德意志民主共和国，首都东柏林。1990 年 10 月 3 日，民主德国正式加入联邦德国，分裂 40 多年的德国重新统一。

知识链接 3-11

德意志民族的形成

日耳曼人是欧洲的古代民族之一，从公元前 5 世纪开始，以部落联盟的形式分布在北海和波罗的海周边的北欧地区，古罗马人把他们称为日耳曼人。后来，日耳曼人分为南、北两大支系。北支系在北欧地区继续发展，成为现代瑞典人、挪威人和丹麦人的祖先。南支系又分为东、西两支，东支包括哥特人、汪达尔人及勃艮第人，在漫长的发展过程中，族体和语言被地中海沿岸各民族融化。西支主要分布在北海沿岸、莱茵—威悉河和易北河地区。

到公元 8 世纪，除了不列颠岛的盎格鲁-撒克逊人，整个西支的日耳曼人都处于法兰克王国的统治下。公元 843 年，法兰克王国分裂，以讲德语和法语的区域为界限，分成东、西两个帝国，成为今天法国和德国的雏形。公元 919 年，德意志名称开始正式出现，德意志民族逐渐形成。

（资料来源：https://baike.baidu.com/item/%E5%BE%B7%E6%84%8F%E5%BF%97%E6%B0%91%E6%97%8F/1482059?fr=aladdin，节选，有改动）

3. 政治

《德意志联邦共和国基本法》（以下简称《基本法》）于 1949 年 5 月 23 日生效。《基本法》确定了联邦德国 5 项基本制度：共和制、民主制、联邦制、法治国家和社会福利制度。《基本法》规定，德国是联邦制国家，外交、国防、货币、海关、航空、邮电属联邦管辖。国家政体实行议会民主制下的总理负责制，议会由联邦议院和联邦参议院组成。联邦议院行使立法权，监督法律的执行，选举联邦总理，参与选举联邦总统和监督联邦政府的工作等。联邦议院选举通常每4年举行一次，在选举中获胜的政党或政党联盟将拥有组阁权。《基本法》是联邦德国法律和政治的基石。联邦宪法法院是德国宪法机构之一，主要负责解释《基本法》，监督《基本法》的执行，并对是否违宪作出裁定。

4. 经济

德国是高度发达的工业国。经济总量位居欧洲首位，世界第四位。其工业结构及特点如下：①侧重重工业，汽车和机械制造、化工、电气等部门是支柱产业；②高度外向，主要工业部门的产品一半以上销往国外；③中小企业是中流砥柱，专业化程度强，技术水平高，灵活性强；④垄断程度高，占工业企业总数2.5%的1 000人以上的大企业占工业就业人数40%和营业额的一半以上。

德国是世界贸易大国，同世界上230多个国家和地区保持贸易关系，全国近1/3的就业人员从事的工作与出口有关。

德国是欧盟的创始会员国之一，还是北约、申根公约、八国集团、联合国等国际组织的重要成员国，也是欧洲货币联盟的创建成员。欧洲中央银行设在德国的法兰克福。

货币：欧元。

（二）人文习俗

1. 民族、语言、人口、宗教

民族：主要是德意志人，有少数丹麦人和索布族人。

语言：全国通用德语。

人口：8 217万（2018年9月）。

宗教：居民中信奉基督教新教和罗马天主教的各约占30%。

2. 主要节日

国庆节：10月3日。为了纪念1990年10月3日德国重新统一而设立。

圣诞节：12月25日。

德国的节日还有元旦、主显节、耶稣受难日、复活节、劳动节等。

3. 民俗风情

（1）服装

德国人的着装讲究低调、沉稳，比较注重舒适度与功能性，穿衣风格以清一色的黑色、白色、灰色为主，即使是年轻人也多为冷色调。德国人无论男女都会有一套或多套正装，很多年轻人在成年之前就有自己的正装。在正式场合，一定要身着正装以表示对主人或活动的尊重。德国知名的服装品牌有阿迪达斯（Adidas）、彪马（Puma）、波士（Hugo Boss）、舒雅（Schiesser）、黛安芬（Triumph）等。

（2）饮食

德国人整体上爱好肉类和啤酒，尤其爱吃猪肉，大部分有名的德国菜是猪肉制成的。蒸猪肘是德国的招牌美食，经过特殊腌制的蒸猪肘肥而不腻，味道鲜美。德国以其拥有世界上种类最繁多的香肠而闻名，至少有 1 500 种。德国人的面包制作已有 800 多年的历史，种类超过 400 种。德国北部的居民喜食鱼类，通常用鲱鱼卷蔬菜制成鱼卷。德国人也喜爱吃土豆，土豆既可做主菜，又能做配菜。德国是世界第二大啤酒生产国，平均每年啤酒消耗量居世界前列。

（3）礼仪

德国人讲究风度，相遇时要相互打招呼，一般行握手礼，朋友或熟人则相互拥抱。在正式场合，男子对女子行吻手礼。在与德国人交往过程中，要使用“您”“先生”“女士”等尊称。

德国人严格遵守交通规则。与德国人约会，一定要准时赴约，他们认为“准时就是帝王的礼貌”，迟到或早到都是不礼貌的，如果安排有变动，必须提早通知。应邀去德国人家中做客时，一般要带礼物，可以是鲜花、葡萄酒、有意义的书或者画册等。礼物要事先用礼品纸包装好，主人会当面打开，并向送礼人表示感谢。

（4）禁忌

德国人忌讳数字 13 和星期五，送礼忌送菊花、玫瑰、蔷薇，忌送过于个人化的物品，如服装、化妆品；不喜欢红色、红黑相间色、褐色，尤其忌讳墨绿色；讨厌蝙蝠图案。德国法律禁用纳粹或其军团的符号图案。就餐谈话时，忌询问个人私事，不要隔着餐桌与坐得较远的人交谈。另外，德国人不喜欢听恭维话。在德国，黑猫、公羊、仙鹤、孔雀被认为是不吉利的动物。

4. 文化艺术

德国文明起步虽然较晚，但近代对世界文化贡献颇多，被称作“诗人与思想家的国家”和“音乐之乡”。

德国文学的历史可追溯到中世纪，受文艺复兴运动的影响，18 世纪，德国文学达到顶峰，歌德、海涅、席勒、莱辛和格林兄弟都是杰出文学家代表。歌德是德国著名诗人、剧作家和思想家，主要作品有《少年维特之烦恼》《浮士德》等，被誉为“世界文学的瑰宝”。进入 20 世纪后，德国涌现出不少著名文学家。截至 2017 年，德国先后有 12 人获得诺贝尔文学奖。音乐是德国人生活中不可缺少的组成部分，不同时期涌现出很多音乐大师，其中贝多芬被称为“交响乐之王”，对近代西洋音乐的发展有深远影响。柏林爱乐乐团享誉世界。不少德国画家的作品享有极高的国际知名度，文艺复兴时期的杰出画家丢勒是最出色的木刻版画和铜版画家之一，擅长画水彩风景画。源自德国地区的卡罗琳式建筑及奥托式建筑促进了罗马式建筑的发展。

德国是世界体育竞技大国之一，曾举办 1936 年柏林夏季奥运会和 1972 年慕尼黑夏季奥运会。德国是目前世界上唯一一个包揽男女足球世界杯冠军的国家，也是世界赛车运动领先的国家之一。

知识链接 3-12

第二次世界大战

第二次世界大战是以德意志第三帝国、日本帝国、意大利王国 3 个法西斯轴心国和匈牙利王国、罗马尼亚王国、保加利亚王国等仆从国为一方，以反法西斯同盟和全世界反法西斯力量为另一方进行的第二次全球规模的战争。战争范围从欧洲到亚洲，从大西洋到太平洋，先后有 61 个国家和地区、20 亿以上的人口被卷入战争，作战区域面积 2 200 万平方千米。据不完全统计，战争中军民共伤亡 9 000 余万人，价值 5 万多亿美元的财富付诸东流，是人类历史上规模最大的世界战争。第二次世界大战以反法西斯国家和世界人民战胜法西斯侵略者，赢得世界和平与进步而告终。

（资料来源：https://baike.baidu.com/item/第二次世界大战/174090?fr=aladdin，节选，有改动）

（三）旅游资源

德国是世界最大的旅游消费国之一，也是欧洲旅游客源地的核心。教堂、宫殿和古堡是德国重要的文化遗产。截至 2017 年 7 月，德国列入联合国教科文组织《世界遗产名录》的自然与文化遗产有 42 项，包括 39 项文化遗产、3 项自然遗产。

1. 名城

（1）柏林

柏林是德国的首都和最大的城市，是德国的政治、文化、交通、经济中心，位于德国东北部，扼东、西欧交通要道。柏林是著名的欧洲古都，在历史上曾是普鲁士王国、德意志帝国、魏玛共和国、纳粹德国的首都。第二次世界大战中，柏林遭到毁灭性的破坏。战后，随着民主德国和联邦德国的成立，柏林被分为东、西两个部分。1990 年 10 月 3 日，东、西柏林再次合并为一个城市，于 2000 年重新成为首都。经过重建，德国已经恢复了欧洲文化中心和经济中心的地位。

柏林是欧洲的旅游胜地，被称为“森林与湖泊之都”。柏林拥有很多古典建筑和现代建筑，著名景点有国会大厦、勃兰登堡门、威廉皇帝纪念教堂等。

（2）汉堡

汉堡位于德国北部易北河岸，是德国第二大城市，是德国最大的外贸中心，有着“世界桥城”的美称，已有 1 000 多年的历史。从 12 世纪后期开始，汉堡以发展港口贸易为起点逐渐繁荣起来。16 世纪后期，汉堡成为仅次于荷兰阿姆斯特丹的欧洲重要物资集散地。汉堡与柏林、不来梅同为德国三大州级市。汉堡还是德国的商业和文化中心，这里有众多的博物馆、历史古迹及著名的渔市场，歌剧、芭蕾舞和交响乐团都具有世界一流水准。汉堡也是音乐家门德尔松的故乡。

（3）慕尼黑

慕尼黑位于德国南部阿尔卑斯山北麓，是德国巴伐利亚州的首府，是德国的第三大城市和第二大金融中心。慕尼黑是一座历史文化名城，保留着巴伐利亚王国都城的古朴风情，拥有哥特式、巴洛克式、洛可可式风格的建筑，被称为“欧洲建筑博物馆”。慕尼黑还是世界著名的博览会城市，以啤酒而闻名，被称为“啤酒之都”，每年的啤酒节是一年中最盛大的活动。

（4）科隆

科隆位于德国西部，横跨莱茵河两岸，是德国的第四大城市、重要水陆交通枢纽和河港城市。教堂、香水、狂欢节并称“科隆三宝”。教堂即科隆大教堂，是科隆的标志性建筑；香水在法语中就是“科隆之水”的意思；科隆是狂欢节三大庆祝中心之一，每年都要举行规模盛大的游行活动，许多外国游客慕名前来。科隆还是著名的展览会名城。著名景点有霍亨索伦桥、巧克力博物馆等。

（5）法兰克福

法兰克福全名为“美因河畔法兰克福”，位于德国西部、莱茵河中部支流美因河的下游，是德国的第五大城市和最大的金融中心。法兰克福最大的工业部门是化工，生物和转基因等高新技术已发展成为新的重点产业。法兰克福还是欧洲的金融中心和欧洲货币机构汇聚之地，被称为“美因河畔曼哈顿”，欧洲中央银行总部和德国联邦银行都位于法兰克福。法兰克福拥有德国最大的航空枢纽、铁路枢纽。著名景点有罗马广场、歌德故居、商业银行大厦。

2. *名胜古迹*

（1）勃兰登堡门

勃兰登堡门（图 3.14）位于柏林市中心，是柏林的城市标志，见证了德意志民族的兴衰史。

图 3.14　勃兰登堡门

勃兰登堡门始建于 1753 年，最初是柏林的一道城门，城门外的道路通往勃兰登堡，因此得名。1788 年重新修建，1791 年完工，是普鲁士王国鼎盛时期的代表性建筑。1989 年，柏林墙拆除，勃兰登堡门成为德国统一的象征。勃兰登堡门依照雅典卫城的柱廊式山门建成，全部用白色砂岩条石垒砌，由 12 根立柱支撑，为多立克柱式风格，是德国庆典活动的举办地。

（2）圣母教堂

圣母教堂（图 3.15）位于慕尼黑市中心，是慕尼黑最大的教堂，也是慕尼黑的标志性建筑。圣母教堂的特别之处是橘红色的屋顶和两座有绿色圆顶的高塔。圣母教堂于 1468 年开始动工，主体于 1494 年落成，但其尖顶直到 1525 年才最终完成。圣母教堂原本为哥特式的建筑风格，50 年后，文艺复兴式建筑风格盛行，所以教堂被建成圆顶，人们称其为“罗曼国家的帽子”，意思就是“异国风味的”或者“意大利风味的”，成为以后巴伐利亚众多教堂的典范。

（3）新天鹅堡

新天鹅堡（图 3.16）位于慕尼黑西南阿尔卑斯山麓天鹅湖边，堪称世界最美丽的童话城堡。新天鹅堡建于 1869 年，是巴伐利亚国王路德维希二世的行宫之一，白墙蓝顶，共有 360 个房间，其中只有 14 个房间依照设计完工，于 1886 年对外开放。新天鹅堡的外形成为许多现代童话城堡的设计模板，也是德国最热门的旅游景点之一，是被旅游者拍照最多的建筑物。

图 3.15　圣母教堂

图 3.16　新天鹅堡

（4）科隆大教堂

科隆大教堂（图 3.17）位于科隆市中心、莱茵河左岸，是德国最大的教堂，科隆市的标志性建筑。科隆大教堂是德国第一座完全按照哥特式建筑最盛行时期的样式建造而成的教堂，被称为世界上最完美的哥特式教堂。其始建于 1248 年，1880 年完工，建筑工期长达 632 年，堪称世界之最。科隆大教堂不仅具有重要的建筑和艺术价值，还是欧洲天主教权威的象征，是天主教和中世纪文化在欧洲渐渐勃发的象征，于 1996 年被联合国教科文组织列入《世界遗产名录》。

图 3.17 科隆大教堂

二、瑞士

（一）基本国情

1. 自然地理

瑞士是位于中欧的内陆国，北邻德国，西接法国，南连意大利，东与奥地利和列支敦士登接壤。

瑞士地势高峻，分为 3 个自然地形区：中南部为阿尔卑斯山脉，西北部为汝拉山脉，中部为高原，其中阿尔卑斯山脉占全国总面积的 60%。瑞士平均海拔约 1 350 米，被称为“欧洲屋脊”。

瑞士河湖众多，水力资源丰富。瑞士有“欧洲水塔”之誉，欧洲许多国际性河流，如莱茵河、罗讷河的支流都发源于瑞士，其中莱茵河是瑞士最大的河流。瑞士境内有近 1 500 条形态各异的湖泊，多为冰川作用形成，其中最大的是莱芒湖，即日内瓦湖。

国土面积：41 284 平方千米。

2. 简史

瑞士国土范围在史前是凯尔特人的活动区域。公元前 70 年，分布于欧洲北部的日耳曼人不断向凯尔特人居住区域扩张。从公元 5 世纪开始进入日耳曼人统治时期，先后出现了很多小的王国，公元 536 年统一于法兰克王国，后再度分裂，直到 11 世纪接受神圣罗马帝国的统治，后期由于德意志王权衰落，地方势力逐渐强大，瑞士地区建立了许多小城市，形成了瑞士特有的城镇自治体制。13 世纪，地方领主哈布斯堡的鲁道夫试图在瑞士建立王权统治，为了对抗哈布斯堡，1291 年 8 月 1 日，施维茨、下瓦尔登、乌里 3 个州结成永久同盟，此即瑞士建国之始。

1815 年，瑞士签署新的联邦条约，除外交事务外，各州恢复主权，同年维也纳会议确认瑞士为永久中立国。1848 年，瑞士制定宪法，成为统一的联邦制国家。瑞士在两次世界大战中保持中立。

3. 政治

瑞士实行议会民主制。1999 年瑞士公民表决通过新宪法，明确规定瑞士是联邦制国家，各州有自己的宪法。各州必须遵守联邦的全国性法规并接受联邦的监督。新宪法还确定了国际法高于国内法的原则。联邦议会是最高立法机构，由具有同等权限的国民院和联邦院组成。只有两院一致批准，法律或决议方能生效。国民院有 200 名议员，由公民普选产生，任期 4 年；联邦院有 46 名议员，由各州选派，任期因州而异，最长 4 年。两院议长任期均为 1 年。

4. 经济

瑞士是世界最为稳定的经济体之一，也是全球最富裕、经济最发达和生活水准最高的国家之一，人均收入处于世界最高行列，同时有着极低的失业率和财政赤字。制造业为瑞士最重要的产业，以生产化学制品、药品及医疗产品、科学精密测量仪器、乐器为主，主要出口产品包括化学制品、机械及电子设备、精密仪器及钟表。服务业为瑞士另一重要产业，包括银行业、旅游业、保险业及国际组织等。瑞士的旅游业是仅次于机械制造、化学医药的第三大创汇行业。

货币：瑞士法郎。

知识链接 3-13

钟表王国

瑞士是著名的“钟表王国”。首都伯尔尼有几十米高的钟楼，旅游纪念品商店摆放着各种品牌的手表，出现频率最高的广告也是手表广告。人们说：“在瑞士不用戴手表，在任何地方都可以看时间。”公元 16 世纪，欧洲发生了宗教改革运动。16 世纪末，一批追随卡尔文新教的法国教徒为躲避国内的追杀来到瑞士，他们大多是钟表工人和手工业者，带来了钟表制造技术，逐渐在瑞士西南部形成了一条南起日内瓦、北达巴塞尔的瑞士钟表制造带。瑞士钟表制造商不断进行技术革新，机械化和自动化能力得到提高，企业规模也从家庭作坊向规模化生产发展。19 世纪，瑞士钟表产量占世界总产量的 2/3。瑞士制造的手表的标志是 Swiss made。如果只有一个单词“Swiss”，这种手表大多是在瑞士注册的品牌，但制作不在瑞士。瑞士著名钟表品牌有百达翡丽、宝玑、宝珀、江诗丹顿、爱彼、劳力士、伯爵、卡地亚、欧米茄、雷达、浪琴、天梭、梅花等。

（资料来源：https://baike.baidu.com/item/%E9%92%9F%E8%A1%A8%E4%B9%8B%E5%9B%BD/6076269?fr=aladdin，节选，有改动）

（二）人文习俗

1. 民族、语言、人口、宗教

民族：由瑞士籍的日耳曼人、法兰西人、意大利人和少数雷托罗曼人后裔组成的多民族群体。民族构成较为复杂，与历史上的人口迁移、战争以及联邦国家的构成有直接关系。

语言：德语、法语、意大利语及拉丁罗曼语 4 种语言均为官方语言。居民中讲德语的约占 62.8%，讲法语的占 22.9%，讲意大利语的占 8.2%，讲拉丁罗曼语的占 0.5%，其他语言占 5.6%。

人口：850.89 万（2018 年 6 月）。

宗教：信奉天主教的居民约占总人口的 37.2%，信奉基督教新教的居民约占总人口的 25.0%，其他宗教约占总人口的 7.4%，无宗教信仰的约占总人口的 24%。

2. 主要节日

国庆日：8 月 1 日。

日内瓦登城节：12 月 11 日。

其他节日还有元旦、耶稣受难日、复活节、劳动节、圣灵降灵节、耶稣升天日、圣诞节、节礼日等。

3. 民俗风情

（1）服饰

瑞士传统民族服饰丰富多彩，每一地区各有特色，通常女性穿红色的丝绸连衣裙、黑色的天鹅绒紧胸衬衣，短而宽松的袖子上饰以缎带，披肩式的三角围巾以花边作装饰，刺绣挑花饰带点缀在胸前。瑞士西部流行头戴本色的麦秸草帽和黑色花边双翼帽，帽子后部以缎带装饰。男子穿瘦腿马裤佩缀金属扣，上身为红色马甲背心或镶红边的黑色马甲，有时戴黑色圆顶宽檐帽。每逢节日或喜庆活动时，人们往往会穿上五彩缤纷的民族传统服饰，增添欢乐气氛。

（2）饮食

瑞士人主食以面包、意大利面为主，喜食甜味食品，肉食有小牛肉香肠和风干牛肉以及猪肉、鸡肉、马肉和鲜活鱼类，爱用橄榄油、胡椒粉、糖等调料。奶酪火锅（图 3.18）是瑞士的传统饮食之一。在瑞士，奶酪的生产受到严格管理，国家法令规定一个地区只能生产该地区产的奶酪，不能生产其他地区的品种，所以直至今日，瑞士的奶酪还能保留

图 3.18 瑞士奶酪火锅

极其传统的风味。

（3）礼仪

瑞士是个“礼多人不怪”的国家。日常习惯行握手礼，握手时两眼应注视对方。亲朋好友见面，有时也行拥抱礼，女子则行吻面礼。人们相互之间彬彬有礼，礼貌用语使用较频繁，即使不认识的人，互相之间也会问候。瑞士人非常讲究遵守时间，和瑞士表一样准时。瑞士人保守、低调，视炫富为不礼貌行为。

（4）禁忌

瑞士人禁忌数字 13 和星期五，喜欢数字 11。送礼不宜送 3 枝红玫瑰，因为数字 3 是浪漫的代表，1 枝和 20 枝则可以接受。瑞士人忌讳猫头鹰图案，认为猫头鹰代表阴险、欺骗。忌讳打听年龄、薪金及家庭状况。生活中忌讳室外晾衣服，认为极不雅观。在餐厅就餐时，瑞士人不愿听到餐具相互碰撞的声音和咀嚼食物的声音。瑞士人喜欢谈论体育、旅游的话题。

4. 文化艺术

由于历史和语言原因，瑞士没有统一的民族文学，主要分为瑞士德语文学、瑞士法语文学、瑞士意大利语文学和瑞士拉丁罗曼语文学，呈现出独特的多样性。1919 年，瑞士诗人、小说家卡尔·施皮特勒获诺贝尔文学奖，代表作有《奥林比亚的春天》《受难的普罗米修斯》。

瑞士的班得瑞乐团是一支极受欢迎的抒情演奏团体。阿尔卑斯长号是阿尔卑斯山区牧民召唤牧群、传递信息的工具，有文字记载的历史已超过 500 年。这种长 3～4 米、重 4 千克的木质号角已成为瑞士山区文化的代表。

洛迦诺国际电影节创办于 1946 年，是瑞士举办得最早、最大的电影节，每年的 7～8 月举办，为期约两周。电影节主要鼓励各国年轻和新锐导演拍摄具有独特风格和视角的影片，并吸引他们前来参赛。

瑞士并不是一个体育强国，但是瑞士人平均体育水平很高，每个人往往会 3～5 种体育运动项目。由于瑞士位于阿尔卑斯山脚下，山上常年积雪，瑞士人酷爱滑雪等冬季运动。

知识链接 3-14

中　立　国

中立国，是指在发生武装冲突时，对交战的任何一方都不采取敌对行动的国家，分为战时中立国和永久中立国两种。永久中立国是以国际条约或国际承认为依据，在对外关系中承担永久中立义务的国家。一般来说，永久中立国的形成必须具备两个条件：一是主权国家自愿承担永久中立义务；二是其他国家承认并保证该国的永久中立国地位。永久中立义务主要表现：除自卫外，不得对他国发动战争；不得缔结与中立地位相抵触的条约或协定，如军事同盟条约；在他国的战争中，遵守中立规则；不采取任何使其卷入战争的行动。目前，国际公认的中立国有瑞士、奥地利、瑞典、芬兰、爱尔兰、哥斯达黎加、土库曼斯坦。

（资料来源：https://baike.baidu.com/item/中立国/826005?fr=aladdin，节选，有改动）

（三）旅游资源

瑞士旅游资源丰富，有“世界公园”的美誉。瑞士国土面积虽小，但全国有近60%的土地用于旅游开发，各种引人入胜的地形和景观、自然与人工的融合、多姿多彩的节庆活动是吸引旅游者的极大亮点。截至2017年7月，瑞士被列入联合国教科文组织《世界遗产名录》的自然与文化遗产有12项，包括9项文化遗产、3项自然遗产。

1. 名城

（1）伯尔尼

伯尔尼是瑞士联邦政府所在地，又称联邦城，位于瑞士西部高原中央山地，是瑞士仅次于苏黎世、日内瓦和巴塞尔的第四大城市。伯尔尼建于1191年，是一座具有800多年历史的名城，伯尔尼古城至今仍完整地保留着中世纪的建筑风貌。著名物理学家爱因斯坦在这里发表了“相对论”，伯尔尼至今还保留着爱因斯坦的住所。1848年，伯尔尼被定为瑞士联邦的首都。1983年，伯尔尼古城被联合国教科文组织列入《世界遗产名录》。

（2）苏黎世

苏黎世是瑞士最大的城市，位于阿尔卑斯山北部，是一座已有2 000年历史的古城，是欧洲最安全、最富裕和生活水准最高的城市之一。苏黎世是瑞士银行业的代表城市，也是世界上最大的金融中心之一。这里集中了全球120多家银行的总部，其中半数以上是外国银行。瑞士银行高效严格的保密性使苏黎世成为世界上主要的离岸银行业务中心，金融方面的账户流转约占整个苏黎世1/4的经济活动，享有“欧洲百万富翁都市”的称号。2017年，苏黎世被联合国人类居住规划署评为全球最宜居的城市之一。著名景点有班霍夫大街、瑞士国家博物馆、妇女大教堂。

（3）日内瓦

日内瓦位于瑞士的西南部、莱芒湖畔，北、西、南三面与法国相邻，自古是兵家必争之地，是瑞士的第二大城市。钟表业与银行业是日内瓦的两大支柱产业，日内瓦被称为“世界钟表之都”，也是瑞士的第二大金融中心，拥有120多家银行。日内瓦还是一座著名的国际都市，是众多国际组织所在地，是红十字国际委员会的发源地。许多跨国公司的欧洲总部均设在日内瓦。

（4）洛桑

洛桑是瑞士的第二大法语城市，位于瑞士西南部、莱芒湖北岸，也是瑞士的第五大城市。洛桑是国际奥林匹克委员会总部所在地，被称为“奥林匹克之都”。洛桑国际管理学院是世界一流的学府与研究机构。洛桑酒店管理学院是世界上第一所专门培养旅游管理人员的高等职业院校。建于 1537 年的新教徒神学院，现已发展成为综合性高等学府——洛桑大学。洛桑地处瑞士酿酒区的中心位置，以葡萄酒酿造闻名。著名景点有国际奥林匹克委员会总部、奥林匹克博物馆、洛桑大教堂。

2. 名胜古迹

（1）因特拉肯

因特拉肯位于伯尔尼东南，在拉丁文中是“两湖之间”的意思，因地处布里恩茨湖和图恩湖之间的平原上而得名。阿尔卑斯少女峰位于因特拉肯市南 30 千米处，是阿尔卑斯山旅游的起点。2001 年，阿尔卑斯少女峰被联合国教科文组织列为世界自然遗产。

（2）万国宫

万国宫位于日内瓦东北郊的莱芒湖畔，是联合国前身国际联盟总部所在地，现为联合国驻日内瓦办事处。万国宫的建筑风格具有万国特色，外部用的是意大利产的石灰，内部是法国、意大利和瑞典产的大理石，棕麻地毯则产自菲律宾，还有各成员国捐献的陈设物品，体现了文化的多元性，是一个微缩的“世界文化大观园”。万国宫目前还是联合国许多机构所在地，是召开重要国际会议的地方。

（3）莱芒湖

图 3.19　莱芒湖

莱芒湖（图 3.19）又名日内瓦湖，是世界著名的风景区和疗养地，位于瑞士西南的日内瓦市，属瑞士和法国共有，是瑞士最大的湖泊。莱芒湖是由第四纪冰期作用形成的冰碛湖，海拔 372 米。湖中有一个人工喷泉，喷水高达 150 米，于 1891 年建成，是日内瓦的象征。

（4）奥林匹克博物馆

奥林匹克博物馆位于洛桑市莱芒湖畔，于 1993 年建成。博物馆门口排列着希腊艺术立柱，燃有奥运之火。博物馆藏有与奥运会有关的各类艺术品、纪念品，其中包括邮票、火炬、奥运会张贴画、纪念币、奖章和绘画等。馆内电影厅放映介绍奥林匹克运动会百年发展史、历届奥运会盛况的电影片，深受旅游者欢迎。该馆还有世界一流的研究中心，馆内设有图书馆、录像部、图片室和资料中心，拥有最先进的声、光、电和多媒体视听设备，经常举办各种展览会、报告会、讨论会。

第四节　北欧地区

北欧是政治地理名词，一般特指瑞典、挪威、芬兰、丹麦和冰岛 5 个北欧理事会国家，以及实行内部自治的法罗群岛。北欧西临大西洋，东连东欧，北抵北冰洋，南望中欧。受第四纪冰川作用的影响，北欧到处可见冰川侵蚀与堆积地貌，斯堪的纳维亚半岛是欧洲湖泊分布最集中的地区，河流短小，水能资源丰富，海岸多峡湾。地热资源丰富，特别是冰岛分布有众多温泉。北欧绝大部分地区为温带大陆性气候，冬季严寒漫长，夏季短促、凉爽。

北欧五国的人口密度相对较低，经济水平则很高，丹麦、瑞典、挪威等国的人均国民生产总值遥居世界前列，是典型的高所得、高税赋、高福利的国家。

一、瑞典

（一）基本国情

1. 自然地理

瑞典的全称为瑞典王国，别称“湖泊王国”，位于欧洲北部斯堪的纳维亚半岛的东部。东北部与芬兰接壤，东临波罗的海，西南濒北海与丹麦隔海相望，西邻挪威。

瑞典的国土地形南北狭长，西部被斯堪的纳维亚山脉纵贯，地势由西北向东南倾斜，冰川地貌典型。瑞典是世界上湖泊最多的国家之一，共有大小湖泊约 10 万个。瑞典约15%的国土位于北极圈内，可看到极昼和极夜现象。

国土面积：449 964 平方千米。

2. 简史

早在石器时代，斯堪的纳维亚半岛已经有部落居民从事狩猎和食物采集。11 世纪初开始形成国家，1157 年征服了芬兰。1397 年，为了对抗德意志北方城市强大的汉萨同盟在北海和波罗的海的势力，丹麦、挪威、瑞典三国在瑞典东南部的卡尔马举行会议，决定成立由丹麦王室主导的卡尔马联盟，从此瑞典和挪威臣服于丹麦国王的统治，同时保留了王国的地位。1523 年瑞典脱离联盟，获得独立。

16 世纪，瑞典打败丹麦、波兰的军队，成为北欧的军事强国。17 世纪，瑞典成为欧洲强国。1718 年对俄国、丹麦和波兰作战失败后逐步走向衰落。1805 年参加拿破仑战争，1809 年败于俄国后被迫割让芬兰，1814 年从丹麦取得挪威，结成瑞挪联盟，1905 年挪威脱离联盟独立。瑞典在两次世界大战中均保持中立，1995 年加入欧盟。

3. 政治

宪法规定瑞典实行君主立宪制。现行宪法由《政府法典》《王位继承法》《新闻自由法》3 个基本法组成，此外还有《议会组织法》。国王是国家元首，作为国家象征仅履行代表性或礼仪性职责，不能干预议会和政府工作。议会是立法机构，实行一院制，由普选产生。政府是国家最高行政机构，对议会负责。首相由议会选举产生，再由国王任命。

4. 经济

瑞典经济高度发达，以高收入、高税收、高福利著称。瑞典工业发达，主要有矿业、机械制造业、森林及造纸工业、电力设备、汽车、化工、电信、食品加工等。铁矿、森林和水力是瑞典三大资源。已探明铁矿储量 36.5 亿吨，是欧洲最大的铁矿砂出口国。铀矿储量为 25 万～30 万吨。旅游业稳定发展，主要旅游地有首都斯德哥尔摩、北部自然保护区、南部的哥德堡市和斯考奈省。

按人口比例计算，瑞典是世界上拥有跨国公司最多的国家。瑞典还有很多国际知名的品牌和企业，如爱立信、沃尔沃、伊莱克斯电器、宜家家居、利乐软包装、H & M、绝对伏特加、阿斯利康制药等。

货币：瑞典克朗。

知识链接 3-15

诺贝尔奖

阿尔弗雷德·贝恩哈德·诺贝尔（1833—1896 年），是瑞典著名的化学家、工程师、发明家、企业家。他在逝世的前一年，在遗嘱中提出将其部分遗产，约 920 万美元，作为基金，以其利息分设物理学、化学、生理学或医学、文学及和平共 5 种奖金，授予世界各国在这些领域对人类做出重大贡献的学者。1900 年 6 月，瑞典政府批准成立诺贝尔基金会，并于 1901 年 12 月 10 日首次颁发诺贝尔奖。第一届诺贝尔奖颁奖礼在瑞典斯德哥尔摩皇家音乐学院举行，从 1902 年开始，诺贝尔奖由瑞典国王亲自颁授。1968 年瑞典国家银行在建行 300 周年之际，捐出大额资金给诺贝尔基金会，增设“瑞典国家银行纪念诺贝尔经济科学奖”。该奖于 1969 年首次颁发，人们习惯上称这个额外的奖项为诺贝尔经济学奖。诺贝尔物理学、化学、生理学或医学、文学和经济学奖项会在瑞典首都斯德哥尔摩颁发，而诺贝尔和平奖则是在挪威首都奥斯陆颁发。

（资料来源：https://baike.baidu.com/item/%E8%AF%BA%E8%B4%9D%E5%B0%94%E5%A5%96/187878?fr=aladdin，节选，有改动）

（二）人文习俗

1. 民族、语言、人口、宗教

民族：主体民族为瑞典人，北部萨米族为唯一的少数民族。
语言：官方语言为瑞典语，通用英语。
人口：1 011 万（2018 年 10 月）。
宗教：主要宗教为基督教路德宗。

2. 主要节日

元旦：1 月 1 日。

劳动节：5 月 1 日。

国庆日：6 月 6 日。1809 年 6 月 6 日，瑞典通过第一部现代宪法。

露西亚女神节：12 月 13 日。瑞典的传统节日。

圣诞节：12 月 24 日。瑞典的圣诞节比其他西方国家早一天，12 月 23 日晚为圣诞夜。

3. 民俗风情

（1）服装

瑞典男子的传统服饰是上身穿短上衣和背心，下身穿紧身裤，裤子齐膝或到脚踝部，头上戴高筒礼帽或平顶帽子。女性则穿各色长裙，腰间常拴有荷包或小袋，上身常穿坎肩和衬衣。已婚女性大多戴风格各异的帽子，少女一般不戴帽子。瑞典人爱将各种花边、编结、刺绣、抽纱等用在服饰上，甚至手套的背面有刺绣且边缘镶上皮毛。瑞典著名的服饰品牌是 H & M，创立于 1947 年。

（2）饮食

瑞典人以西餐为主，面包和马铃薯是他们的主食。一般人的早餐是面包上抹果酱、奶油，饮料有咖啡、红茶；午餐是面包、肉、蔬菜、马铃薯和色拉；晚餐与早餐差不多，另加一份汤。瑞典人喜欢吃清鲜、嫩滑、焦香的菜肴，但口味偏重，偏爱瘦嫩肉和新鲜蔬菜，喜欢喝浓汤，尤其喜欢吃鲱鱼、鲭鱼等鱼类，也吃鸡肉、鸡蛋、牛肉、猪肉、野味和其他水产品。瑞典人在饮食上有一种独特的习惯，就是每天要吃固定的菜品，如星期四的菜品是艾他鲁、米德、佛拉斯克，以豆类和猪肉为主要原料；星期一的菜品则是西鲁布拉，主要食材是牛肉、鲱鱼。

（3）礼仪

在瑞典，熟人相见会主动打招呼，互相问候。与外国客人见面时，通常行握手礼。瑞典人在交谈时，一般与对方保持 1.2 米左右的距离，他们喜欢在交谈时直视对方，认为这是尊重对方的表现。参加宴请活动时，要按主人排定的座次入席，同时要主动帮助身旁的女伴入座。用餐时不要发出响声，敬酒一定要等主人、年长者或级别较高的人向你敬酒后才能向他们敬酒。用餐后，要向主人表示感谢，最好在次日打电话再次表示谢意。到瑞典人家中做客时，通常要带一束鲜花或一盒巧克力，他们认为这是一种必要的礼节。

（4）禁忌

瑞典人忌讳在商品上使用黄色和蓝色，也不大喜欢红色，认为红色是凶兆。他们不喜欢商品包装上出现代表宗教的标志及镰刀、锤子之类的图案，对中国传统的山水图案、仕女图案及大红花朵的图案不太感兴趣。在瑞典，酒是不可作为礼物送人的，忌讳陌生人询问个人私事。瑞典人对过分亲昵的言行看不惯，忌讳在公共场合吸烟，忌讳伤害鸟类及猫、狗等动物，特别反感不遵守交通规则的人。

4. 文化艺术

瑞典文学大概出现于公元9世纪。16世纪为了推行基督教新教，瑞典国王下令将《圣经》译成瑞典文。1526年出版的《瑞典歌曲和民谣》是较早用瑞典文写成的基督教赞美诗。17世纪是瑞典的强盛时期，以著名诗人谢恩赫尔姆为代表，最初用拉丁文写诗，后改用瑞典文，谢恩赫尔姆被后人尊称为“瑞典诗歌之父”。国宝级大师奥古斯特·斯特林堡是瑞典现代文学的奠基人，被称为“世界现代戏剧之父”。西尔玛·拉格洛夫是瑞典第一位获得诺贝尔文学奖的女作家，代表作为《骑鹅旅行记》。截至2017年，瑞典先后有8人获得诺贝尔文学奖。

瑞典四人组合阿巴合唱团是继披头士之后最成功的乐队，在20世纪60年代这支乐队在瑞典极受欢迎，2010年入选摇滚名人堂。

在电影方面，葛丽泰·嘉宝是电影史上最著名的女明星之一，享有“默片女皇”的赞誉，1955年获得第27届奥斯卡终身成就荣誉奖。英格丽·褒曼是继葛丽泰·嘉宝之后在好莱坞及国际影坛大放光芒的另一位瑞典明星，被誉为“好莱坞第一夫人”。

瑞典人热衷于体育运动，最受瑞典人欢迎的是足球、冰壶和冰球。马术运动是瑞典除足球外参与人数最多的项目，尤其是女子马术运动。瑞典曾举办过1912年夏季奥运会和1958年世界杯。

（三）旅游资源

瑞典以独特的地貌、丰富的原生态景观，吸引着来自世界各地的旅游者。截至2017年7月，瑞典列入联合国教科文组织《世界遗产名录》的自然与文化遗产有15项，包括13项文化遗产、1项自然遗产、1项文化与自然双重遗产。

1. 名城

（1）斯德哥尔摩

斯德哥尔摩是瑞典的首都和第一大城市，位于瑞典东海岸，濒临波罗的海，市区分布在14座岛屿和一个半岛上，70余座桥梁将这些岛屿连为一体，因此享有“北方威尼斯”的美誉。斯德哥尔摩由于免受战争的破坏，至今保留着许多历史建筑物。斯德哥尔摩是诺贝尔的故乡，从1901年开始，12月10日为诺贝尔逝世纪念日，在斯德哥尔摩音乐厅举行诺贝尔奖的授奖仪式和晚宴。著名景点有市政厅、皇后岛、斯堪森博物馆。

（2）哥德堡

哥德堡位于瑞典西南部，是瑞典的第二大城市、北欧第一大港，地处丹麦哥本哈根、挪威奥斯陆和瑞典斯德哥尔摩3个北欧国家首都的中心，是北欧的咽喉要道。以哥德堡为中心的300千米半径范围内分布有北欧三国最发达的工业区。哥德堡最初是由荷兰人设计建造的，已有近400年的历史。19世纪，哥德堡发展迅速，成为斯堪的纳维亚半岛最大的港口和欧洲造船中心，也是瑞典旅游胜地之一，保留有许多古迹。

（3）马尔默

图 3.20 HSB 旋转中心摩天大楼

马尔默是瑞典第三大城市、海军基地和交通枢纽，位于瑞典最南端，据守波罗的海海口，同丹麦首都哥本哈根相望。20 世纪初成为瑞典主要的工业城市，是当时世界上最大的造船所之一。马尔默分为老区和新区两部分，位于老区的市政府具有荷兰文艺复兴式的建筑风格。HSB 旋转中心摩天大楼（图 3.20）于 2005 年 8 月揭幕，高 190 米。从外观看，它像一个立着的陀螺，向上盘旋，也被称为“旋转的躯体”，是马尔默的新地标。

（4）基律纳

基律纳地处瑞典北部，是瑞典主要的铁矿业中心，也是瑞典北部主要的港口。每年 6 月游人纷至沓来，可欣赏到奇妙的“半夜太阳”，还可一睹拉普人放鹿、套鹿的情景。冬季白雪皑皑，基律纳又成为滑雪爱好者的向往之地。

图 3.21 瑞典皇宫

2. *名胜古迹*

（1）瑞典皇宫

瑞典皇宫（图 3.21）位于斯德哥尔摩市中心，是瑞典历代国王办公和举行庆典的地方。皇宫建于 17 世纪，前后历时 60 多年，于 1754 年完工，是一座方形的小城堡，呈“口”字形，共 3 层。皇宫四壁镶嵌着许多精美的浮雕图案，大厅的墙壁上挂有大幅的历朝国王和王后的肖像，穹顶装饰有精美雕刻和绘画，大多是 17 世纪德国美术家的作品。皇宫部分场所现在已对外开放。

（2）斯德哥尔摩市政厅

斯德哥尔摩市政厅（图 3.22）位于斯德哥尔摩市中心，是瑞典议会所在地，建于 1911～1923 年。市政厅的广场上有一座塔楼，高 106 米，塔尖上建有 3 个金色王冠，代表瑞典、丹麦、挪威三国之间的密切合作。市政厅内设有巨大的宴会厅，也称为“蓝厅”，每年的 12 月 10 日是诺贝尔奖的颁发日，颁奖结束后，瑞典国王和王后都要在这里为诺贝尔奖获得者举行隆重盛大的晚宴。斯德哥尔摩市政厅被看成是斯德哥尔摩的形象和代表。

图 3.22 斯德哥尔摩市政厅

（3）皇后岛

皇后岛位于距离斯德哥尔摩市中心约 15 千米处，属于瑞典皇家驻地，是瑞典第一个被列入《世界遗产名录》的地方。皇后岛包括皇后岛宫、宫廷剧院、中国宫和花园，其中皇后岛宫是瑞典王室现在的居住地，为皇后岛的核心。皇后岛最早建于 16 世纪，后被烧毁，17 世纪重建，因受法国凡尔赛宫的建造特色启发，所以有“瑞典的凡尔赛”之称。

二、丹麦

（一）基本国情

1. 自然地理

丹麦位于欧洲西北部日德兰半岛上，北部隔北海和波罗的海与瑞典、挪威相望，南部毗邻德国，是西欧陆地通向斯堪的纳维亚半岛的交通要道。本土由日德兰半岛的大部分和菲英岛、西兰岛、博恩霍尔姆岛等 406 个大小岛屿组成，此外还包括格陵兰岛和法罗群岛两个享有自治权的领地。丹麦是安徒生的故乡，故被誉为“童话王国”。

国土面积：43 094 平方千米。

2. 简史

公元 985 年，丹麦形成统一王国。公元 8～12 世纪为强盛的海盗时期，曾征服现英国、挪威、法国莱茵河畔等地区。14 世纪走向强盛，并于 1397 年成立以丹麦女王玛格丽特一世为盟主的卡尔马联盟，疆土包括现丹麦、挪威、瑞典、冰岛、格陵兰、法罗群岛及芬兰的一部分。15 世纪末开始衰落。1523 年，瑞典脱离联盟独立。1814 年将挪威割予瑞典。1849 年建立君主立宪政体。两次世界大战中均宣布中立。1940 年 4 月～1945 年 5 月被纳粹德国占领。1949 年加入北大西洋公约组织，1973 年加入欧洲共同体，现为欧盟成员国之一。

3. 政治

丹麦实行君主立宪制，国王即国家元首兼武装部队统帅，议会为一院制。国王与议会共同拥有立法权，国王通过由其任命的内阁部长行使行政权。

4. 经济

丹麦是发达的西方工业国家，对国际贸易高度依赖，农牧业高度发达，有“欧洲乳酪市场”之称。工业总产值约占 GDP 的 14%，主要工业部门有食品加工、机械制造、石油开采、造船、水泥、电子、化工、冶金、医药、纺织、家具、烟草、造纸和印刷设备等。丹麦知名的企业有全球最大的集装箱运输公司马士基航运，世界两大生物技术巨头诺和诺德集团、诺维信集团，名牌音响制造商 B&O，玩具商乐高等企业。

丹麦长期以来货币稳定，建立了极其完善的社会福利体系，以高福利、高收入、高税收、高消费为主要特征，国民贫富差距极小，拥有很高的生活水平。2017 年，联合国可持续发展行动网络发布“世界幸福国家”年度排行榜，以人均国民生产总值、健康、预期寿命、对政府信任度等 4 个因素为指标进行分析和计算，位居第二，仅次于挪威。

货币：丹麦克朗。

（二）人文习俗

1. 民族、语言、人口、宗教

民族：民族构成比较单一，丹麦人约占总人口的 91.2%，外国移民约占总人口的 8.8%。

语言：官方语言为丹麦语。

人口：580 万（2019 年 3 月）。丹麦人口密度是北欧国家中最大的，丹麦也是世界上居民平均寿命最长的国家之一。

宗教：约 77%的居民信奉基督教路德宗，0.6%的居民信奉罗马天主教。

2. 主要节日

女王玛格丽特二世生日：4 月 16 日。

宪法日：6 月 5 日。1849 年 6 月 5 日，颁布丹麦王国宪法。

国旗日：6 月 15 日。

3. 民俗风情

（1）服装

丹麦的传统服饰上大多有精美的刺绣，特别讲究的还要在白色或本色的亚麻布外施以网绣。女衬衣、无檐女帽、头巾、披肩上一律有网绣。妇女们平时穿深色长裙，裙外腰间再罩围裙。年轻姑娘喜欢穿粉红色衬衣，而老年妇女则喜欢穿绿色衬衣，有的还在袖口上饰以缎带结。丹麦男子的传统服饰与北欧其他民族相近。

丹麦人平时多以着休闲装为主，著名的服饰品牌有 ONLY、VERO MODA、JACK& JONES 等。

（2）饮食

丹麦人主食以面食为主，烹调食材主要有鱼类、贝类、肉类、奶制品、蔬菜、水果等。调料爱用丁香、芫荽、番茄酱、醋、糖等。讲究菜肴的香脆，注意多样质精，口味不喜太咸，喜微酸带甜味，对用炒、烤、炸、烧等烹调方法制作的菜肴偏爱，每餐都有冷拼盘，喜欢喝啤酒。

丹麦的开放式三明治和丹麦酥举世闻名，其中三明治有单层、双层和多层共 700 多种。开放式的三明治在各层分别夹上熏肉片、西红柿片、肝泥酱、水萝卜片等，堪称美餐。丹麦酥主要由面粉、牛奶、果酱制成，是丹麦人喜爱的食物。猪肉丸、水煮鳕鱼配芥末酱、脆皮烤猪肉、马铃薯炖牛肉、牛肉汉堡配洋葱都是丹麦著名的美食。

（3）礼仪

丹麦人的社交礼仪与瑞典人类似。

（4）禁忌

在丹麦，白色的花除在葬礼、结婚典礼上和教堂洗礼时使用外，在其他场合是禁忌的。丹麦人忌讳盐，认为盐会给人带来灾祸。丹麦人不喜欢在 7 月、8 月工作，因为丹麦冬季漫长，人们会利用这两个月时间度假休息。

4. 文化艺术

丹麦素有“童话王国”之称，安徒生是丹麦最著名的童话大师，其代表作品有《海的女儿》《国王的新衣》《丑小鸭》等。1917 年，丹麦作家亨利克·彭托皮丹凭借小说《天国》、卡尔·耶勒鲁普凭借小说《磨坊血案》荣获诺贝尔文学奖。1944 年，丹麦作家约翰内斯·威廉·扬森凭借小说《漫长的旅行》荣获诺贝尔文学奖。

著名的丹麦国际童话电影节，自 1975 年开始每两年在安徒生的故乡欧登塞城举办一次。卡伦·布里森是 20 世纪丹麦著名的女作家，电影《走出非洲》就是根据她在非洲生活 20 年的经历改编的。

丹麦的芭蕾舞蹈艺术世界闻名，丹麦皇家芭蕾舞团经常在世界各地进行巡回演出。丹麦的银器设计蜚声国内外。

丹麦人喜爱运动，尤其是自行车运动，丹麦有“自行车王国”之称。丹麦人的体育强项是足球和羽毛球。

知识链接 3-16

自行车王国

丹麦不仅是一个“童话王国”，还是一个“自行车王国”。据统计，丹麦全国有 500 多万人口，拥有自行车的数量达 420 万辆，首都哥本哈根的自行车总量更是超过 30 万辆。骑自行车已成为丹麦人的时尚运动。丹麦的道路上一般会专设自行车道。自行车道有两种：一种是独立设置的专行道，路面铺有蓝色塑胶，没有机动车和红绿灯的干扰；另一种是与机动车道同行的，但机动车道、自行车道和人行道从高度上依次分开，互不干扰。丹麦的地铁和轻轨火车上还设有允许乘客携带自行车的专用车厢。

（资料来源：根据网络相关资料整理）

（三）旅游资源

截至 2017 年 7 月，丹麦列入联合国教科文组织《世界遗产名录》的自然与文化遗产有 9 项，包括 6 项文化遗产、3 项自然遗产。

1. 名城

（1）哥本哈根

哥本哈根是丹麦的首都，位于丹麦最大的岛——西兰岛的东部，被称为“最具童话色彩的城市”。哥本哈根曾被联合国人居署选为“最适合居住的城市”，也是全世界最幸福的城市之一。丹麦全国重要的食品、造船、机械、电子等工业大多集中在这里，有许多重要的国际会议在此召开。著名景点有克里斯蒂安堡宫、腓特烈教堂、趣伏里公园和市政厅广场等。

（2）奥胡斯

奥胡斯是丹麦的第二大城市和主要港口，位于日德兰半岛东岸，主要市区始建于公元 900 年，距今已有 1 000 多年的历史。奥胡斯是丹麦的文化中心之一，主要景点有奥胡斯大学、音乐学院和露天博物馆等。

（3）欧登塞

欧登塞是丹麦的第三大城市，丹麦重要的商业和工业中心，位于哥本哈根以西 96 千米处，是哥本哈根通往日德兰半岛的必经之地。欧登塞是丹麦最古老的城市之一，中世纪建有众多的修道院和教堂，成为人们朝圣的地方。1853 年，欧登塞成为丹麦第一座拥有现代水系统和天然气系统的城市。

欧登塞的最大特色是保留了很多低矮木制的建筑，白色的小窗户，配着红顶高烟囱，具有传统丹麦风格，被称为“童话小镇”。欧登塞还因为是著名作家安徒生的故乡而享誉世界。

（4）格陵兰岛

格陵兰岛是世界第一大岛，位于北美洲东北，介于北冰洋和大西洋之间。大约 1 000 年前，加拿大北部的因纽特人来到格陵兰岛定居，以捕鱼狩猎为生。13 世纪成为挪威的殖民地，于 1841 年被丹麦占有。2009 年 6 月 21 日，格陵兰岛正式自治，但丹麦在格陵兰岛的防务和外交事务上拥有最终决定权。由于地处北极圈内，每到冬季，格陵兰岛就会出现持续数月的极夜，有时还会出现色彩绚丽的北极光。夏季，太阳高悬头顶，格陵兰岛成为极昼下的日不落岛。

2. 名胜古迹

（1）《美人鱼》铜像

《美人鱼》铜像（图 3.23）位于丹麦哥本哈根市中心东北部的长堤公园内，是丹麦雕塑家爱德华·艾瑞克森于 1912 年根据安徒生童话《海的女儿》中的女主角用青铜铸塑而成的，现已成为丹麦的象征。铜像高约 1.5 米，人身鱼尾，端坐在一块巨大的花岗岩上，每年有不可胜计的游客来一睹“美人鱼”的风采。

（2）阿玛莲堡王宫

阿玛莲堡王宫位于哥本哈根东部，是一座典型的哥特式城堡，建于 1754～1760 年，1794 年成为丹麦王室的住所，一直到今天。广场中央矗立着腓特烈五世国王的骑马铜像，这座铜像是法国雕塑家萨利于 1768 年创作的（图 3.24）。每当女王玛格丽特二世在王宫时，宫殿的建筑物上便会升起丹麦国旗。阿玛莲堡王宫现有部分房间向公众开放，王宫大门口每天中午 12 点举行皇家卫队换岗仪式。

图 3.23　丹麦哥本哈根《美人鱼》铜像

图 3.24　阿玛莲堡王宫（局部）和腓特烈五世国王骑马铜像

（3）克伦堡宫

克伦堡宫（图 3.25）位于丹麦西兰岛北端的赫尔辛格市，意为“皇冠之宫”，是欧洲文艺复兴时期最具代表性的一座城堡宫殿，也是欧洲北部地区重要的军事要塞。如今克伦堡宫已建为博物馆，保存着大量的古式家具、油画、挂毯、木雕。文学巨匠莎士比亚以克伦堡宫作为故事发生地创作了《哈姆雷特》，2000 年克伦堡宫入选世界文化遗产。

图 3.25　克伦堡宫

三、挪威

（一）基本国情

1. 自然地理

挪威全称为挪威王国，意为“通往北方之路”。挪威位于欧洲北部斯堪的纳维亚半岛的西部，东邻瑞典，东北与芬兰、俄罗斯接壤，南同丹麦隔海相望，西濒挪威海。挪威有近一半的国土位于北极圈以内，最北端的北角也是欧洲大陆的最北界点。

挪威领土南北狭长，斯堪的纳维亚山脉纵贯全境。受第四纪冰川影响，挪威海岸线极其漫长曲折，近海岛屿约达 15 万个，被称为“万岛之国”。挪威领土还包括位于北冰洋上的斯瓦尔巴群岛和扬马延岛。

挪威北部位于北极圈内，冬季有 3 个月左右不见太阳，夏季有 3 个月左右不见日落，又被称为“永夜”“永昼”之国。

国土面积：385 155 平方千米（包括斯瓦尔巴群岛、扬马延岛等属地）。

2. 简史

公元 9 世纪形成统一王国。公元 9～11 世纪进入全盛时期。14 世纪中叶开始衰落，1397 年挪威与丹麦和瑞典组成卡尔马联盟，处于丹麦的统治之下。1814 年丹麦割让挪威给瑞典，同年 5 月 17 日挪威通过宪法，宣布实行君主立宪制。

1905 年，挪威独立，选丹麦王子卡尔为国王，称哈康七世。第一次世界大战中，挪威保持中立。1925 年，斯瓦尔巴群岛纳入挪威版图。1929 年，挪威占领了北极圈内的扬马延岛。1940 年，挪威被法西斯德国占领，哈康国王及政府流亡英国，1945 年获得解放。1999 年，挪威加入《申根协定》。

知识链接 3-17

北欧海盗

维京人泛指北欧海盗，从公元 8～11 世纪一直侵扰欧洲沿海和英国岛屿，足迹遍及欧洲大陆至北极广阔疆域，这一时期被称为“维京时期”。维京人的老家是挪威、瑞典和丹麦，他们和后代曾一度控制了大部分的波罗的海沿岸、俄罗斯内陆、英格兰的丹麦区、基辅罗斯、法国诺曼底、意大利南部和巴勒斯坦的部分地区。公元 825 年，维京人发现冰岛并于公元 875 年定居下来。公元 985 年，他们又在格陵兰建立了殖民地。有证据显示，在哥伦布发现新大陆之前的 500 年，维京人就曾到达纽芬兰并探索了部分北美地区，后被印第安人赶走。维京时代末期，欧洲北部才出现独立的国家，同时也接纳了基督教，开始进入中世纪。

（资料来源：https://baike.baidu.com/item/%E7%BB%B4%E4%BA%AC%E4%BA%BA/509733?fr=aladdin，节选，有改动）

3. 政治

挪威实行君主立宪制，国王是国家元首兼武装部队统帅，并提名首相人选，但无权解散议会。议会为国家最高立法机关，拥有立法权、财政监督权和行政监督权。实行一院制，每 4 年举行一次议会大选。

4. 经济

挪威是拥有现代化工业的发达国家。工业在国民经济中占有重要地位，海洋石油、化工、航运、水电、冶金等尤为发达。挪威现为世界第三大天然气出口国、第八大石油出口国。

挪威是全球最发达的福利国家之一，生活质量位居全球前列。2017 年，联合国可持续发展行动网络发布“世界幸福国家”年度排行榜，以人均国民生产总值、健康、预期寿命、对政府信任度等 4 个因素为指标进行分析和计算，挪威排名第一位。

货币：挪威克朗。

（二）人文习俗

1. 民族、语言、人口、宗教

民族：约 96%为挪威人，有萨米族约 3 万人，主要分布在北部。

语言：官方语言为挪威语。

人口：529 万（2018 年 10 月），是世界上老年人口比例最高和人均寿命最长的国家之一。

宗教：多数人信奉基督教路德宗，挪威教会成员约占人口总数的 71.5%。

2. 主要节日

宪法日：5 月 17 日。1814 年 5 月 17 日，通过第一部宪法。
哈拉尔五世国王寿辰日：2 月 21 日。
奥斯陆滑雪节：3 月的第一个星期六，是挪威仅次于国庆日的第二个盛大节日。
解放日：5 月 8 日。1945 年 5 月 8 日，占领挪威的德国纳粹投降。
独立日：6 月 7 日。1905 年 6 月 7 日，瑞典与挪威联盟解体，挪威获得独立。

3. 民俗风情

（1）服装

挪威女性的传统服装为白色衬衣外罩连衣长裙，裙子上身为坎肩紧身式，多为红色，底裙多为黑色、蓝色或者绿色，外套围裙。腰部扎镀金的宽带，与布腰带和围裙同穿，上系一小口袋，精美的刺绣点缀在胸前、裙子下摆和口袋上，有时还披深色披肩。挪威男子上身穿短上衣和背心，腰间系银扣的黑腰布，下身穿紧身裤，齐膝或到脚踝部，头戴颜色鲜艳的圆帽或有缎带装饰的尖顶帽子。挪威人非常崇尚红色，无论是女性的大衣、儿童的滑雪衣，还是男子毡帽上的镶边，大多是红色的。

（2）饮食

挪威绝大部分领土位于高纬度地区，因此挪威人饮食以高热量、分量足为主要特征，平时喜欢吃鱼类和水产品。黑鳕鱼是挪威的主要经济鱼类，储存方式主要有腌制和晒干。在挪威北部地区，人们习惯吃鳟鱼和鲽鱼的舌头、脑浆，以鲽鱼汤最为有名。苏打鱼（图 3.26）是奥斯陆的一道名菜，吃时配以黄豆泥、土豆、芥末酱及小薄饼或烙饼。挪威人偏爱的肉类有羔羊肉、小牛肉、驯鹿肉和松鸡。挪威人特别喜欢吃奶酪，尤其是棕色的羊奶酪，带有甜甜的焦糖味道，涂了甜味羊奶酪的面包片或蜂窝饼在餐馆到处可见。挪威人也喜爱喝啤酒、葡萄酒和威士忌，但价格较贵。

图 3.26　苏打鱼

（3）礼仪

挪威的社交礼仪与瑞典类似。

（4）禁忌

挪威人忌讳黑色，偏爱红色、绿色和蓝色，挪威妇女尤其喜爱褐色。在室内忌戴帽子。白喉河乌是挪威的国鸟，政府规定不准捕捉、伤害。

4. 文化艺术

挪威文学以公元 9～10 世纪的神话诗集《埃达》为起点。从 17 世纪下半叶开始，挪威文学进入丹麦和挪威文学融合的时期，这一时期挪威的作家基本上用丹麦文写作，著名诗人达斯被认为是挪威文学史上第一个具有持久影响的作家，剧作家霍尔堡被奉为丹麦和挪威戏剧的鼻祖。

19～20 世纪，挪威文学达到了世界级高水平，涌现出许多优秀作家。挪威第一位女作家科莱特凭借其代表作《总督的女儿》（挪威的第一部社会小说）成为挪威第一位获得国王授予勋章的女作家。挪威作家易卜生是近代欧洲戏剧的创始人，被尊称为“近代戏曲之父”。他一生写了 26 部剧本，代表作有《社会支柱》《玩偶之家》《群鬼》等。比昂松是挪威第一位诺贝尔文学奖获得者，其诗歌《对!我们热爱祖国》成为挪威的国歌歌词。

进入 20 世纪后，挪威作家克努特・汉姆生因其《大地硕果——畜牧曲》一书获得 1920 年诺贝尔文学奖。1928 年，西格里德・温塞特凭借《新娘—主人—十字架》获诺贝尔文学奖，她是挪威第一位获此殊荣的女作家。

挪威是滑雪运动的发源地，在历次国际滑雪大赛中，挪威选手经常独占鳌头。1952 年第 6 届和 1994 年第 17 届冬奥会分别在挪威的奥斯陆和利勒哈默尔举办。

（三）旅游资源

挪威由于基础设施较好，环境容量大，加上特有的森林、峡湾、极光等自然旅游资源和悠久的建筑等人文景观，越来越成为游客向往的旅游目的地。截至 2017 年 7 月，挪威列入联合国教科文组织《世界遗产名录》的自然与文化遗产有 8 项，包括 7 项文化遗产、1 项自然遗产。

1. 名城

（1）奥斯陆

奥斯陆是挪威的首都和第一大城市，是挪威的政治、经济、文化、交通中心和主要港口，也是挪威王室和政府的所在地。奥斯陆位于挪威东南部，是全球最富有、最安全、最幸福及拥有联合国人类发展指数最高的城市之一。奥斯陆港是挪威最大的不冻港，全国一半以上的进口商品都是从这里转运到世界各地。挪威是维京文化的发源地，在奥斯陆的海盗博物馆保存有 3 艘公元 9 世纪的海盗船，其中最大的海盗船“科克斯塔德号”（图 3.27），船长 24 米，船头和船尾很细，向上翘起，并有精雕细刻的花纹。奥斯陆还以“世界滑雪之都”闻名于世，也是诺贝尔和平奖的颁奖地，每年的颁奖仪式在奥斯陆市政厅举行。

图 3.27　“科克斯塔德号”海盗船

（2）卑尔根

卑尔根是挪威的第二大城市，气候温和多雨，是一座“雨城”。卑尔根位于挪威西海岸陡峭的峡湾线上，是挪威重要的航运和商业中心，全国约一半的鱼类及其制品销往国外，是欧洲最大的邮轮港之一。2000 年，卑尔根入选“欧洲文化之都”，其魅力体现在剧院、舞蹈、音乐、食品和展览会中。

（3）特隆赫姆

特隆赫姆是挪威的第三大城市，位于挪威西海岸中部。公元 997 年，由挪威国王奥拉夫一世建造。在挪威语中，“特隆”意为“王位、加冕”，“赫姆”代表“家”，合在一起就是“加冕之地”的意思，因此历朝挪威国王都在这里加冕。特隆赫姆现在已经成为整个挪威的教育中心、技术中心和药物研究中心。著名景点有中心广场、尼德罗斯大教堂、音乐史博物馆。

2. 名胜古迹

（1）乌尔内斯木板教堂

乌尔内斯木板教堂位于挪威西海岸，也称为木条教堂或斯塔万格木板教堂，是挪威现存木板教堂中最古老的一座，1979 年被联合国教科文组织列为必须加以保护的世界文化遗产之一，列入《世界遗产名录》。在教堂最古老的北门上面刻有一些以动植物为主题的图案，动物的形态就像蛇一样，这种木雕造型被称为“乌尔内斯式”。教堂共 3 层，全部用木材建造，内部以暖色调的老松木为主料，周围装饰有许多 12 世纪的精美木雕画。由于教堂内部的一些圆木柱子像帆船的桅杆，因此也被称为桅式教堂。乌尔内斯木板教堂是挪威文明的一部分，形成于北欧尚未基督化时，体现了建筑艺术从大量运用动物装饰和“乌尔内斯式”动物造型向石质雕刻的转变，对挪威的本土文化起到了传承作用。

（2）四大峡湾

峡湾是冰川作用下形成的一种地貌。世界上 80%的峡湾集中分布在欧洲，而欧洲的峡湾主要在北欧的挪威。挪威自古就以峡湾闻名，有“峡湾国家”之称。在挪威的峡湾中，名声最大且各具特色的当属盖朗厄尔峡湾（图 3.28）、松恩峡湾、哈当厄尔峡湾和吕瑟峡湾，是保存完好的世界最佳旅游目的地。其中，盖朗厄尔峡湾和松恩峡湾的分支纳柔依峡湾作为世界自然遗产于 2005 年被列入《世界遗产名录》。

图 3.28　盖朗厄尔峡湾

（3）维格兰雕塑公园

维格兰雕塑公园位于奥斯陆的西北部，设计者为挪威著名雕塑家古斯塔夫・维格兰。公园共有 650 个人物雕像，由铜、铁和花岗岩 3 种材料雕成，所有雕像集中突出了生与死的主题，其中最有代表性的是《生气的男孩》《人生喷泉》《生命之柱》。

四、芬兰

（一）基本国情

1. 自然地理

芬兰位于欧洲北部，北接挪威，西北与瑞典相邻、西濒波的尼亚湾，西南临波罗的海和芬兰湾，东与俄罗斯接壤。

芬兰地势北高南低，北部和中部为丘陵区，平原主要分布在沿海。在冰川的作用下，芬兰境内形成了约 18.8 万个湖泊，被称为“千湖之国”。岛屿约 17.9 万个，大多分布在芬兰西南部及芬兰半岛南岸地区，著名的有奥兰群岛。芬兰近 1/3 的土地在北极圈内。

国土面积：338 145 平方千米。

2. 简史

约 9 000 年前，芬兰人的祖先迁居至此。12 世纪后半叶隶属于瑞典，14 世纪中叶芬兰正式成为瑞典的一部分。16 世纪，瑞典国王开始建赫尔辛福，即后来的赫尔辛基，俄国和瑞典北方战争后，芬兰于 1809 年俄瑞战争后成为俄国的大公国。1917 年俄国“十月革命”爆发，12 月 6 日芬兰宣布独立，1919 年成立芬兰共和国。

第二次世界大战期间，芬兰与苏联进行了两次战争，1939～1940 年的冬季战争，芬兰被迫同苏联签订向苏联割让领土的《芬苏和约》。第二次世界大战结束后，作为战败国，芬兰被迫向苏联出借赫尔辛基以西的地区，作为航海基地和军事基地，并支付大笔战争赔款。1944～1945 年，拉普兰之战，芬兰从德国手中收回了北部地区。1995 年，芬兰加入欧盟。

3. 政治

宪法规定，国家立法权由议会和共和国总统共同行使。总统是国家元首，拥有任命政府、掌管外交、统帅三军等实权。1999 年，芬兰议会通过新宪法，总统的权力被削弱，议会和政府的权力和地位明显得到加强。议会是国家的最高立法机关，采取一院制。

4. 经济

芬兰是发达资本主义国家。1999 年加入欧元区，2002 年正式流通欧元。建立在森林基础上的木材加工、造纸和林业机械制造业是芬兰的经济支柱，并具有世界领先水平。森林工业产量约占世界总产量的 5%，是世界第二大纸张、纸板出口国（约占世界出口量的 25%）及世界第四大纸浆出口国。林业发达，农畜产品自给有余。出口商品主要有金属、纸张纸板、化工产品等；进口商品主要有金属、原油等。服务业在 20 世纪 80 年代以后得到更完善的发展，包括商业、旅游、金融、通信和公共服务业等。芬兰是北欧唯一加入欧元区的国家。

货币：欧元。

知识链接 3-18

芬兰诺基亚集团

诺基亚集团成立于 1865 年，早期从事造纸、化工、橡胶行业。20 世纪 60 年代进入电信市场，90 年代主要生产移动和固定电信网络设备及移动电话。自 1996 年起，连续 15 年占据手机市场份额第一的位置，2007 年达到巅峰，而芬兰的经济产值也随之登顶，诺基亚公司几乎成了芬兰的代名词。2013 年 9 月，诺基亚将旗下手机业务出售给微软，并专注于网络研发、设备及服务。

2016 年 1 月，诺基亚完成收购阿尔卡特朗讯，两家合并后成为全球最大的移动通信网络设备供应商。

（资料来源：https://baike.baidu.com/item/%E8%AF%BA%E5%9F%BA%E4%BA%9A/114431?fr=aladdin，节选，有改动）

（二）人文习俗

1. 民族、语言、人口、宗教

民族：大部分是芬兰族，约占 88.3%，瑞典族约占总人口的 5.3%，还有少量萨米人。

语言：官方语言为芬兰语和瑞典语。

人口：551.6 万（2018 年 10 月），大部分居民居住在气候比较温和的南部，赫尔辛基是主要的人口密集区。

宗教：约 72%的居民信奉基督教路德宗，1.1%的居民信奉东正教。

2. 主要节日

独立纪念日：12 月 6 日，即国庆节。1917 年 12 月 6 日，芬兰脱离苏维埃俄国宣布独立。

赫尔辛基桑巴狂欢节：6 月 13 日。

仲夏节：6 月 25 日前后举行，是芬兰除了圣诞节和新年以外最盛大的节日。

圣诞节：12 月 25 日。芬兰是圣诞老人的故乡，早在 11 月，圣诞老人就来到首都赫尔辛基，参加传统的圣诞节开灯仪式。当地人化装成小雪花、森林动物、白雪公主等，牵着来自北部地区的驯鹿，兴高采烈地参加游行庆祝活动。

3. 民俗风情

（1）服装

芬兰人在正式场合比较注重穿着打扮。萨米人的传统服饰具有独特的民族风格，基本色调是以蓝、红、黄 3 种鲜艳夺目的色彩相搭配。上衣多为深蓝和天蓝色，领口、前襟、肩部、袖口和下摆都镶有金黄和大红两色相间的花边。妇女们戴着镶有花边的红色遮耳帽，男子的高筒帽上带有蓝色的 4 只尖形角，喜欢在腰际佩带漂亮的芬兰刀，脚蹬足尖翘起的鹿皮靴，显得粗犷豪爽。

（2）饮食

芬兰人的饮食以富含脂肪、淀粉类的高热量食物为主要特色，偏爱各种肉类和马铃薯。其中，肉类以牛肉和猪肉为主，最常见的蔬菜是西红柿、黄瓜、胡萝卜和卷心菜。此外，添加了酸乳酪和洋葱末的鱼子酱、野蘑菇和奶酪也是极富魅力的美食。芬兰鱼类十分丰富，有三文鱼、波罗的海青鱼、鲑鱼、淡水鳕鱼等，通常采用烟熏、烧烤、蒸、焗等方法，加上大蒜、芥末进行烹制，也可以做成鱼肉冻或鱼肉馅饼。小龙虾是芬兰人夏天不可缺少的节令美食，配上鱼子酱三明治和当地的伏特加酒，美味无比。芬兰是黑稞麦之乡，将黑麦做成各式面包或麦粥，富有营养。

（3）礼仪、禁忌

芬兰人的社交礼仪、禁忌与瑞典人类似。

4. 文化艺术

芬兰有很多著名的文学家和艺术家。语言学家伦洛特收集编撰的民族史诗《卡勒瓦拉》，充满传奇色彩，是世界文学史中最伟大的史诗之一。弗兰斯·埃米尔·西兰帕在 1939 年以《少女西丽亚》获诺贝尔文学奖。伟大的音乐家西贝柳斯开创了民族音乐的新纪元，被誉为芬兰“民族音乐之父”。芬兰还孕育了独特的北欧重金属音乐，许多乐队风靡全球。

芬兰拉普兰省的耳朵山是圣诞老人的故乡，最早起源于 1927 年芬兰的儿童故事。芬兰人在拉普兰省的罗瓦涅米为圣诞老人建了圣诞老人村，每年吸引着来自世界各地的游客，在世界上唯一的圣诞老人邮局可以为亲朋好友寄去来自北极的问候。

除了艺术，芬兰人还发明了桑拿浴，号称芬兰的国粹，全国拥有桑拿房的密度居世界第一位。

芬兰是一个崇尚体育的民族，被誉为“标枪之国”和“长跑之乡”。赛车在芬兰体育运动中的地位极其重要，许多著名的车手出自芬兰。1952 年，第 15 届夏季奥运会在赫尔辛基举行。

知识链接 3-19

芬 兰 浴

芬兰浴又称桑拿浴，是芬兰最有特色的风俗。通常人们认为桑拿浴起源于古罗马，当时的古罗马人为了强身健体，用木炭和火山石取热量健身，是现代桑拿的雏形。桑拿最初是在地上挖一个洞，洞的一角放一堆石头，用火把含矿物质的石头烧热，再浇上冷水，蒸汽瞬间便会充满全屋，室温可高达 80℃。

中世纪出现“桑拿”一词，是指用于洗澡的“一个没有窗子的小木屋”，最初的小木屋，不仅没有窗户，甚至连烟囱也没有，只有一个通风口，里面有用石头垒成的炉子，以干柴作为燃料，浓烟把屋子熏得油黑，那时的桑拿就叫“烟桑拿”。后来安装了烟囱和可开关的小窗户，逐渐演变成洗蒸汽浴，室内温度通常为 50℃～80℃。

（资料来源：https://baike.baidu.com/item/%E6%A1%91%E6%8B%BF/51861?fr=aladdin&fromid=750118&fromtitle=%E8%8A%AC% E5%85%B0%E6%B5%B4，节选，有改动）

（三）旅游资源

芬兰以安全稳定的社会秩序、地广人稀的宽松环境及未被人为开发的大自然，吸引着越来越多的旅游者。截至 2017 年 7 月，芬兰被联合国教科文组织列入《世界遗产名录》的有 7 项，包括 6 项文化遗产、1 项自然遗产。

1. 名城

（1）赫尔辛基

赫尔辛基是芬兰的首都和第一大城市，也是芬兰最大的港口，位于芬兰湾的北岸，濒波罗的海，被誉为“波罗的海的女儿”。市内建筑多用浅色花岗岩建成，有“北方洁白城市”之称。赫尔辛基地处高纬度区，又被称为“北方的白昼城”“太阳不落的都城”。赫尔辛基始建于 1550 年，1917 年芬兰独立后被定为首都，主要建筑大多位于市中心议会广场，芬兰总统府（图 3.29）建于 1814 年，曾是俄国沙皇的行宫，1917 年成为芬兰总统府。著名景点有曼纳海姆大道、参议院广场、塞拉沙里露天博物馆、索梅林纳、岩石教堂等。

图 3.29　芬兰总统府

（2）坦佩雷

坦佩雷是北欧最大的内陆城市，位于芬兰西南部。坦佩雷始建于 1779 年，以木材、纺织、金属等工业而闻名世界，19 世纪时被称为欧洲“北方的曼彻斯特”，是芬兰工业化程度较高的城市。坦佩雷被称为“芬兰的戏剧之都”，带有旋转观众席的露天剧院是每年 8 月戏剧节会演的中心，还经常举办爵士音乐节和电影节等丰富多彩的文化活动。著名景点有坦佩雷大教堂、俄国革命工人大厦、姆明谷博物馆。

（3）埃斯波

埃斯波是芬兰南部城镇，位于首都赫尔辛基，是芬兰的第二大城市。埃斯波是芬兰乃至斯堪的纳维亚半岛地区最大的技术密集中心。电子通信、计算机技术、工程和软件生产是埃斯波的主导产业，在 8 000 家公司中有 500 家从事高技术产业，近 700 家主营计算机，其中最大的公司有 Neste 能源公司、诺基亚公司等。

（4）罗瓦涅米

罗瓦涅米是芬兰北部拉普兰省的省会，也是世界上唯一地处北极圈上的省会。20 世纪 90 年代初修建了北极中心，向旅游者展示了拉普兰地区土著居民的风土人情和文化习俗，以及北极地区的自然风光，现已成为重要的参观地点之一。

圣诞老人村（图 3.30）位于罗瓦涅米的北极圈上，这里的北极圈标线是北半球可以见到午夜太阳的最南分界线。游客每到这里，都会双脚横跨在 66° 33′35″ 的北极圈标线上，拍照以作纪念；在这里，游客还可以领取自己进入北极圈的证书。著名景点有北极中心、拉普兰省立博物馆、拉普兰森林博物馆。

2. 名胜古迹

（1）赫尔辛基大教堂

赫尔辛基大教堂（图 3.31）位于首都赫尔辛基市中心，属基督教路德派的教堂，建于 1852 年，结构精美，堪称芬兰建筑艺术上的精华。大教堂主体颜色为乳白色，四周由希腊神殿式的白色廊柱作支撑，顶端是淡绿色的青铜圆拱钟楼，整座建筑高出海平面80多米，是赫尔辛基的标志性建筑。赫尔辛基大教堂是芬兰年轻人喜爱的结婚场所，为了能在这里举行婚礼，新人需要提前一年半预约。每年赫尔辛基大学的神学院都会在这里举行传统而又隆重的毕业典礼。

图 3.30 圣诞老人村

图 3.31 赫尔辛基大教堂

（2）芬兰堡

芬兰堡是芬兰著名的名胜古迹之一，位于赫尔辛基南部海湾的6个岛屿上，扼制着从芬兰湾进入赫尔辛基的海上要道，是世界现存最大的海防军事要塞之一。芬兰堡建于1748～1788年，由瑞典人修建，1808年成为沙皇俄国的驻军地。1918年芬兰独立后，命名为芬兰堡，1919年芬兰正式派军队进驻芬兰堡，现已成为博物馆。芬兰堡现保存有8千米长的城墙、105门大炮、290座机房和数十座博物馆，除此之外，还有教堂、军营、城门等古迹。1991年被联合国教科文组织列入《世界遗产名录》。

（3）岩石教堂

岩石教堂，又名坦佩利奥基奥教堂，位于赫尔辛基市中心，建成于1969年，教堂是利用一整块岩石建造而成的。教堂建造在掏空的天然岩石中，顶部为淡蓝色铜制圆顶，有100条放射状的梁柱作支撑，同时镶嵌着透明玻璃。外部墙壁以铜片装饰，内壁则完全保持了天然的花岗岩石纹理，从教堂外面看，只看到岩石和顶部的圆顶。岩石教堂在岩壁的回音作用下，具有良好的音响效果，很多音乐会在这里举行。

第五节 东欧地区

东欧在地理上一般是指德国、奥地利、意大利以东，至亚欧大陆洲际分界线以西的区域，主要包括白俄罗斯、爱沙尼亚、拉脱维亚、立陶宛、摩尔多瓦、俄罗斯、乌克兰7个国家。东欧地区地貌比较单一，以东欧平原为主，主要河流有伏尔加河。

大多数东欧国家以斯拉夫民族为主体，99%以上人口属欧罗巴人种，是人种比较单一的地区。居民多信奉东正教，各国之间经济发展水平差异悬殊。

一、俄罗斯

（一）基本国情

1. 自然地理

俄罗斯，位于欧洲东部和亚洲北部，是一个地跨欧、亚两洲的国家。北临北冰洋，东濒太平洋，西接大西洋，西北与波罗的海、芬兰湾相邻。陆地邻国有 14 个，西北是挪威、芬兰，西边是爱沙尼亚、拉脱维亚、立陶宛、波兰、白俄罗斯，西南是乌克兰，南边是格鲁吉亚、阿塞拜疆、哈萨克斯坦，东南是中国、蒙古国和朝鲜，东与日本、美国隔海相望。

俄罗斯地形以平原和高原为主，西南耸立着大高加索山脉，最高峰为厄尔布鲁士山（欧洲第一高峰，海拔 5 642 米）。

俄罗斯境内河湖众多，主要河流有伏尔加河。伏尔加河被俄罗斯人称为“母亲河”，是欧洲第一长河，也是世界上最长的内流河。俄罗斯主要的湖泊有贝加尔湖（世界最深的淡水湖）和里海（世界最大的咸水湖，位于欧洲和亚洲的内陆交界处）。

俄罗斯气候类型多样，以温带大陆性气候为主。位于西伯利亚东北部的维尔霍扬斯克和奥伊米亚康的最低气温值曾分别达－70℃和－71℃，被称为北半球的“寒极”。

国土面积：17 075 400 平方千米，是世界上面积最大的国家。俄罗斯横跨 11 个时区，跨越 3 个气候带。

2. 简史

俄罗斯的历史最早起源于东欧平原上的游牧民族东斯拉夫人，公元 9～13 世纪，建立东欧君主制国家罗斯，首都基辅，后被俄罗斯史学界称为基辅罗斯，是俄罗斯、乌克兰和白俄罗斯的前身。公元 9 世纪，基督教的分支东正教从拜占庭帝国的首都君士坦丁堡传入基辅罗斯，拜占庭文化和斯拉夫文化相融，最终形成了俄罗斯文化。

莫斯科城建于 1147 年，16 世纪 30 年代，以莫斯科大公国为中心的统一国家基本形成。1547 年，莫斯科大公伊凡四世加冕称沙皇，建造克里姆林宫，成为一个独立的国家。

16～17 世纪，伏尔加河流域、乌拉尔和西伯利亚各族先后归入俄国，成为一个多民族国家。17 世纪中期，乌克兰和俄国合并为统一的国家。1689 年，彼得一世夺取政权，1721 年他被尊称为彼得大帝，俄国正式称为俄罗斯帝国，习惯上仍称沙皇俄国，并成为欧洲的军事强国。19 世纪后期，俄国没有参与到欧洲相继进行的工业革命中，20 世纪初期经济实力衰退。1917 年 11 月 7 日，布尔什维克取得“十月革命”的胜利，建立了俄罗斯苏维埃联邦社会主义共和国，这是世界上第一个社会主义国家。1922 年 12 月 30 日，成立苏维埃社会主义共和国联盟，俄罗斯联邦同乌克兰、白俄罗斯和外高加索联邦（包括阿塞拜疆、亚美尼亚和格鲁吉亚）一起加入，后扩展至 15 个加盟共和国。

1991 年 9 月，爱沙尼亚、拉脱维亚、立陶宛 3 个加盟共和国独立；12 月，俄罗斯联邦、白俄罗斯、乌克兰组成独立国家联合体；12 月 26 日，苏联解体，俄罗斯联邦成为完全独立的国家，并成为苏联的唯一继承国。

3. 政治

宪法规定，俄罗斯是共和制的民主联邦法制国家，确立了总统制的国家领导体制。议会称俄罗斯联邦会议，由联邦委员会（上院）和国家杜马（下院）组成。

总统是国家元首，由人民直选产生，任期 4 年，2008 年改任期为 6 年，且不可连任超过两届。俄罗斯联邦政府是最高国家执行权力机关，由联邦政府总理、副总理和联邦部长组成。

4. 经济

苏联解体后，俄罗斯经济一度严重衰退，2000 年普京执政，俄罗斯经济快速回升，连续 8 年保持增长，投资环境有所改善，外贸出口大幅增长，居民收入明显提高。俄罗斯工业、科技基础雄厚，尤其是核工业和航空航天业稳居世界前列；工业部门齐全，但工业结构不合理，重工业发达，轻工业发展缓慢，民用工业落后状况至今没有根本改变。俄罗斯农牧业并重，主要农作物有小麦、大麦、燕麦、玉米、水稻和豆类；经济作物以亚麻、向日葵和甜菜为主；畜牧业主要为养牛、养羊。

俄罗斯是联合国安全理事会五大常任理事国之一，对安理会议案拥有一票否决权。除此以外，俄罗斯还是“金砖国家”之一。

货币：俄罗斯卢布。

（二）人文习俗

1. 民族、语言、人口、宗教

民族：俄罗斯有 194 个民族，其中俄罗斯族人口最多，约占全国人口的 77.7%；主要少数民族有鞑靼、乌克兰、巴什基尔等。

语言：俄语为官方语言。

人口：1.46 亿（2019 年 1 月）。

宗教：主要宗教为东正教，其次为伊斯兰教。

2. 主要节日

东正教圣诞节：1 月 7 日。

伟大卫国战争胜利日：5 月 9 日。

国庆日：6 月 12 日。1990 年 6 月 12 日，俄罗斯联邦通过《俄罗斯联邦国家主权宣言》，宣布俄罗斯联邦在其境内拥有“绝对主权”。

谢肉节：东正教复活节前的第 8 周，持续 7 天。谢肉节又名狂欢节，是俄罗斯一年中最热闹的节日之一。

民族团结日：11 月 4 日。

3. 民俗风情

（1）服装

俄罗斯族的传统服饰丰富多彩。男性大多喜爱穿制服、马裤、皮靴，穿分岔长袍和大裆长裤。女性上穿无领绣花短衣，下穿自织的棉布长裙，腰系一条花布带。俄罗斯族妇女的头饰颇具特色，少女头饰的上端是敞开的，头发露在外面，梳成一条长长的辫子，并在辫子里编上色彩鲜艳的发带和小玻璃珠。已婚妇女必须先将头发梳成两条辫子，盘在头上，再严严实实地把辫子裹在头巾或帽子里面。

（2）饮食

俄罗斯饮食可以用“五大领袖”“四大金刚”“三剑客”来概括。“五大领袖”是指面包、牛奶、土豆、奶酪和香肠。“四大金刚”是指圆白菜、洋葱、胡萝卜和甜菜。“三剑客”是指黑面包、伏特加酒、鱼子酱。俄罗斯餐桌上最常见的是各种各样的肉类食品，几乎每餐都会有牛肉、羊肉、牛排、香肠等。鱼子酱、罗宋汤、传统小煎饼是俄罗斯非常有民族特色的菜肴。俄罗斯人日常饮品有蜂蜜、格瓦斯、伏特加酒、红茶。

（3）礼仪

在人际交往中，俄罗斯人素来以热情、豪放、勇敢、耿直而著称于世。在社交场合，俄罗斯人惯于和初次会面的人行握手礼。对于熟悉的人，尤其是在久别重逢时，他们则大多与对方热情拥抱。俄罗斯人向客人表示最高的敬意和最热烈的欢迎时，通常向对方献上面包和盐。最好以其职务、学衔、军衔称呼俄罗斯人。在极为正规的场合，应将俄罗斯人姓名的三个部分连在一起称呼。

在俄罗斯，无论是到别人家做客还是出入公共场所，都要脱掉外衣、手套、帽子和墨镜，“脱外套，进房间”已经成为俄罗斯人生活的一部分。俄罗斯男性非常尊重女性，为身边的女士脱下或披上大衣是男士不可推卸的责任。

（4）禁忌

在俄罗斯，被视为“光明象征”的向日葵最受人们喜爱，忌讳菊花、杜鹃花。拜访俄罗斯人时，送给女士的鲜花宜为单数，但是枝数和花朵数不能是 13 朵。在颜色方面，俄罗斯人忌讳黑色，喜欢红色。

俄罗斯人最偏爱数字 7，认为它是成功、美满的预兆。俄罗斯人不喜欢黑猫，崇拜马。俄罗斯人把盐当作珍宝，他们认为打翻盐罐或把盐撒在地上，是家庭不和的征兆。俄罗斯人不喜欢用左手递送物品。

俄罗斯人忌讳的话题有政治矛盾、经济难题、宗教矛盾、民族纠纷、苏联解体、阿富汗战争及大国地位问题。

4. 文化艺术

俄罗斯领土跨越欧、亚两洲，融合了东西方两种文化。俄罗斯文学源远流长，与绘画、音乐舞蹈、建筑并称为俄罗斯的四宝，有普希金、莱蒙托夫、果戈理、别林斯基、陀思妥耶夫斯基、列夫・托尔斯泰、契诃夫、高尔基、肖洛霍夫等世界驰名的大文豪和作家。截至 2017 年，俄罗斯先后有 5 人获得诺贝尔文学奖。俄罗斯的绘画有着悠久的历史，著名的艺术大师有列维坦、列宾、苏里柯夫、克拉姆斯科伊等。俄罗斯的宗教音乐和民间音乐有着深远的历史传统，歌剧、交响乐和室内音乐具有鲜明的民族气质，奔放豪迈。

俄罗斯的戏剧艺术体裁形式多样，最早出现在皇宫内，19 世纪进入繁荣时期，果戈理的《钦差大臣》等社会戏剧充满强烈的时代气息。亚・尼・奥斯特罗夫斯基是 19 世纪 50 年代以后俄罗斯文坛众多的戏剧作家中最杰出的代表，被称为“俄罗斯戏剧之父”。俄罗斯马戏团也很受人们欢迎。

俄罗斯是传统的体育强国，是历届奥运会上夺金强国之一。俄罗斯是国际象棋的强国。足球、冰球和网球也是受大众欢迎的运动项目。俄罗斯曾举办了 1980 年莫斯科夏季奥运会和 2014 年索契冬奥会。2018 年世界杯足球赛也在俄罗斯举办，这是俄罗斯承办的第三个世界级体育盛会。

知识链接 3-20

俄罗斯东正教

俄罗斯是个多民族的国家，宗教信仰多种多样。早期，人们信奉多神教，认为万物皆有灵。1054 年，基督教正式分裂为罗马公教（天主教）和希腊正教（东正教）。东正教的势力范围在罗马教廷势力范围以东，自称“正教”。东正教在俄罗斯得以繁荣发展的时期是彼得大帝统治后的 200 多年，在这段时期内，俄罗斯文化与宗教得到了迅速发展甚至达到顶峰，出现了普希金、莱蒙托夫、果戈理、托尔斯泰和陀思妥耶夫斯基等文学巨匠。如今，俄罗斯国内大多数人信奉东正教。俄罗斯东正教教会总部是谢尔盖圣三一大教堂，它在东正教中的地位就如同天主教的梵蒂冈。

（资料来源：李小桃，2002. 东正教与俄罗斯文化［J］. 渝州大学学报：社会科学版，(2)：77-79.）

（三）旅游资源

俄罗斯地跨欧、亚两洲，地域辽阔，旅游资源丰富。截至 2017 年 7 月，俄罗斯被联合国教科文组织列入《世界遗产名录》的自然与文化遗产有 28 项，包括 17 项文化遗产、11 项自然遗产。

1. 名城

（1）莫斯科

莫斯科是俄罗斯的首都，地处俄罗斯欧洲部分的中部，是俄罗斯乃至欧亚大陆上极其重要的交通枢纽，也是俄罗斯重要的工业制造中心、科技中心、教育中心。莫斯科始建于 1147 年，距今已有近 900 年的历史，从莫斯科大公时代开始，一直是沙皇俄国、苏联和俄罗斯联邦的首都，在俄罗斯的历史发展中起着民族文化中心的作用，是俄罗斯的心脏。莫斯科城市绿化覆盖率高，享有“森林中的首都”的美誉。莫斯科拥有众多名胜古迹，著名景点有克里姆林宫、红场、瓦西里升天教堂、阿尔巴特大街等。

（2）圣彼得堡

圣彼得堡位于俄罗斯西北部波罗的海沿岸、涅瓦河口三角洲地带，是俄罗斯的第二大城市，也是世界上人口超过百万的城市中位置最北的一个，被称为俄罗斯的“北方首都”。圣彼得堡始建于 1703 年，是俄罗斯通往波罗的海的出海口。1712 年，彼得大帝把首都从莫斯科迁到圣彼得堡，作为首都的时间长达 200 多年，是俄罗斯文化、政治、经济的中心。1924 年，为纪念列宁改称列宁格勒，1991 年苏联解体后又恢复原名圣彼得堡。1990 年，圣彼得堡历史中心及其相关古迹被联合国教科文组织列入《世界遗产名录》，著名景点有冬宫、伊萨基辅大教堂、青铜骑士、“阿芙乐尔号”巡洋舰、俄罗斯博物馆。

（3）索契

索契位于俄罗斯西南边境的黑海沿岸，与格鲁吉亚相接，是俄罗斯最狭长的城市。索契被称为俄罗斯的夏日之都，这里依山傍水，北部的高加索山脉阻挡了来自西伯利亚的寒冷空气，南部的黑海海面吹来温暖的海风，因此索契成为地球最北端的地中海式气候区，终年温暖湿润，一年中有 200 多天是晴天。1898 年，人们在索契发现硫化氢温泉，逐渐发展为俄罗斯最大的疗养胜地。2014 年，第 22 届冬季奥林匹克运动会在索契举行。2018 年在俄罗斯举办的世界杯足球赛，索契也是承办城市之一。索契的著名景点有红波利亚纳雪山、阿宏山塔楼、斯大林别墅。

（4）叶卡捷琳堡

叶卡捷琳堡始建于 1723 年，以女皇叶卡捷琳娜一世的名字命名，坐落在乌拉尔山脉东麓、伊赛特河畔，位于欧洲与亚洲的分界线上。叶卡捷琳堡也是重要的工业、交通、贸易、科学、文化中心，著名景点有叶卡捷琳堡奠基人纪念碑、滴血教堂、欧亚分界线碑。

（5）伏尔加格勒

伏尔加格勒是连接欧洲和亚洲陆路和水路交通的枢纽，最早名为察里津。为纪念斯大林保卫察里津，于 1925 年改称斯大林格勒，1961 年更名为伏尔加格勒。它是伏尔加河流域最古老的城市之一，受伏尔加河的滋润，风景秀丽，气候宜人，物产丰富，历来被称为俄罗斯的“南部粮仓”。

2. 名胜古迹

（1）克里姆林宫

克里姆林宫位于莫斯科市中心，是俄罗斯国家的象征，被誉为“历史瑰宝”和“文化和艺术古迹的宝库”。克里姆林宫始建于1156年，17世纪基本完成，后经多次修复和扩建，成为世界上最大的建筑群之一。克里姆林宫是莫斯科大公国和18世纪以前的沙皇皇宫，1917年“十月革命”胜利后，成为苏联党政领导机关所在地。苏联解体后，这里成了俄罗斯政府的代称。克里姆林宫是一组古老的建筑群，主要有大克里姆林宫、多棱宫、圣母升天教堂、伊凡大帝钟楼等，由红色宫墙包围，整体呈不等边三角形。克里姆林宫的建筑形式融合了拜占庭、俄罗斯、巴洛克、希腊和罗马等不同的建筑风格。

克里姆林宫的塔楼有20座，其中斯巴斯克塔楼（图3.32）是主塔，高67.3米，塔顶象征沙皇权力的双头鹰标志在1935年被拆除，以五角星替代，成为莫斯科的标志建筑。1990年，克里姆林宫与红场被联合国教科文组织列入《世界遗产名录》。

（2）莫斯科红场

莫斯科红场位于莫斯科市中心，是莫斯科最古老的广场，世界著名的广场之一，是俄罗斯重要节日举行群众集会、大型庆典和阅兵活动的地方。它最早建于15世纪末，1662年改称红场，意为“美丽的广场”，19世纪进行了大规模扩建。红场呈不规则的长方形，地面全部由赭红色条石铺成，当时是沙皇政府宣读重要诏书和举行凯旋检阅的场所。瓦西里升天教堂（图3.33）位于红场南端，是俄罗斯东正教堂，1553～1554年为纪念伊凡四世战胜喀山汗国而建造的。整座教堂由9座塔楼巧妙地组合为一体，中心塔高46米，周围耸立着8个色彩艳丽、柱体为八角棱形的塔楼，每个塔楼顶部都覆有金色洋葱头状的屋顶。

图3.32 斯巴斯克塔楼

图3.33 瓦西里升天教堂

（3）彼得大帝夏宫

彼得大帝夏宫（图 3.34），又称俄罗斯夏宫、彼得宫，位于圣彼得堡西南，面向芬兰湾，是历代俄国沙皇的郊外离宫，也是圣彼得堡的早期建筑，由喷泉、花园、宫殿组成。

图 3.34　彼得大帝夏宫

彼得大帝夏宫建于 1704～1723 年，当时许多大型舞会、宫廷庆典等活动在这里举行，也是彼得大帝每年的避暑地。1934 年以后，彼得大帝夏宫被辟为民俗史博物馆，由于建筑豪华宏伟，又被人们誉为“俄罗斯的凡尔赛”。

（4）冬宫

冬宫坐落在圣彼得堡宫殿广场，最早是俄罗斯帝国沙皇的皇宫，“十月革命”后辟为圣彼得堡艾尔米塔什博物馆的一部分。冬宫建于 1754～1762 年，是圣彼得堡最大的建筑。1917 年 11 月 7 日，参加“十月革命”的起义群众攻下冬宫，标志着布尔什维克取得了胜利。冬宫最早是俄罗斯女皇叶卡捷琳娜二世的私人博物馆，现收藏有各类文物 270 万件。

（5）贝加尔湖

贝加尔湖位于俄罗斯东西伯利亚的南部，是由于地壳作用形成的构造湖，是世界上最深和蓄水量最大的淡水湖。贝加尔湖有大小 300 条河流注入，其中最大的是色楞格河，从湖中流出的仅有叶尼塞河的支流安加拉河。贝加尔湖是俄罗斯东部地区最大的疗养中心和旅游胜地，1996 年被联合国教科文组织列入《世界遗产名录》。

二、乌克兰

（一）基本国情

1. 自然地理

乌克兰位于欧洲东部，东邻俄罗斯，南濒黑海和亚速海，北接白俄罗斯，西与波兰、斯洛伐克、匈牙利，南同罗马尼亚和摩尔多瓦等国接壤，隔黑海与土耳其相望。乌克兰所处的地理位置是欧盟与俄罗斯地缘政治的角力点。

乌克兰的地形以东欧平原为主，西部分布有喀尔巴阡山，最长河流是第聂伯河。该河发源于俄罗斯，流经乌克兰。乌克兰境内湖泊众多，大约有 3 000 个自然湖泊。

国土面积：603 700 平方千米。

2. 简史

公元 9 世纪，来自东欧平原的东斯拉夫人在今天乌克兰地区建立了第一个国家古罗斯国，首都基辅，史称基辅罗斯。12 世纪，古罗斯国分裂为若干个独立公国，包括今天的俄罗斯、乌克兰和白俄罗斯。

13～15 世纪，乌克兰曾先后抗击蒙古人、日耳曼人及奥斯曼土耳其人的入侵，从 14 世纪起，先后由立陶宛大公国和波兰等国统治。1654 年，第聂伯河左岸的东乌克兰与俄国正式合并，开始了乌克兰和俄罗斯的结盟史。18 世纪，俄国又相继把乌克兰和黑海北岸大片地区并入自己的版图。1917 年“十月革命”爆发，东乌克兰地区建立乌克兰苏维埃社会主义共和国，西乌克兰被波兰占领。1922 年，东乌克兰加入苏联，成为创始加盟共和国之一，是仅次于俄罗斯的第二大加盟共和国，西乌克兰成为波兰领土。

1939 年，波兰被分割，西乌克兰和乌克兰苏维埃社会主义共和国合并。第二次世界大战后，乌克兰迅速恢复生产，建立了发达的重工业和农业。20 世纪 80 年代后期，乌克兰政局开始急剧动荡，1991 年 8 月 24 日正式脱离苏联，宣布独立。

3. 政治

乌克兰实行总统议会制，总统代表国家的最高元首，任期 5 年，最多可以竞选连任一次。最高拉达（议会）为立法机关，一院制。内阁为行政机关，向总统负责。

4. 经济

在苏联解体之前，乌克兰的经济实力仅次于俄罗斯。独立后的乌克兰是一个新兴的自由市场经济体，农产品丰富，粮食出口量居世界第三位，有“欧洲粮仓”的美誉。

货币：格里夫纳。

知识链接 3-21

切尔诺贝利核电站

切尔诺贝利核电站位于乌克兰首都基辅以北，是苏联最大的核电站，共有 4 台机组。1986 年四号机组发生爆炸，这次事故造成的放射性污染遍及苏联 15 万平方千米的地区，涉及人口有 694.5 万。核电站周围 30 千米范围被划为隔离区。在其后长达半个世纪的时间里，10 千米范围以内不能耕作、放牧，10 年内 100 千米范围内被禁止生产牛奶。由于放射性烟尘的扩散，欧洲的大部分地区受到不同程度放射性尘埃的污染，粮食、蔬菜、奶制品的生产都遭受了巨大的损失。核污染给人们带来的还有精神上、心理上的不安和恐惧。

1992 年，乌克兰官方公布，已有 7 000 多人死于本事故的核污染。乌克兰政府已作出永远关闭该电站的决定。

（资料来源：https://baike.baidu.com/item/切尔诺贝利核电站/998102?fr=aladdin，节选，有改动）

（二）人文习俗

1. 民族、语言、人口、宗教

民族：乌克兰是个多民族国家，有 110 多个民族，乌克兰族约占总人口的 72%，俄罗斯族占总人口的 22%。

语言：乌克兰语为官方语言，俄语广泛使用。

人口：4 240 万（2019 年 1 月统计，不含克里米亚地区）。

宗教：居民主要信奉东正教和天主教。

2. 主要节日

东正教圣诞节：1 月 7 日。

统一日：1 月 22 日。1654 年 1 月 22 日，东、西乌克兰合并。

胜利日：5 月 9 日。1945 年 5 月 9 日，第二次世界大战中德国战败，欧洲战事结束。

宪法日：6 月 28 日。1996 年 6 月 28 日，颁布了乌克兰独立后制定的第一部宪法。

独立日（国庆节）：8 月 24 日。1991 年 8 月 24 日，乌克兰正式脱离苏联宣布独立。

乌克兰火箭兵和炮兵节：11 月 3 日。

3. 民俗风情

（1）服装

乌克兰女性的服装样式呈流线型，上身为浅色衬衫，袖口、领子、肩部、胸部及衣襟等处绣有各种花纹图案，外套天鹅绒或羊毛料的无袖坎肩（多为深红色、绿色或蓝色）。下身穿饰有各色图案的紧身衬裙，外罩羊毛短裙。未婚姑娘头扎彩带或花头巾，在节日里一般戴鲜花和树枝编成的花冠，已婚女性头戴包发帽。脖子上喜欢挂彩色珠串或项链作装饰。

乌克兰男性多穿衬衫，外罩坎肩，下身的裤子较宽松，裤脚塞进长筒靴里，衣摆塞进裤腰里，扎宽腰带，头戴各式便帽。现代乌克兰男性在正式场合穿西装或质料考究的呢子、羊绒大衣，平时喜欢上身穿夹克衫。

（2）饮食

乌克兰的饮食习俗与其他东欧国家大致相同。通常以面包、薄饼、土豆、牛肉、猪肉和各种乳制品为主，爱吃酸黄瓜、鱼子酱、咸鱼、西红柿、洋葱等。口味偏咸，对微辣食物也能适应。因为气候寒冷，乌克兰人喜欢吃高热量的食物，美食有萨落、红菜汤、基辅肉饼、水果填鸭等。萨落被称为乌克兰的国粹，是餐桌上一道不可缺少的冷菜，原料为肥猪肉，用盐腌制后，配以洋葱。当地居民还特别喜欢吃一种甜馅饺子，以奶渣、土豆、豌豆、卷心菜等做馅，煮熟后略加酸奶油。乌克兰人一年四季喜爱饮红茶和咖啡，格瓦斯、伏特加酒和啤酒也是必不可少的饮品。

（3）礼仪、禁忌

乌克兰人社交礼仪与禁忌类似于俄罗斯人。

4. 文化艺术

乌克兰书面文学产生于 11 世纪初。自 1654 年东乌克兰并入俄罗斯后，共同的民族、宗教、文化成为两者割不断的精神纽带。诗人谢甫琴科开创了乌克兰现代文学的历史，联合国教科文组织将 2014 年定为“谢甫琴科年”。伊凡•弗兰科的诗歌题材主要以政治抒情诗为主，为乌克兰文学史树立了一个新的里程碑。列霞•乌克兰英卡是“十月革命”前乌克兰著名的女诗人、剧作家。

乌克兰的油画、芭蕾舞和音乐在国际上享有盛誉。著名画家有列宾、库茵芝等。乌克兰基辅大剧院芭蕾舞团是欧洲最大的艺术团体之一，在世界许多国家享有很高的声誉，其代表剧目有《罗密欧与朱丽叶》《费加罗的婚礼》《天鹅湖》等。

乌克兰的体育强项有击剑、轻量级和重量级拳击、射箭和射击等。

知识链接 3-22

画家库茵芝

阿尔希普•伊凡诺维奇•库茵芝是 19 世纪俄国巡回展览画派的重要成员之一。库茵芝的画作描绘了乌克兰的大自然风光，洋溢着欢快、乐观的气氛，揭示出大自然的诗意与美。他的风景画强调色彩的单纯性，水色山光，界限分明，对比强烈，壮丽豪迈，别具装饰情趣，着意描绘阳光和月光的效果。他的代表作品有《乌克兰的傍晚》《第聂伯河上的月夜》《白桦林》。

（资料来源：张可扬，2011. 极致的抒情与神秘的装饰：品读俄罗斯画家列维坦与库茵芝的风景画 [J]. 美术大观，(4)：82.）

（三）旅游资源

截至 2017 年 7 月，乌克兰被联合国教科文组织列入《世界遗产名录》的自然与文化遗产有 7 项，包括 6 项文化遗产、1 项自然遗产。

1. 名城

（1）基辅

基辅是乌克兰的首都和第一大城市，位于乌克兰中北部、第聂伯河中游。基辅是斯拉夫民族文化的发祥地，通过欧亚贸易逐渐繁荣起来，被称为第聂伯河上的“帝王之城”。

基辅早在 10～13 世纪，就以其众多的教堂、精美的工艺品和独特的民间文学而闻名欧洲，是乌克兰的文化摇篮。基辅也是乌克兰重要的工业、科学、文化及教育中心，是许多高科技产业、高等教育机构的所在地。基辅著名的景点有基辅洞窟修道院、圣索菲亚大教堂、“祖国-母亲”雕像等。

（2）哈尔科夫

哈尔科夫位于乌克兰东北部，是仅次于基辅的第二大城市。哈尔科夫工业以拖拉机、机床、动力机械制造为主，还有化工、食品加工、天然气开采，盛产小麦、玉米、蔬菜和畜产品。哈尔科夫是乌克兰最大的铁路枢纽，城市的主要交通工具是地铁。哈尔科夫的主要景点有波克罗夫斯基大教堂、圣母安息大教堂等。

（3）敖德萨

敖德萨位于乌克兰西南，东临黑海，西接摩尔多瓦，南与罗马尼亚接壤，是乌克兰重要的工业、交通、文化与旅游中心，也是乌克兰黑海沿岸最大的港口城市。19 世纪下半叶，敖德萨成为黑海沿岸重要商港，在苏联时期，敖德萨承担着 50%以上的对外贸易货运任务。敖德萨是驰名世界的旅游和疗养胜地，素有“黑海明珠”的美誉。建于 1834～1841 年的波将金阶梯，是为纪念 1905 年“波将金”号铁甲舰水兵起义而重新命名的，该石阶共有 192 级，从敖德萨市中心半圆广场通向海边，现在已成为敖德萨最负盛名的旅游景点之一。

图 3.35　雅尔塔燕子堡

（4）雅尔塔

雅尔塔位于克里米亚半岛的南部，是世界著名的旅游城市和疗养地，这里气候宜人，素有“克里米亚明珠”之称。使雅尔塔闻名于世的是 1945 年 2 月 4～11 日，以美国总统罗斯福、英国首相丘吉尔和苏联领导人斯大林为首的盟国首脑在雅尔塔的利瓦吉亚宫举行会议，签署了《雅尔塔协定》，确定了雅尔塔体系。雅尔塔海边峭壁上还有一座土耳其古堡——燕子堡（图 3.35），建于 1773 年以前，是克里米亚半岛的象征。

2. *名胜古迹*

（1）喀尔巴阡山脉原始山毛榉林

喀尔巴阡山脉原始山毛榉林是多元的、原始的温带森林环境的典范，充分展示了最完整、最广泛的一种生态模式和欧洲山毛榉在各种环境条件下的纯粹生长过程，是一座保存完好、非常珍贵的植物基因库，于 2007 年被联合国教科文组织列入《世界遗产名录》。喀尔巴阡山脉原始山毛榉林是欧洲分布面积最大的原始森林。

（2）圣索菲亚大教堂

圣索菲亚大教堂（图 3.36）位于乌克兰首都基辅市中心，是基辅的标志性建筑，建于公元 532～537 年，是为了庆祝古罗斯军队战胜突厥人，颂扬东正教而修建的。教堂建成后，很快成为基辅罗斯的宗教、政治和文化中心，是古罗斯大主教的驻地，大公在这里接见外国使节并签订各项条约。圣索菲亚大教堂于 1934 年起改为博物馆，主要收藏 13～17 世纪的圣像画和 18～20 世纪初的绘画与雕像。1990 年被联合国教科文组织列入《世界遗产名录》。

图 3.36 圣索菲亚大教堂

（3）基辅卫国战争纪念馆

基辅卫国战争纪念馆坐落于乌克兰首都基辅的佩彻斯克区，第聂伯河右岸，是为了纪念 1941～1945 年的卫国战争而建立的。纪念馆内藏品达 30 万件，馆外的“祖国-母亲”雕像已经成为基辅最知名的地标，雕像的左、右手分别高举盾和剑，象征着乌克兰人民保卫祖国的信心和决心。纪念馆的外部是一组雄伟的雕刻和建筑艺术群，展示了战争期间战士们英勇抗敌的画面。馆内陈列有 8 000 多件第二次世界大战时期的展品及油画和雕塑，记录了乌克兰人民在卫国战争中的不朽功勋。

第三章试题

第四章

美洲地区

学习目标

1. 熟悉美洲地区主要客源国的自然地理、简史、政治、经济。
2. 掌握美洲地区主要客源国的民族、宗教、节日、民俗风情、文化艺术。
3. 熟知美洲地区客源国旅游自然资源和人文资源，提供旅游服务。
4. 能够根据客源国旅游资源合理规划旅游线路。

美洲，位于西半球，处于太平洋东岸、大西洋西岸。自然地理分为北美洲、中美洲和南美洲。巴拿马运河一般作为南、北美洲的分界线。美洲占地球地表面积的 8.3%、陆地面积的 28.4%，是唯一一个整体在西半球的大洲。美洲有世界最大的淡水湖苏必利尔湖，最大的平原亚马孙平原，最大的高原巴西高原，最长的山脉安第斯山脉。美洲有 35 个国家，23 个位于北美洲，12 个位于南美洲。另外，还有 19 个未独立的海外地区，分别属于美国、法国、英国、荷兰和丹麦等国。

第一节　北美洲地区

北美洲，位于西半球北部，经济发展十分不平衡，除了美国与加拿大为发达国家，其余的国家均为发展中国家。通用英语，其次是西班牙语、法语、荷兰语、印第安语等。北美洲约占世界陆地总面积的 16.2%，其东临大西洋，西临太平洋，北临北冰洋，南以巴拿马运河为界与南美洲相邻，东北面隔丹麦海峡与欧洲相望。湖泊主要分布在大陆的北半部，中部高原区有五大湖：苏必利尔湖、休伦湖、密歇根湖、伊利湖、安大略湖，是世界上最大的淡水湖群，有“北美地中海”之称，其中以苏必利尔湖面积最大，为世界第一大淡水湖。

一、加拿大

（一）基本国情

1. 自然地理

加拿大位于北美洲北部，为英联邦国家之一，素有“枫叶之国”的美誉。加拿大东临大西洋，西濒太平洋，西北部邻美国的阿拉斯加州，南接美国本土，北靠北冰洋。加拿大国土大部分位于北极圈之内，人口主要集中在南部五大湖沿岸。加拿大是世界上海岸线最长的国家，海岸线长 24 万多千米。

加拿大因受西风影响，大部分地区属大陆性温带针叶林气候，东部气温稍低，南部气候适中，西部气候温和湿润，北部为寒带苔原气候。北极群岛终年严寒。中西部最高气温达 40℃以上，北部最低气温低至－60℃。

加拿大主要河流有圣劳伦斯河、马更些河、育空河、哥伦比亚河、纳尔逊河和渥太华河等，其中马更些河是加拿大第一长河，仅次于密西西比河，为北冰洋水系。圣劳伦斯河为五大湖和大西洋之间的航运通道。

国土面积：9 984 670 平方千米。

2. 简史

加拿大原为印第安人与因纽特人的居住地。17 世纪初，加拿大沦为法国殖民地，后被割让给英国。1756～1763 年，英、法在加拿大爆发“七年战争”，法国战败，1763 年《巴黎和约》使加拿大正式成为英属殖民地。1867 年，英国将加拿大省、新不伦瑞克省和诺瓦斯科舍省合并为一个联邦，成为英国最早的自治领，此后，其他省也陆续加入联邦。1926 年，英国承认加拿大的平等地位，加拿大开始获外交独立权。1931 年，加拿大成为英联邦成员国，其议会也获得了同英国议会平等的立法权，但仍无修宪权。1982 年 3 月，英国上院和下院通过《加拿大宪法法案》，4 月该法案经女王批准生效，加拿大议会从此获得了立宪和修宪的全部权力。

3. 政治

加拿大议会由参议院和众议院组成，参众两院通过的法案由总督签署后成为法律，总督有权召集和解散议会。政府实行内阁制，由众议院中占多数席位的政党领袖出任总理并组阁。加拿大司法机构设联邦、省和地方三级法院，联邦法院一般受理财政、海事和有关经济方面的案件。

4. 经济

加拿大是西方七大工业国家之一。制造业、高科技产业、服务业发达，资源工业、初级制造业和农业是国民经济的主要支柱。加拿大以贸易立国，对外贸的依赖较大，经济上受美国影响较深。加拿大主要种植小麦、大麦、亚麻、燕麦、油菜籽、玉米、饲料用草等作物。渔业发达，多半渔产品出口，是世界上最大的渔产品出口国。

2017 年，旅游收入约 856 亿加元，接待外国游客约 2 085 万人次。

货币：加拿大元。

知识链接 4-1

白　求　恩

白求恩，全名诺尔曼・白求恩（Norman Bethune，1890—1939 年），加拿大共产党党员、国际主义战士、著名胸外科医师。1890 年出生于加拿大安大略省格雷文赫斯特镇，1935 年加入加拿大共产党，1938 年来到中国参与抗日战争，1939 年因病逝世。他在中国工作的一年半时间里为中国抗日战争呕心沥血，毛泽东称其是“一个高尚的人，一个纯粹的人，一个有道德的人，一个脱离了低级趣味的人，一个有益于人民的人”。

（资料来源：https://baike.baidu.com/item/白求恩/169098?fr=aladdin，节选，有改动）

（二）人文习俗

1. 民族、语言、人口、宗教

民族：主要为英国、法国等欧洲国家后裔，其余为亚洲、拉丁美洲、非洲裔等。

语言：官方语言是英语和法语。

人口： 3 707 万（2018 年 4 月）。

宗教：居民中信奉天主教的占 45%，信奉基督教的占 36%。

知识链接 4-2

因　纽　特　人

因纽特人是美洲原住民之一，分布于北极圈周围，包括格陵兰和加拿大的努纳武特地区、西北地区、育空地区、魁北克等地。因纽特人在公元前 1 000 年左右越过白令海峡到达美洲，因纽特人主要表现出蒙古人的种族特征，他们是最矮的黄种人。他们在海岸边安家落户，主要猎捕海鱼、海生哺乳动物和陆地哺乳动物。夏天，因纽特人住在兽皮搭成的帐篷里，冬天则住在雪屋、石头屋或泥土块屋里。其交通工具有狗拉雪橇、海豹皮小艇和独木舟。

（资料来源：https://baike.baidu.com/item/%E7%88%B1%E6%96%AF%E5%9F%BA%E6%91%A9%E4%BA%BA/187090?fr= aladdin，节选，有改动）

2. 主要节日

加拿大的节假日分为全国假日和省份假日，这就造成了不同省份假期不同的情况。不过这也逐渐形成了独具特色的本地假日文化。

元旦：1 月 1 日，公历新年。
耶稣受难日：复活节前的第一个星期五。
国庆日：7 月 1 日，纪念 1867 年 7 月 1 日加拿大联邦成立。
感恩节：10 月的第二个星期一。
圣诞节：12 月 25 日。

3. 民俗风情

（1）服饰

在加拿大，不同的场合有不同的装束。在正式社交场合，男性一般穿着深色西装、打领带，女士则穿样式庄重的衣裙。参加非正式宴会，男子可穿不同颜色的上装和长裤，女士多穿休闲衣裙。

（2）饮食

加拿大的生活习俗及饮食习惯与英国、法国、美国相仿。加拿大人特别爱吃烤制食品，这主要是受地理环境的影响。他们极喜欢吃烤牛排，尤以半生不熟的嫩牛排为佳，习惯饭后喝咖啡和吃水果。加拿大人讲究菜肴的营养，注重菜肴的鲜和嫩。主食一般以米饭为主，副食喜欢吃牛肉、鸡肉、鸡蛋、沙丁鱼、野味类及新鲜蔬菜，调料爱用番茄酱、盐、黄油。偏爱用煎、烤、炸等烹调方法制作菜肴。枫糖煎三文鱼、加拿大冰酒、肉汁奶酪薯条、枫糖浆是加拿大人喜爱的饮食。

知识链接 4-3

加拿大饮食有“三不”文化

第一个“不”，请客吃饭不提供烟酒，这主要是因为加拿大政府有禁烟的规定。第二个“不”，加拿大人不喜欢吃热食。与中国不同，加拿大人喜欢把菜炒熟后，等凉了再吃。第三个“不”，加拿大人吃饭不设桌席，而是吃自助餐。

（资料来源：http://www.sohu.com/a/123030237_432208，节选，有改动）

（3）礼仪

加拿大人在社交场合与客人相见时，一般行握手礼。亲吻和拥抱礼仅适合熟人、亲友和情人之间。他们在作介绍时，一般遵循地位先高后低、先宾后主的次序。

（4）禁忌

加拿大人忌讳数字 13 和星期五。他们忌讳白色的百合花，因为人们一般用它来悼念死者。在饮食上，忌吃虾酱、鱼露、腐乳和臭豆腐等有怪味或腥味的食物，忌食动物内脏和脚爪。

4. 文化艺术

加拿大是个多民族国家，其文化受各种族影响而呈多样化，多元文化受宪法保护。

从全国整体来看，该国呈现出显著的“文化马赛克现象”。

加拿大以当代艺术创造中心而闻名于世。在音乐、舞蹈、戏剧、文学、视觉艺术方面，加拿大频繁地出现在世界各大文化活动中。一年一度在蒙特利尔举办的举世闻名的爵士音乐节是所有爵士乐迷的必去之处。加拿大三大芭蕾舞团定期在国际舞台巡回演出，无论他们到哪里演出都备受赞誉。加拿大国际电影和电视节，每年在蒙特利尔、多伦多、温哥华、哈利法克斯和班夫举行。

加拿大国家艺术中心是加拿大文化艺术的“催化剂”，它与加拿大各地的艺术家、艺术机构一起合作，为具有加拿大本土特色的演出艺术创造一个展现的舞台。

众所周知，加拿大有着良好而深厚的冰雪运动传统，而冬奥会的一些主要项目（如短道速滑等）就起源于加拿大。在加拿大，各种冰雪运动都广受欢迎，冰壶就是其中之一，许多学校有自己的冰壶队。另外，冰球（又称冰上曲棍球）堪称加拿大的国球。加拿大的冰雪运动长盛不衰，且趋向越来越高的水平，除了得天独厚的自然条件，以及科学、先进的专业训练体系，还有一个重要的因素就是广泛的群众基础。

（三）旅游资源

加拿大幅员辽阔，有巍峨的高山、雄浑的高原、富饶的谷地及纵横交错的河流与星罗棋布的岛屿，枫叶般艳红的秋天构成了加拿大神奇、独特而别具魅力的自然风光。

1. 名城

（1）渥太华

渥太华是加拿大的首都，位于安大略省东南部，渥太华河南岸。渥太华是一个文化城市，处处充满浓厚的文化气息。市内有国家艺术中心、国家博物馆、国家画廊、国家人类博物馆、国家自然博物馆、国家科技博物馆、国家集邮博物馆、国家航空展览馆等30个博物馆和50个堪称世界一流的艺术馆及剧院。渥太华冬天气候寒冷，每年约有8个月的夜间温度在0℃以下，故称其为“严寒之都”。

（2）多伦多

多伦多是加拿大第一大城市及安大略省省会，是加拿大经济、金融、航运和旅游中心，著名的国际大都市。主要观光景点有加拿大国家电视塔（图4.1）、巨蛋球场、皇家安大略博物馆、加登纳陶瓷艺术博物馆、安大略科学中心、冰球名人堂等。

（3）蒙特利尔

蒙特利尔是一座位于加拿大魁北克省西南部的城市，主要位于圣劳伦斯河中的蒙特利尔岛及周边小岛上，是加拿大第二大城市。法语是蒙特利尔的官方语言。蒙特利尔是加拿大重要的经济中心之一，航空工业、金融、设计、电影业等行业发达。蒙特利尔被联合国教科文组织认定为“设计之城”。著名景点有老港、圣劳伦斯河、圣母大教堂、皇家山。

图 4.1　加拿大国家电视塔

（4）温哥华

温哥华是加拿大仅次于多伦多和蒙特利尔的第三大城市和最大港口，不列颠哥伦比亚省的第一大城市、加拿大西部最大的城市。温哥华被公认为全球宜居城市，是著名的国际大都市。温哥华电影制片业发达，是北美洲继洛杉矶、纽约之后的第三大制片中心，素有“北方好莱坞”之称。著名景点有史丹利公园、伊丽莎白女王公园、狮门大桥等。

（5）卡尔加里

卡尔加里位于加拿大艾伯塔省南部落基山脉，是艾伯塔省经济、金融和文化中心。1941 年，在卡尔加里发现了石油和天然气，经济得到迅速发展，世界上众多石油公司在这里设有常驻机构，很多能源公司的加拿大总部就设在这里，卡尔加里是加拿大的能源中心，也是北美第二大能源中心。著名景点有班夫国家公园、卡尔加里塔、奥林匹克公园。

2. 名胜古迹

（1）史丹利公园

史丹利公园距温哥华市中心 10 多分钟车程，几乎占据了整个温哥华市的北端。史丹利公园北临巴拉德湾，西临英格兰湾，是北美地区最大的市内公园。史丹利公园人工景物极少，以红杉针叶树木为主的原始森林是公园最知名的美景。史丹利公园的环岛道路吸引了无数的骑单车、跑步、滚轴和溜冰爱好者。公园内还有海滩、湖泊、游乐园及野餐地点。

（2）尼亚加拉瀑布

尼亚加拉瀑布（图 4.2）位于加拿大安大略省和美国纽约州的交界处，瀑布源头为尼亚加拉河。位于加拿大境内的主瀑布，是瀑布的最佳观赏地。该瀑布也是世界第一大跨国瀑布，与伊瓜苏瀑布、维多利亚瀑布并称为世界三大跨国瀑布。尼亚加拉河的水流冲下悬崖至下游重新汇合，在不足 2 千米长的河段里以每小时 30 多千米的速度跌宕而下，15.8 米的落差，演绎出世界上最狂野的急流漩涡，经过左岸加拿大的昆斯顿、右岸美国的利维斯顿，冲过“魔鬼洞急流”，沿着最后的“利维斯顿支流峡谷”由西向东进入安大略湖。

图 4.2　尼亚加拉瀑布

（3）地下城

地下城是加拿大蒙特利尔威尔玛丽区的一个地下商业街，步行街全长 30 千米。这里有地铁车站、商店、饭店、银行、电影院、大学、火车站、长途车站等，称得上是世界上最大最繁华的地下“大都会”。

（4）里多运河

里多运河连接渥太华和金斯顿，建造的初衷是替代圣劳伦斯河作为商业及战略的重要通道，但它的原始使命早已被公路、铁路、轮船等现代交通线取代。在春、夏、秋三季可乘船游览观光。到了深冬，冬季狂欢节在结冰的里多河上举行，由于运河长达 202 千米，因此被誉为“世界最长的滑冰场”。

（5）班夫国家公园

班夫国家公园位于落基山脉北段的加拿大阿尔伯塔省，是一个全天开放的公园。公园建有现代化旅馆、汽车旅馆和林中野营地。高山还架设有悬空索道，从山下一直通向山顶。峰顶建有楼阁和观望台，游人可凭栏远眺周围景色。公园内的主要景点有路易斯湖、梦莲湖。

二、美国

（一）基本国情

1. 自然地理

美国位于北美洲中部，领土还包括北美洲西北部的阿拉斯加和太平洋中部的夏威夷群岛。东临大西洋，西临太平洋，北与加拿大接壤，南靠墨西哥湾。

美国大部分地区属于大陆性气候，南部属亚热带气候。

国土面积：9 372 614 平方千米。

2. 简史

美国原为印第安人的聚居地。1607 年，一个约 100 人的殖民团体，在乞沙比克海滩建立了詹姆士镇，这是英国在北美所建的第一个永久性殖民地。在以后 150 年中，陆续涌来了许多殖民者，定居于沿岸地区，其中大多来自英国。

到 1773 年，英国已在北美建立 13 个殖民地。1774 年，来自 13 个州的代表聚集在费城，召开第一次大陆会议，希望能与英国和平解决独立问题，然而英王却坚持殖民地必须无条件臣服于英王，并接受处分。1775 年，爆发独立战争。1776 年 5 月，在费城召开第二次大陆会议，坚定了战争与独立的决心，并于 7 月 4 日签署《独立宣言》，正式宣布建立美利坚合众国。1917 年，美国被卷入第一次世界大战旋涡中。1939 年，第二次世界大战爆发，1941 年 12 月 7 日，日本偷袭珍珠港后美国参战，成为太平洋战场的主力军。

知识链接 4-4

山姆大叔

山姆大叔（Uncle Sam）是美国的绰号和拟人化形象，一般被描绘为穿着礼服，头戴星条旗纹样的高礼帽、身材高瘦、留着山羊胡、帅气、精神矍铄的老人形象。“山姆大叔”源于 1812 年美英战争时期，纽约州伦塞列郡特洛伊城的肉类商人塞缪尔·威尔逊（1766—1854 年），昵称山姆大叔，在战争中向美军供应腌制的牛肉，牛肉桶上的牌子写着“EA-US”。EA 为公司名，而山姆大叔的缩写恰好也是 US，当牛肉桶被送到部队时，一些来自特洛伊城的士兵，开玩笑地说桶上写的 US 一定就是指“山姆大叔”，这一说法很快传开。由于美利坚合众国（United States）的缩写恰好也是 US，其后成了美利坚合众国的绰号。美国人将“山姆大叔”视为诚实可靠、吃苦耐劳及爱国主义精神的象征，并认为这是自己公民的骄傲和共有的品性。

（资料来源：https://baike.baidu.com/item/%E5%B1%B1%E5%A7%86%E5%A4%A7%E5%8F%94/88149?fr=aladdin，节选，有改动）

3. 政治

美国实行总统共和制。总统是国家元首、政府首脑兼武装部队总司令。美国是现存历史最悠久的宪政共和国，有世界上最早并仍在运作的成文宪法，经立法机构批准产生。宪法的主要内容是建立联邦制的国家，各州拥有较大的自主权，包括立法权；实行“三权分立”的政治体制，立法、行政、司法三部门鼎立，并相互制约。美国的司法机构设联邦最高法院、联邦法院、州法院及一些特别法院。

美国两大政党是共和党和民主党，两党自美国内战后一直主导及控制着美国的政治。

4. 经济

美国有高度发达的现代市场经济，生产规模巨大，生产技术领先，部门结构完整，是世界上最大的进口国及第二大商品出口国，GDP 按国际汇率排名世界第一。农业方面，美国是小麦、玉米、大豆的最大出口国。工业方面，美国是航空、电子、化工类产品的主要出口国。美国的公路、航空技术及运量均居世界首位。此外，美国还是世界最大的军火出口国。美国的对外贸易额居世界第二，加拿大和中国为美国重要的贸易伙伴国。在国际上著名的公司有微软公司、苹果公司、波音公司、通用公司、亚马逊公司。

货币：美元。

（二）人文习俗

1. 民族、语言、人口、宗教

民族：美国是一个移民构成的多民族国家。其中，非拉美裔白人约占 62.1%，其余为拉美裔、非洲裔、亚裔等。

语言：未规定官方语言，但通用英语。有 3 个州承认其他语言与英语有平行地位，即路易斯安那州的法语、夏威夷州的夏威夷语和新墨西哥州的西班牙语。

人口：约 3.30 亿（2019 年 1 月）。

宗教：人口中约 54.6%的居民信奉基督教，其他居民信奉天主教、犹太教、东正教、佛教、伊斯兰教等。另外，无宗教信仰者约占 16.1%。

2. 主要节日

元旦：1 月 1 日。

马丁·路德·金纪念日：1 月第三个星期一。

总统日：2 月第三个星期一。

美国独立日：7 月 4 日，纪念《独立宣言》于 1776 年 7 月 4 日发表和美国的建立。

劳动节：9 月第一个星期一。

哥伦布日：10 月第二个星期一。纪念克里斯托弗·哥伦布于 1492 年 8 月率 3 艘小型风帆舰船由欧洲横渡大西洋，10 月 12 日发现美洲。

感恩节：11 月第四个星期四。

圣诞节：12 月 25 日，庆祝耶稣诞生。

除了法定节假日之外，其他节日还有情人节、愚人节、母亲节、万圣节等。

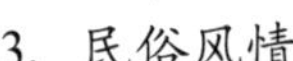
3. 民俗风情

（1）服饰

美国是移民国家，在形成民族国家的过程中，更多的是文化和价值观及民族意识、国家意识的融合，在服饰上并没有形成鲜明的特色。总体而言，美国人平时的穿着打扮崇尚自然，偏爱宽松，讲究着装体现个性。在音乐厅、宴会厅或者大公司的写字楼内一般穿礼服或套装。牛仔裤是诞生在美国的服饰代表，一般采用劳动布等靛蓝色水磨面料，也有用仿鹿皮、灯芯绒、平绒等其他面料制成的，统称为“牛仔裤”。它最早出现在美国西部，曾受到当地矿工和牛仔的欢迎，因其耐脏、耐磨，穿在身上时尚且舒适，深受世界各地人士的喜爱。

知识链接 4-5

马丁·路德·金

马丁·路德·金(Martin Luther King, Jr，1929 -1968 年)，非裔美国人，牧师、社会活动家、民权主义者，美国民权运动领袖。1963 年，觐见了约翰逊总统，要求通过新的民权法，给黑人以平等的权利。1963 年 8 月 28 日，在林肯纪念堂前，发表了《我有一个梦想》的演说。1968 年 4 月，马丁•路德•金前往孟菲斯市，领导工人罢工后，被人刺杀，年仅 39 岁。

（资料来源：https://baike.so.com/doc/3567599-3751809.html，节选，有改动）

（2）饮食

美国的饮食吸收了美国原住民的烹饪法和食材，如火鸡、马铃薯、玉米、南瓜，这些成了美国文化不可或缺的一部分；苹果派、比萨饼、汉堡包是美国快餐文化的表现。就地方菜系而言，西部的加州菜肴以新鲜时令蔬菜与各国烹饪手法混搭著称，东部以老式欧洲菜肴为主。此外，美国南部菜系也别具特色：西南菜肴以新墨西哥州、得克萨斯州为主，是烧烤和墨西哥菜式的混合；中南菜肴以俄克拉何马、田纳西等州为主，号称“乡村型”，因处于阿巴拉契亚山脉附近，主要是山珍和肉类，以培根、火腿、香肠居多；东南密西西比流域的菜肴，以“心灵食物”为主，融入非洲的调料和烹饪方式；曾经被法国殖民的路易斯安那州，著名的卡真菜和克里奥尔菜是其特色，喜欢使用辣味，擅长就地取材，如小龙虾等；佛罗里达半岛则深受加勒比菜系的影响，以热带蔬果和海鲜入菜，自成体系。

（3）礼仪

美国是一个特别重视个人隐私的国家，不会问任何有关个人经济、宗教及政治等方面的问题。美国人通常不会问妇女的年龄，有教养的男士通常会抢先一步为女士开门，若与妇女在街上同行时，男士会走在靠近有车辆行驶的那边，以保护同行妇女的安全。美国人是不会做不速之客的，去任何亲友家前，一定会先打个电话询问对方是否方便，即使是去父母或成年子女家也不例外。

（4）禁忌

美国人性情开朗、乐于交际。与美国人见面行握手礼时，要正视对方，微躬身。尽量不要在美国人面前谈论政治、宗教、性别、肤色等话题，以免触犯对方的禁忌，切勿打听他人的私事。美国人讨厌蝙蝠，认为它是吸血鬼和凶神的象征。美国人忌讳数字 13 和星期五。忌讳黑色，因为黑色是丧葬用的颜色。

4. 文化艺术

美国的文化产业非常发达，产值占 GDP 的 20%左右，其总体竞争力位居世界首位。美国文化根植于英属殖民地时期，随着当地环境发展出独特的文化。美国音乐的种类和风格很多，摇滚乐、布鲁斯、爵士乐、嘻哈音乐、乡村音乐等世界闻名的音乐类型都是源自美国。好莱坞电影成为美国文化的主要代表之一，20 世纪 20 年代，美国每年平均产出高达 800 部正规电影，查理·卓别林的喜剧、依据小说《飘》改编的《乱世佳人》和《超人》等电影流传至世界。

美国文学历史不长，它几乎是和美国自由资本主义同时出现，较少受到封建贵族文化的束缚。马克·吐温是美国批判现实主义文学的奠基人，代表作品为《百万英镑》。海明威被认为是 20 世纪著名的小说家之一，代表作品为《老人与海》《乞力马扎罗的雪》。

运动是美国全国性的休闲活动，其受欢迎的程度是其他休闲活动无法相比的。职业运动在美国是商机极大的领域，选择成为职业运动员的人也会获得丰厚的报酬。在美国，被称为“四巨头”的运动领域包括棒球、橄榄球（美式足球）、冰上曲棍球和篮球。美国有着成熟的职业体育联盟，如美国职业棒球大联盟、国家橄榄球联盟、国家冰球联盟和国家篮球协会等。

（三）旅游资源

美国拥有丰富的自然资源和多样的民族文化，使它成为极具吸引力的旅游国家。美国西部有著名的大峡谷国家公园和黄石国家公园。在加拿大边界附近，有著名的五大湖游览区，其中最壮观的景点是尼亚加拉瀑布。夏威夷群岛也是全球闻名的度假胜地。

1. 名城

（1）华盛顿

华盛顿位于美国的东北部，1790 年成为首都，是由美国国会直接管辖的特别行政区，不属于美国的任何一州。华盛顿是美国的政治中心，经济色彩不浓，是大多数美国联邦政府机关与各国驻美国大使馆的所在地，也是世界银行、国际货币基金组织、美洲国家组织等国际组织总部的所在地，还拥有为数众多的博物馆与文化史迹。著名景点有白宫、国会山、林肯纪念堂、华盛顿纪念碑等。

（2）纽约

纽约位于美国纽约州东南部大西洋沿岸，是美国第一大城市及第一大港。纽约是美国人口最多的城市，也是个多族裔聚居的多元化城市，拥有来自近 100 个国家和地区的移民，在此使用的语言达到约 800 种。纽约在商业和金融方面也发挥着巨大的影响力。纽约的金融区，以曼哈顿下城及华尔街为龙头，被称为世界金融中心。纽约时代广场位于百老汇剧院区枢纽，被称作“世界的十字路口”，也是世界娱乐产业的中心之一。曼哈顿的唐人街是西半球最为密集的华人集中地。纽约著名景点有自由女神像、时代广场、帝国大厦、大都会艺术博物馆、中央公园、第五大道、美国自然历史博物馆、洛克菲勒中心、联合国总部、华尔街、唐人街等。

（3）洛杉矶

洛杉矶位于美国加利福尼亚州西南部，是加利福尼亚州的第一大城市，也是美国第二大城市，被称为“天使之城”。洛杉矶是世界重要的工商业、国际贸易、科教、娱乐和体育中心之一。好莱坞、迪士尼乐园、环球影城等都位于洛杉矶，“奢华之城”比弗利山庄也坐落在洛杉矶的中心地带，众多国际名流居住于此。洛杉矶还曾主办了 1932 年、1984 年奥运会，即将主办 2028 年洛杉矶奥运会。

（4）芝加哥

芝加哥位于美国东北部壮丽的北美五大湖之一的密歇根湖南边，是著名国际金融中心之一，也是全美第三大城市。芝加哥地处北美大陆的中心地带，是美国第二大商业中心区、美国最大的期货市场，其都市区新增的企业数一直位居美国第一位，被评为美国发展最均衡的经济体。此外，芝加哥还拥有美国最高的 10 座摩天大楼中的 4 座和曾经的世界第一高楼威利斯大厦（1974～1998 年保持最高楼世界纪录），被誉为“摩天大楼的故乡”。截至 2016 年，逾百位诺贝尔奖得主曾在芝加哥工作、求学。著名景点有威利斯大厦、海军码头、林肯公园动物园、联合中心球馆等。

（5）旧金山

旧金山，又译为“圣弗朗西斯科”“三藩市”，是加利福尼亚州太平洋沿岸的港口城市，是世界著名旅游胜地、加利福尼亚州人口第四大城市。旧金山邻近世界著名高新技术产业区硅谷，是世界最重要的高新技术研发基地和美国西部最重要的金融中心，也是联合国的诞生地（1945 年《联合国宪章》签署地）。旧金山属亚热带地中海气候，拥有享誉世界的旧金山湾区、金门大桥和渔人码头，气候冬暖夏凉、阳光充足，邻近众多美国国家公园和葡萄酒产地纳帕谷，被誉为“最受美国人欢迎的城市”。

2. 名胜古迹

（1）白宫

白宫是美国总统的官邸和办公室，是一幢白色的新古典风格砂岩建筑物，位于华盛顿市区中心，它由主楼和东、西两翼三部分组成。美国白宫于 1800 年建成，1812 年发生第二次美英战争，英军烧毁了包括美国国会大厦和总统府在内的建筑物。为了掩盖被大火烧过的痕迹，总统住宅棕红色的石头墙被涂上了白色。1902 年，西奥多·罗斯福总统正式将其命名为“白宫”。

（2）总统山

总统山，全名为“拉什莫尔山国家纪念公园”，公园内有 4 座高达 18.29 米的美国前总统头像，分别是乔治·华盛顿、托马斯·杰弗逊、西奥多·罗斯福和亚伯拉罕·林肯，这 4 位总统被认为代表了美国建国 150 年来的历史。

（3）金门大桥

金门大桥（图 4.3）位于加利福尼亚州旧金山金门海峡之上，是世界著名的桥梁之一，也是近代桥梁工程的一项奇迹。该桥由桥梁工程师约瑟夫·施特劳斯设计。桥身全长 1 900 多米，历时 4 年，利用 10 万多吨钢材，耗资 3 550 万美元建成。

图 4.3　金门大桥

（4）自由女神像

自由女神像位于纽约海港内自由岛的哈德逊河口附近，是法国于 1876 年为纪念美国独立 100 周年而赠送给美国人民的礼物，现已成为美国的国家象征。自由女神雕像穿着古希腊风格服装，头戴光芒四射冠冕，七道尖芒象征七大洲；右手高举象征自由的火炬，左手捧着《独立宣言》，脚下是打碎的手铐、脚镣和锁链，象征着挣脱暴政的约束。自由女神像是美国的象征，也是美利坚民族和美法人民友谊的象征，表达了美国人民争取民主、自由的崇高理想。1984 年，美国自由女神铜像被联合国教科文组织列入《世界遗产名录》。

（5）黄石国家公园

黄石国家公园（图 4.4）位于美国西部北落基山和中落基山的溶岩高原上，是美国本土面积最大的国家公园，世界上最早建立的国家公园。1872 年 3 月 1 日，它被正式命名为保护野生动物和自然资源的国家公园。

图 4.4 黄石国家公园

黄石公园分为 5 个区：西北的猛犸象温泉区以石灰石台阶为主，故也称热台阶区；东北为罗斯福区，仍保留着老西部景观；中间为峡谷区，可观赏黄石大峡谷和瀑布；东南为黄石湖区，主要是湖光山色；西及西南为间歇喷泉区，遍布间歇喷泉、温泉、蒸汽池、热水潭、泥地和喷气孔。黄石国家公园被美国人自豪地称为“地球上最独一无二的神奇乐园”，于 1978 年被联合国教科文组织列入《世界遗产名录》。

三、墨西哥

（一）基本国情

1. 自然地理

墨西哥位于北美洲南部。北邻美国，南接危地马拉和伯利兹，东临墨西哥湾和加勒比海，西南濒太平洋。墨西哥也是南美洲、北美洲陆路交通的必经之地，素称“陆上桥梁”。古印第安人在此培育出了玉米，故墨西哥有“玉米的故乡”之称。墨西哥在不同历史时期还赢得了“仙人掌国度”“白银王国”“浮在油海上的国家”的美誉，其海岸线长 11 122 千米。

墨西哥气候复杂多样，由于多高原和山地，垂直气候特点明显。

国土面积：1 964 375 平方千米。

2. 简史

墨西哥是美洲文明古国。奥尔梅克文化、玛雅文化、托尔特克文化和阿兹特克文化均为墨西哥古印第安人创造。1519 年，西班牙人入侵墨西哥并逐渐统治墨西哥。1821 年，墨西哥宣告独立。1910 年爆发资产阶级民主革命。1917 年，颁布资产阶级民主宪法，宣布国名为墨西哥合众国。墨西哥革命制度党自 1929 年起连续执政 71 年。2000 年、2006 年国家行动党连续两次赢得大选。2012 年革命制度党重新执政。

知识链接 4-6

玛 雅 文 明

玛雅人是古代印第安人的一支，是美洲唯一留下文字记录的古代民族。玛雅人约在公元前 2500 年就已定居在今墨西哥南部、危地马拉、伯利兹，以及萨尔瓦多和洪都拉斯的部分地区，约有 200 万人，使用玛雅语。在西班牙征服墨西哥和中美洲之前，玛雅人曾创造出西半球伟大的文明，从事农耕、兴建巨大的石头建筑和金字塔神殿、冶炼金和铜，并使用一种现今已部分解读的象形文字。玛雅人在天文、数学方面取得了极高成就。通过长期观测天象，已掌握日食周期和日、月、金星等运行规律，在前古典期之末已创制出太阳历和圣年历两种历法。

（资料来源：https://baike.baidu.com/item/%E7%8E%9B%E9%9B%85%E6%96%87%E6%98%8E/334073?fr=aladdin，节选，有改动）

3. 政治

墨西哥政体实行总统制。总统是国家元首和政府首脑，任期 6 年，终身不得再任，不设副总统职位。1824 年颁布了独立后第一部宪法。1917 年 2 月 5 日颁布了《墨西哥合众国宪法》，历经多次修改后执行至今。宪法规定，立法、行政和司法三权分立。联邦议会分为参、众两院，行使立法权。两院议员不得连选连任。司法机构分为最高法院、大区法院和地区法院 3 级。

4. 经济

墨西哥是拉丁美洲的经济大国，《美墨加协定》成员，世界最开放的经济体之一，同 45 个国家签署了自贸协定。该国工业门类齐全，石油化工、电力、矿业、冶金和制造业较发达。墨西哥主要农作物有玉米、番茄、小麦、高粱、大豆、水稻、棉花、咖啡豆、可可等。有“绿色金子”别称的剑麻也是墨西哥独领世界风骚的农产品，其产量居世界前列。墨西哥主要出口原油、工业制成品、石油产品、服装、农产品等。墨西哥也是 G20 的成员。

货币：比索。

（二）人文习俗

1. 民族、语言、人口、宗教

民族：印欧混血种人和印第安人占总人口的90%以上。全国共有62个印第安族、360种印第安语言。

语言：西班牙语为官方语言。

人口：1.23亿（2017年）。

宗教：88%的居民信奉天主教，5.2%的居民信奉基督教新教。

2. 主要节日

元旦：1月1日，公历新年。

立宪日：2月5日，1917年墨西哥立宪会议通过宪法。

胡阿雷斯诞辰：3月21日，墨西哥爱国者胡阿雷斯诞辰，同时也是立春之意。

耶稣受难日：复活节前2天。

劳动节：5月1日。

五月五：5月5日，1862年击溃法国的纪念日。

独立日：9月16日。

革命纪念日：11月20日，1910年，墨西哥资产阶级民主革命爆发，同年11月20日爆发武装起义。

圣诞节：12月25日，耶稣诞生日。

3. 民俗风情

（1）服饰

墨西哥人的传统服装之中，名气最大的是恰鲁和支那波婆兰那。前者是一种类似于骑士服的男装，后者则为一种裙式女装。另一种比较著名的服饰是大斗篷式的服饰，称为查曼多，这种服装源自牛仔披风。还有一种常见的殖民地风格衬衫，称为瓜亚贝拉，为小翻领，4个贴兜，胸前衣襟上绣有花纹，长袖，多为浅色。著名的墨西哥大草帽，是该国三大特产之一，大草帽是用水草、麦秸、竹篾或棕绳等物编织的帽子，帽檐比较宽，可用来遮雨、遮阳，以及休息时将衣物放于帽中，以防沾染尘土。

（2）饮食

墨西哥在饮食文化上秉承了玛雅、阿兹特克的特色，口味浓厚、色彩绚丽。该国传统食物主要是玉米、菜豆和辣椒，它们被称为墨西哥人餐桌上必备的“三大件”。苏尔啤酒被外界认为是墨西哥文化精髓的代表，有着逾百年的历史。龙舌兰酒，又称特基拉酒，是墨西哥的特产之一，酒性浓烈，颇能代表这个热情如火的国家，被称为墨西哥的灵魂。

知识链接 4-7

墨西哥的玉米和辣椒

墨西哥人爱吃玉米、嗜辣成性。墨西哥是玉米的世界，玉米棒子、玉米薄饼、玉米厚饼、玉米煎饼、玉米脆饼、玉米甜饼、玉米粥、玉米汤、玉米卷、玉米粽子、玉米春卷、玉米饺子、玉米蛋糕、玉米面包、玉米沙拉酱等，据说有五六百种之多。墨西哥的市场上还有造型奇妙、手工细腻、花色繁多的帽子、篮子、瓶子、毯子、小玩具、小摆设等手工艺品，全是利用玉米皮、玉米秆等制成的。可见墨西哥人对玉米的热爱几乎渗透到了他们生活的每个角落。作为辣椒的发源地，墨西哥囊括全球约一半的辣椒品种，拥有数百种红、黄、青、绿色的辣椒。墨西哥人吃辣椒的方式也令人叹为观止，生吃、入菜不稀奇，连甜品、饮品都能加辣椒。在当今世界权威美食家的眼中，墨西哥菜肴和法国菜、印度菜、中国菜和意大利菜齐名。墨西哥菜肴口味重、颜色多。

（资料来源：根据相关资料整理）

（3）礼仪

在墨西哥，熟人见面时所采用的见面礼节主要是拥抱礼与亲吻礼。在上流社会中，男士往往还会温文尔雅地向女士行吻手礼。赴约时，墨西哥人一般不习惯准时到达约会地点。通常情况下，他们的露面总要比双方事先约定的时间晚一刻钟到半个小时，在他们看来这是一种待人的礼貌。在墨西哥出入公共场合时，男子一定要穿长裤，妇女则务必穿长裙。

（4）禁忌

墨西哥人忌讳数字 13 和星期五，认为不吉利。忌讳有人送给他们黄色、红色的花，认为黄色意味着死亡，红色的花会给人带来晦气。忌讳蝙蝠及其图案和艺术造型，认为蝙蝠是一种吸血鬼，给人以凶恶、残暴的印象。忌讳紫色，认为紫色是一种不祥之色，因为只有棺材才涂这种颜色。

墨西哥南部一些地区忌讳客人一进屋就脱去帽子，认为这是寻衅和报仇。墨西哥的阿兹特克人把酒视为邪恶的源泉。他们认为只有老人才能开怀畅饮，如果青年人喝酒，会被看成是大逆不道。

4. 文化艺术

墨西哥是美洲的文化大国，拥有古代印第安人创造的灿烂文明，是美洲三大古老文化中玛雅文化和阿兹特克文化的发祥地。墨西哥在历史发展过程中，将印第安土著文化和欧洲文化融为一体，形成了自己独具特色的歌舞、音乐、绘画、戏剧等各种民族文化。

“哈拉贝”是墨西哥最具代表性的民间舞蹈，男子身穿传统民族服装，头戴宽檐帽，热情专注，追逐女伴；女子身穿宽肥艳丽的土布裙，佯装害羞，优雅地躲避，并不时用裙子甩出各种花形图案。

奥克塔维奥·帕斯（1990年诺贝尔文学奖得主）、胡安·鲁尔福和卡洛斯·富恩特斯都是现代西班牙语文坛巨匠。墨西哥壁画举世闻名，里维拉、奥罗斯科、西凯罗斯为杰出壁画家。

墨西哥也是世界文物大国，截至2017年，被联合国教科文组织确定的人类文化和自然遗产有33处。

知识链接 4-8

拉丁美洲

拉丁美洲主要是指美国以南的中美洲、南美洲地区。就居民的语言而论，西班牙语占统治地位（巴西为葡萄牙语），由于本区隶属拉丁语族，美国以南的众多国家被称为拉丁美洲国家。

（资料来源：根据相关资料整理）

（三）旅游资源

悠久的历史文化、独特的高原风情和人文景观及漫长的海岸线为墨西哥发展旅游提供了得天独厚的有利条件，居拉丁美洲第一的旅游业已成为墨西哥主要创汇来源之一。

1. 名城

（1）墨西哥城

墨西哥城是墨西哥合众国的首都，位于墨西哥中南部高原的山谷中，是世界上海拔最高的都市区，它集中了全国约一半的工业、商业、服务业和金融机构，是全国的政治、经济、文化和交通中心。这座西半球最古老的城市，遍布着古印第安人的文化遗迹。墨西哥城是世界著名的旅游城市，名胜古迹众多，宪法广场是墨西哥城的中心，广场周围有国家宫、市政大厦、博物馆和大教堂。郊区的知名古迹有太阳金字塔（图 4.5）和月亮金字塔，每天吸引成千上万游客的到访。

（2）瓜达拉哈拉

瓜达拉哈拉是墨西哥第二大城市，地处墨西哥西太平洋区，在哈里斯科州的中心。瓜达拉哈拉是墨西哥的文化、工业和经济重镇，市内设有轻轨系统，因其传统、文化休闲的魅力和烹饪而闻名于世，大街上富有殖民时期传统特色的建筑也显现出城市的文化底蕴。墨西哥是世界上唯一酿造龙舌兰酒的国家，而龙舌兰酒原产地为哈里斯科州。著名景点有瓜达拉哈拉大教堂、济贫院的壁画。

图 4.5　太阳金字塔

（3）蒙特雷

蒙特雷是墨西哥东北部新莱昂州首府，墨西哥第三大城市，有着“北方艳后”“东北巨人”“群山之城”的别称。蒙特雷丰富多彩的历史和文化是其最大的特色，拥有多处赏心悦目的自然美景和充满人文气息的旅游胜地。蒙特雷是一座国际大都市，拥有诸多博物馆，包括现代艺术博物馆、国家历史博物馆、总督府博物馆、墨西哥职业棒球名人馆等。

（4）坎昆

坎昆是墨西哥著名国际旅游城市，位于加勒比海北部，墨西哥尤卡坦半岛东北端，过去它只是加勒比海中靠近大陆的一座狭长小岛。整个岛呈蛇形，西北端和西南端有大桥与尤卡坦半岛相连，隔尤卡坦海峡与古巴岛遥遥相对。该城市三面环海，风光旖旎。坎昆海滩是世界公认的十大海滩之一。

在玛雅语中，坎昆意为“挂在彩虹一端的瓦罐”，被认为是欢乐和幸福的象征，这里曾是玛雅古国最大、最繁华的城邦。曾经，玛雅人在这里用石头建造了诸多重要建筑。现在，这里是探寻玛雅文明遗迹的必到之地。墨西哥政府已制定了“玛雅世界”旅游规划，以推动整个尤卡坦半岛旅游业的发展。

2. 名胜古迹

（1）奇琴伊察

奇琴伊察古城是古玛雅文明遗址，位于墨西哥尤卡坦半岛东北部，有建筑物数百座，古城始建于公元 5 世纪，在公元 11～13 世纪时达到顶峰。“奇琴”意为“井口”，天然井为建城的基础。现有公路把它分为两半。南侧老奇琴伊察具有玛雅文化特色，有金字塔神庙、柱厅殿堂、球场、市场和天文观象台，以石雕刻装饰为主；北侧新奇琴伊察具有托尔特克文化特色，有库库尔坎金字塔、勇士庙等，以朴素的线条装饰和羽蛇神灰泥雕刻为主。1988 年，联合国教科文组织将奇琴伊察古城遗址作为文化遗产，列入《世界遗产名录》。

（2）宪法广场

宪法广场位于墨西哥城的中心，中央有巨大的墨西哥国旗，四周有国家宫、最高法院和大教堂等重要建筑。众多身着印第安民族服饰的传统服装摊贩和装扮得绚丽多彩的印第安民俗艺人，是广场上的独特风景。位于宪法广场东侧的国家宫是墨西哥饱经沧桑的无声见证。宪法广场以北坐落着拉丁美洲最大的天主教堂。宪法广场之于墨西哥城，就如同埃菲尔铁塔之于巴黎、斗兽场之于罗马一样，是墨西哥城的心脏地带。

（3）图伦遗址

图伦遗址是后古典时期玛雅文化遗址，是墨西哥最早看到日出的地方，也是西班牙人第一次登陆的地方。它位于坎昆的加勒比海岸上，是 14 世纪玛雅文化末期最繁荣的宗教都市遗迹。古城里的建筑都是用石头砌成的，雕刻着图案花纹，这是迄今为止墨西哥保存最好的一座玛雅人和托尔特克人的古城。

第二节 南美洲地区

南美洲是南亚美利加洲的简称，因西班牙及葡萄牙带来的拉丁文化长期居于主导地位，故美国以南的中美洲、南美洲常被称为拉丁美洲。南美洲位于西半球的南部，东临大西洋，西临太平洋，北临加勒比海，北部和北美洲以巴拿马运河为界，南部和南极洲隔德雷克海峡相望，约占世界陆地总面积的 12%。安第斯山脉几乎纵贯整个南美洲西部，拥有美洲最高的山峰阿空加瓜山。安第斯山脉东部是面积广大的亚马孙盆地，大部分地区是热带雨林。

一、巴西

（一）基本国情

1. 自然地理

巴西是南美洲面积最大的国家，享有“足球王国”的美誉。巴西位于南美洲东部，东濒大西洋，北邻法属圭亚那、苏里南、圭亚那、委内瑞拉和哥伦比亚，西界秘鲁、玻利维亚，南接巴拉圭、阿根廷和乌拉圭。

巴西全境地形分为亚马孙平原、巴拉圭盆地、巴西高原和圭亚那高原，其中亚马孙平原约占全国面积的 1/3，为世界面积最大的平原；巴西高原约占全国面积的 60%，为世界面积最大的高原。

国土面积：8 514 900 平方千米。

2. 简史

1500 年 4 月 22 日，葡萄牙航海家佩德罗•卡布拉尔抵达巴西。他将这片土地命名为“圣十字架”，并宣布归葡萄牙所有。16 世纪 30 年代，葡萄牙派远征队在巴西建立殖民地。1822 年 9 月 7 日，巴西宣布完全脱离葡萄牙独立，建立巴西帝国。1889 年 11 月 15 日，丰塞卡将军发动政变，推翻帝制，成立巴西合众国。1964 年，巴西军人政变上台，1967 年改国名为巴西联邦共和国。1985 年，结束军人执政。

3. 政治

巴西第一部帝国宪法于 1882 年产生。1988 年 10 月 5 日颁布巴西历史上第八部宪法，规定总统由直接选举产生，任期 5 年，取消总统直接颁布法令的权力。在公民权利方面，宪法保障人身自由，16 岁以上公民有选举权等。1994 年和 1997 年议会通过宪法修正案，将总统任期缩短为 4 年，总统和各州、市长均可连选连任一次。国会是国家最高权力机构，其主要职能：制定联邦法律；确定和平时期武装力量编制及兵力；制订全国和地区性的发展计划；宣布大赦令；授权总统宣布战争或和平；批准总统和副总统出访；批准或撤销总统签署的临时性法令、联邦干预或戒严令；审查总统及政府行政开支；批准总统签署国际条约；决定临时迁都等。

4. 经济

巴西经济实力居拉丁美洲首位。工业体系较完备、工业基础较雄厚。巴西铁矿砂的储量排名全球第五，是全球第二大铁矿砂出口国，铝土的出产也仅次于澳大利亚，有较强工业潜力。农业上，咖啡、蔗糖、柑橘、大豆产量居世界首位，是多种农产品的主要出口国，第一大大豆生产国、第四大玉米生产国。畜牧牛的数量居世界第二，仅次于印度。

货币：雷亚尔。

知识链接 4-9

巴西航空工业公司

巴西航空工业公司，是巴西的一家航空工业集团，成立于 1969 年，业务范围主要包括商用飞机、公务飞机和军用飞机的设计制造及航空服务。现为全球最大的 120 座级以下商用喷气飞机制造商，占世界支线飞机市场约 45%的市场份额。该公司现已跻身世界四大民用飞机制造商之列，成为世界支线喷气客机的最大生产商。

（资料来源：https://zhidao.baidu.com/question/164155899172540.html，节选，有改动）

（二）人文习俗

1. 民族、语言、人口、宗教

民族：巴西历史上曾有过几次大的移民浪潮，形成巴西显著的种族和文化差异。白种人占总人口的53.74%，黑白混血种人占总人口的38.45%，黑种人占总人口的6.21%，黄种人和印第安人等占总人口的1.6%。

语言：葡萄牙语为官方语言。

人口：2.086亿（2017年）。

宗教：64.6%的居民信奉天主教，22.2%的居民信奉基督教福音教派。

2. 主要节日

元旦：1月1日。

独立英雄纪念日：4月21日。

劳动节：5月1日。

国庆节：9月7日。

儿童节：10月12日。

共和国成立日：11月15日。

圣诞节：12月25日。

巴西狂欢节：每年2月的中旬或下旬举行3天。

耶稣受难日：复活节前2天。

复活节：春分月圆后的第一个星期日。

3. 民俗风情

（1）服饰

巴西的男子平时穿短裤和衬衫，但是在正式场合，一定要穿西装。对于女士，在穿着上则没有严格的限制，她们通常喜欢穿色彩艳丽的裙装。巴西的妇女习惯上身穿短上衣，肩披又长又宽的围巾，下身穿肥大的花裙。她们喜欢戴手镯，并在腰带上系许多垂饰。狂欢节是巴西最大的节日，狂欢节中参加桑巴舞大赛演员人数之多、服装之华丽、持续时间之长、场面之壮观堪称世界之最。在“环球小姐”总决赛中，巴西小姐在民族服装展示环节身着具有民族特色的服装，足以显示出巴西传统服饰热情、豪迈、奔放的特点。

知识链接 4-10

巴西狂欢节

巴西狂欢节，又译为嘉年华会，被称为世界上最大的狂欢节，有“地球上最伟大的表演”之称。每年2月的中旬或下旬举行3天，盛大的狂欢节每年吸引数百万国内外游客。在巴西各地的狂欢节中，尤以里约热内卢狂欢节为世界上最著名、最令人神往的盛会。桑巴舞大赛是里约热内卢狂欢节的一项重大活动。赛场两侧是看台，中间是桑巴舞队伍行进的通道。每年狂欢节期间，要在这个赛场举行5场桑巴舞活动，全市名列前茅的14所桑巴舞学校要在这里一决雌雄，评出当年的名次，名列前5名的还要再进行一场表演。

（资料来源：根据相关资料整理）

（2）饮食

巴西是欧、亚、非三洲移民集聚之地，饮食上深受移民母国的影响，又带有浓浓的巴西风味。巴西烤肉是巴西的国家招牌菜，在巴西的每个角落，烤肉都是能登大雅之堂的风味菜之一，这主要得益于巴西发达的畜牧业，肉多菜少。巴西烤肉以烤牛肉、火腿肠等为主，刷过酱汁的原材料被串在一个特制的器具上，放到火上翻烤，其间随着火势翻转并刷上油，直至金黄，扑鼻的香气使人胃口大开。巴西以咖啡质优、味浓而驰名全球，是世界上最大的咖啡生产国和出口国，素有“咖啡王国”之称。巴西除南部外，大多以豆类为主食，这直接决定了人们的食材取材范围，也使豆类进入了巴西菜系。

（3）礼仪

从民族性格来讲，巴西人在待人接物上所表现出来的特点是喜欢直来直去。在人际交往中大多活泼好动，幽默风趣。巴西人在社交场合通常以拥抱或者亲吻作为见面礼节。只有在十分正式的活动中，他们才相互握手。除此之外，巴西人还有一些独特的见面礼，如握拳礼、贴面礼、沐浴礼。

（4）禁忌

巴西人普遍忌讳紫色，认为紫色是悲伤的色调。忌讳绛紫红花，因为这种花主要用于葬礼上。他们还把人死喻为黄叶落下，因此，也忌讳棕黄色。他们忌用拇指和食指连成圆圈，形成“OK”的手势，认为这是一种极不文明的表示。与巴西人打交道时，适于谈论的话题有足球、笑话、趣闻，不宜向其赠送手帕或刀子。

4. 文化艺术

由于巴西是欧、亚、非三洲移民之地，因此巴西的文化具有多重民族特色。巴西音乐在艺术形式或通俗特色方面，均引起世人瞩目。19世纪具有国际声望的巴西作曲家哥梅斯的作品具有意大利风情，包括根据阿伦卡尔的《瓜拉尼人》写成的歌剧。20世纪的维拉洛博斯也获得国际盛名，作品主要以本土主题和乐器为基础。巴西的舞蹈桑巴舞、卡波耶拉多来自民间，主要受非裔影响。每年2月，嘉年华会的新歌曲有许多题材是当时社会环境或周遭发生的事情。通过个人演出表现多姿多彩的嘉年华会，也是巴西多重文化的表现方式之一。巴西足球是巴西人文化生活的主流，足球是运动，更是文化。每当联赛或重大国内国际比赛进行时，巴西人常常举家前往观赛，赛场人山人海。

知识链接 4-11

卡波耶拉

卡波耶拉是 16 世纪由巴西的非裔移民发展出的一种介于艺术与武术之间的独特舞蹈。伴随音乐节奏，通常以两人一组的方式起舞，舞蹈动作中结合了大量侧空翻、回旋踢、倒立等动作。卡波耶拉虽然已经存在数百年，但直到 20 世纪 30 年代以后，才正式被允许在民间习授流传。这种舞蹈起源于非洲却又融入了相当程度巴西本土原住民的文化特色，因此被认为是巴西极为重要的本土文化象征与国技之一。

（资料来源：https://baike.baidu.com/item/%E5%8D%A1%E6%B3%A2%E8%80%B6%E6%8B%89/3090723?fr=aladdin，节选，有改动）

（三）旅游资源

巴西是一个可以让人远离尘嚣的原始热带天堂，大片未被开发的热带雨林绵延千里，纯净的热带沙滩围绕在岛屿四周。地域广阔的巴西充满了街道狂欢、异域沙滩文化、桑巴音乐和各色美食，巴西人用他们的活力与欢乐感染着游客。

1. 名城

（1）巴西利亚

巴西利亚是巴西的首都，位于巴西联邦区巴西高原，是巴西第四大城市。巴西利亚市区建筑风格新颖独特、多姿多彩，融合了世界古今建筑艺术的精华，拥有“世界建筑博览会”的称号。作为一座年轻的现代化都市，巴西利亚到处充满现代理念的城市格局、构思新颖别致的建筑及寓意丰富的艺术雕塑。1987 年 12 月 7 日，巴西利亚被联合国教科文组织列入《世界遗产名录》，成为世界人类文化遗产中最年轻的一个城市。著名景点有巴西利亚大教堂、巴西利亚电视台。

（2）里约热内卢

里约热内卢曾经是巴西的首都（1763～1960 年），属于热带草原气候，位于巴西东南部沿海地区，东南濒临大西洋，是巴西乃至南美的重要门户，也是巴西第二大城市，仅次于圣保罗，又被称为巴西联邦共和国的第二首都，里约热内卢是巴西及南美经济较发达的地区之一，素以巴西重要交通枢纽和信息通信、工业、旅游、文化、金融和保险中心而闻名。市境内的里约热内卢港是世界三大天然良港之一，里约热内卢耶稣像是该市的标志，也是世界新七大奇迹之一。

（3）圣保罗

圣保罗位于巴西东南部圣保罗州，是巴西最大的城市。圣保罗工业生产占全国工业总值的 50%左右，以钢铁、汽车、飞机、电子、化学、机器设备为主，并有纺织、食品、造纸、水泥、炼油等工业。咖啡、棉花、甘蔗、柑橘、柠檬产量均居全国之冠，畜牧业也十分发达。圣保罗铁路、公路和航空运输四通八达。主要景点有圣保罗大教堂、圣保罗艺术博物馆、圣保罗独立公园。

（4）马瑙斯

马瑙斯位于亚马孙河支流黑河和索里芒斯河交汇处，是巴西亚马孙州的首府。该城市拥有无尽的自然生态资源，已发展成为工商业和旅游业发达的内地城市。马瑙斯拥有世界上最大的浮动码头。市内的亚马孙热带雨林地区被誉为“人生必去的地方”。

2. 名胜古迹

（1）耶稣山

耶稣山（图 4.6）位于里约热内卢蒂茹卡国家公园内，是为庆祝巴西独立 100 周年而建成的。在骆峰山山顶塑有一座两臂展开、形同十字架的耶稣像。巨大的耶稣塑像在全市的每个角落均可看到。该塑像高 30 米、重 1 145 吨，仅其头部就高 3.75 米、重 30 吨；左右两手手指顶端之间距离为 28 米；两臂面积约 38 平方米，重 114 吨；塑像基座面积为 100 平方米。它面向大西洋，张开双臂，表情庄严肃穆，从远处望去，就仿佛一个扩大的十字架。

图 4.6　耶稣山

（2）巴西国家博物馆

巴西国家博物馆在 19 世纪初曾是葡萄牙王室的王宫，之后葡萄牙国王若昂六世将其作为博物馆，建立之初名为“皇家博物馆”。最初，博物馆里收藏了大量的动植物样本，尤其是鸟类的样本，因此被人们称为“鸟之屋”。在 19 世纪末，由于巴西国王佩德罗二世的个人偏好，博物馆开始涉足新的领域，包括人类学、古生物学和考古学。巴西国家博物馆的展品有动物标本、昆虫标本、恐龙化石、埃及木乃伊、鱼标本、哥伦布时代前的美丽陶器、南美考古器物、陨石等。

（3）伊瓜苏大瀑布

伊瓜苏大瀑布是世界上最宽的瀑布，位于巴西巴拉那州和阿根廷边界的伊瓜苏河。

从巴西高原悬崖上落入巴拉那峡谷形成的瀑布，为马蹄形瀑布，高 82 米，宽 4 千米，其宽度是北美洲尼加拉瀑布的 4 倍。伊瓜苏大瀑布与众不同之处在于观赏点多，从不同地点、不同方向、不同高度，看到的景象不同。

（4）伊泰普水电站

伊泰普水电站是目前世界第二大水电站，位于巴西与巴拉圭交界的巴拉那河上。伊泰普水电站由巴西与巴拉圭共建，发电机组和发电量由两国均分。伊泰普水电站曾被称为“人类第七大奇迹”，气势宏伟壮观。

二、智利

（一）基本国情

1. 自然地理

智利位于南美洲西南部，安第斯山脉西麓，东邻玻利维亚和阿根廷，北界秘鲁，西濒太平洋，南与南极洲隔德雷克海峡相望，是世界上地形最狭长的国家。智利南北长达 4 352 千米，东西宽 96.8～362.3 千米，在地图上看就好像南美洲的“裙边”，因此，智利有“丝带国”称号。

智利拥有非常丰富的矿产资源、森林资源和渔业资源。智利是世界上铜矿资源最丰富的国家，又是世界上产铜和出口铜最多的国家，享有“铜矿王国”美誉。境内的阿塔卡马沙漠被称为“世界旱极”。此外，它还是世界上唯一生产硝石的国家。由于地处美洲大陆的最南端，与南极洲隔德雷克海峡相望，智利人常称自己的国家为“天涯之国”。

智利气候地区差异大，可分为北、中、南 3 个明显不同的地段，北部主要是热带沙漠气候；中部是冬季多雨、夏季干燥的亚热带地中海气候；南部为多雨的温带阔叶林和寒带草原气候。

国土面积：756 626 平方千米。

2. 简史

智利原有居民是印第安人。16 世纪以前属印加帝国。16 世纪 30 年代，西班牙殖民者弗朗西斯科·皮萨罗征服秘鲁以后，陆续建立圣地亚哥、康塞普西翁和瓦尔迪维亚等城镇，智利遂沦为西班牙殖民地。1778 年，西班牙王室设置智利都督府和检审庭，作为智利的最高统治机构。1810 年 9 月 18 日成立执政委员会，实行自治。此后，智利人民在民族英雄贝尔纳多·奥希金斯率领下开展反殖民统治斗争。1818 年 2 月 12 日，奥希金斯正式宣布智利独立，成立共和国。1891 年，海军军官 J. 蒙特发动内战，夺取政权，开始了“国会共和时期”（1891～1920 年）。1973 年 9 月 11 日，军人发动政变，进行了长达 16 年的军政府统治。1989 年，恢复了代议制民主。1998 年，智利“民主过渡”进程基本完成。

3. 政治

智利实行总统制，自军人“还政于民”以来，智利政局保持稳定。中左政党联盟连续执政 20 年，历经 4 届政府。智利现行宪法于 1981 年 3 月 11 日生效，后经过 1989 年、1991 年、1993 年、2005 年 4 次修改。宪法规定，总统是国家元首和政府首脑。2005 年修宪将总统任期改为 4 年，并取消了终身参议员和指定参议员。国民议会实行参、众两院制。智利司法独立，全国设最高法院、17 个上诉法院和 1 个军事法庭。

4. 经济

智利政府对外实施全面开放的经济政策，鼓励外国投资，在很大程度上提高了国家的国际竞争力。智利属于中等发展水平国家，矿业、林业、渔业和农业是国民经济四大支柱。埃斯康迪达是全球最大的铜矿，生产量超过全球供应量的 5%。其工矿业是国民经济的命脉。智利气候、地理和水质环境条件优越，是世界上人工养殖三文鱼和鳟鱼的主要生产国。智利森林资源丰富，45%的国土面积适合森林生长，主要林产品为木材、纸浆、纸张等。智利也是南半球最大的鲜果出口国，全国 7 800 处果园、518 家水果出口企业向全球 100 多个国家出口 75 种水果。智利主要水果有苹果、葡萄、鳄梨、李子、桃、梨等。智利经济在很大程度上依赖对外贸易。

货币：比索。

（二）人文习俗

1. 民族、语言、人口、宗教

民族：印欧混血种人和白人约占总人口的 89%，印第安人约占总人口的 11%。南部阿劳卡尼亚大区印第安人比较集中。

语言：官方语言为西班牙语。在印第安人聚居区使用马普切语。

人口：1 757 万（2018 年）。

宗教：15 岁以上人口中，67%信奉天主教，16%信奉基督教福音教派。

2. 主要节日

元旦：1 月 1 日。

耶稣受难日：复活节前 2 天。

复活节：春分月圆后的第一个星期日。

劳动节：5 月 1 日。

海军节：5 月 21 日。

国庆节：9 月 18 日。

陆军节：9 月 19 日。

圣诞节：12 月 25 日。

3. 民俗风情

（1）服饰

智利有牛仔必备的斗篷，称为“查曼多”。这是西班牙人到来前，智利土著人的特色服装。它一般用一块大布从前到后缠上几圈，男女无太大差别，只因地区不同而颜色变化较大。沿海地区布料一般色彩明快，内地相对暗淡，因为内地大多属于矿区，服装上的金属装饰比沿海地区出现得早且种类多。西班牙人的到来，使智利人的服饰发生较大的变化，即以穿骑士服为主。

当今的智利人穿着比较讲究，特别是在首都圣地亚哥市东区和北区富人居住地，男士一般西装革履，女士穿着时尚。智利人习惯穿单色服装，如蓝色、绿色、红色、黄色、白色服装等，杂色服装不太受欢迎。

（2）饮食

智利人待客的饭菜品种丰富，风味独特。待客的主食有用新鲜玉米面制成的“乔克洛”嫩玉米糕，有用大米、玉米粉、肉汤和蔬菜制成的“肉汤菜饭”，用奶酪、海鲜做的馅饼和用肉末、葱头、葡萄干、油橄榄、鸡蛋等做的馅饼。智利人爱吃烤制品，常吃烤面包、烤土豆、烤牛羊肉、烤鱼等，也喜欢吃海产品，尤为爱吃刚捕捞的活鱼，认为活鱼的眼、头、内脏味道最美。待客的餐桌摆有各类水果，如苹果、柑橘、葡萄、西瓜等。智利人称水果为天然甜食。智利人爱饮酒，低度白酒、红葡萄酒、白葡萄酒是待客的常备酒。

当地人习惯一日四餐，早晨一般喝咖啡、吃吐司，以简便为原则；13:00 左右吃午餐，以量多质佳为好；14:00 再喝咖啡、吃吐司；21:00 吃晚餐，他们惯以西餐为主，也非常喜欢中餐，尤其是鲁菜、闽菜和粤菜。

知识链接 4-12

智利葡萄酒

智利是南美洲的第二大产酒国。智利的地形和气候都很适合葡萄的生长，这为葡萄酒的酿造创造了条件。该国的葡萄酒产量虽然不如阿根廷，但是其出口量遥遥领先。智利葡萄酒口感和顺，享有盛誉。智利葡萄栽培始于 1518 年，当时西班牙传教士在圣地亚哥周边种植葡萄，以提供教会做弥撒用的葡萄酒。20 世纪 90 年代后，智利葡萄酒产业进入现代化阶段。

（资料来源：根据相关资料整理）

（3）礼仪

智利人见面礼节多为握手，熟人之间会拥抱和亲吻。女士相见，一般亲面颊，男士见到熟悉的女士，也可亲面颊。老年人见面，大多行举手礼或脱帽礼。常用问候语是“您好”“见到您非常高兴”“感谢上帝让我们相识”等。智利人最常用的称呼是先生、夫人或太太。对未婚青年男女称少爷和小姐，而熟人、朋友之间可直呼其名。在正式场合，称呼姓氏并加行政职务或学术头衔。智利人的时间观念比较强，凡事都习惯按预定的时间进行。

（4）禁忌

智利人忌讳数字 13、星期五。发生口角时，受辱的一方常用“扫帚”一词还击，意思是把对方的污言秽语清扫掉。智利人认为黑色和紫色令人丧气、不吉利。送礼忌选用刀剑，他们认为刀剑是斩断友情的表示。对菊花的忌讳也很明确，即只能献给逝者。智利人喜欢听客人谈论他们的家庭，特别是孩子，而回避议论国家政治和居民宗教信仰。生意谈判前，忌讳送礼，否则会令对方心生疑虑，致使生意谈判失败。

4. 文化艺术

智利是拉美文化艺术水准较高的国家之一。在文学方面，诗人加夫列拉·米斯特拉尔获 1945 年诺贝尔文学奖，成为第一个获此奖的南美洲作家。诗人巴勃罗·聂鲁达获 1971 年诺贝尔文学奖。

智利最古老的舞蹈有集体圆圈舞和独舞，一般在重大庆典或其他欢庆活动中表演。跳集体舞时，人们手拉着手轮盘式地跳动。独舞则是模仿某种动物，或模仿猎人捕获动物的各种姿势。智利的国舞是奎卡舞。

智利工艺品材料大多源于大自然，银可以制作马普切首饰，铜可以制作饰品盒器皿，羊毛用来纺织，贝壳和马鬃也可以用来制作工艺品。木雕是智利马普切人的传统工艺，在复活节岛，雕刻也是拉帕努伊文化的精髓。

知识链接 4-13

智利的“围牛”

智利的“围牛”表演很独特。牧人骑马把散布在牧场上的成百上千头牛围拢在一起，场面热闹、壮观，成为一项重要的旅游观光项目。智利牧区地广人稀，牛群分散，牧主为了把牛赶回牛栏或把它们圈起来清点数目，需要掌握围拢它们的娴熟技巧。多年的围牛实践，逐渐演变为表演项目。每年 9 月至次年 3 月，在全国范围内进行预选赛，4 月初在中部城市兰卡瓜举行决赛。

（资料来源：根据相关资料整理）

（三）旅游资源

智利是拉丁美洲比较富裕的国家，智利政府比较重视发展旅游业。2010 年全国有旅行社 1 246 家，2017 年共接待游客 644.99 万人次，主要来自巴西、阿根廷等周边国家，北美和欧洲。

1. 名城

（1）圣地亚哥

圣地亚哥是智利的首都和最大城市，位于国境中部，坐落在马波乔河畔，东依安第斯山，西距瓦尔帕莱索港约 100 千米。夏季干燥温和，冬季凉爽多雨雾，碧波粼粼的马波乔河从城边缓缓流过，终年积雪的安第斯山仿佛一顶闪闪发光的银冠。圣地亚哥是智利工业与金融中心，贡献了智利全国 45%的 GDP。著名景点有圣地亚哥武器广场、圣地亚哥大教堂、国家历史博物馆等。

（2）瓦尔帕莱索

瓦尔帕莱索是南美洲太平洋东岸重要的海港，智利瓦尔帕莱索省首府，智利第三大城市。瓦尔帕莱索是智利最大贸易港，其工业产值约占全国 1/5，有纺织、金属加工、化工、炼油、制糖、服装、制革、油漆等。瓦尔帕莱索是横贯安第斯山国际铁路的西部终端站，与首都电气火车相通。城市居民多为欧洲移民（尤其是英、德、法、意移民）的后裔，瓦尔帕莱索也是智利国民议会、智利文化部和智利海军司令部的所在地。著名景点有海军上将科克伦纪念碑、露天博物馆、索托马约尔广场等。

（3）蓬塔阿雷纳斯

蓬塔阿雷纳斯是世界最南城市之一，智利南极区和麦哲伦省首府。蓬塔阿雷纳斯始建于 1843 年，1868 年起成为自由港。巴拿马运河修筑前，该市为大西洋与太平洋间过往船只的加煤站。工业以加工羊毛、羊肉、皮革为主，附近有石油开采。市内多纪念碑、广场，城市的克罗地亚文化背景在南美独树一帜。水、陆交通方便，并建有国际机场，也是从南美洲出发的南极探险者进行休整的最后一站。

（4）伊基克

伊基克位于智利北部，是塔拉帕卡大区的首府，是智利重要的港口城市，西临太平洋，东靠阿卡塔马沙漠。伊基克这座城市号称“400 年没有下过雨”，所有的饮用水都是从邻国玻利维亚进口。伊基克温暖的海水、白色的海沙、四季如春的气候使人流连忘返。

2. 名胜古迹

（1）复活节岛

复活节岛位于东南太平洋上，现属智利共和国的瓦尔帕莱索地区。它距离南美大陆智利约 3 000 千米，离太平洋上其他岛屿也很远。复活节岛以其巨大石雕像（图 4.7）而著名，岛上有 600 座以上的大石雕像及大石台遗迹，朝陆地方向有建筑巧妙的露天庭院。复活节岛是一片草原，没有任何高于 3 米的树木，植被以灌木、草丛为主。复活节岛上还有许多特产、纪念品及一年一度的“鸟人节”。复活节岛上石像之谜一直吸引着众多考古学家破解谜团。

图 4.7　复活节岛巨型石雕像

（2）百内国家公园

百内国家公园建于 1959 年，位于巴塔哥尼亚高原上，从里奥科罗拉多一直延伸到麦哲伦海峡，从安第斯山脉一直延伸到大西洋。公园内有固定的环形山路，供登山游客探索百内国家公园。公园以其美丽的湖泊、众多的冰川和直耸云霄的花岗岩山峰闻名，于 1978 年被联合国教科文组织列为世界生物圈保护区之一。

（3）圣地亚哥武器广场

第四章试题

圣地亚哥武器广场周围汇聚着智利重要的宗教、政治、经济和文化机构，是圣地亚哥的灵魂和核心所在。在广场中央高高矗立着佩德罗・德・瓦尔迪维亚的铜像，是 1960 年西班牙人为庆祝智利独立 150 年赠送的礼物。广场西侧是智利规模最大、气势最磅礴的大教堂，北侧有国家邮政局、历史博物馆，东侧为圣地亚哥市政府，这些是圣地亚哥的代表性建筑物。

第五章

大洋洲地区

学习目标

1. 熟悉大洋洲地区主要客源国的自然地理、简史、政治、经济。
2. 掌握大洋洲地区主要客源国的民族、宗教、节日、民俗风情、文化艺术。
3. 熟知大洋洲地区客源国旅游自然资源和人文资源。
4. 能够根据客源国旅游资源合理规划旅游线路。

大洋洲位于太平洋西南部以及南部的赤道南北广大海域中，在亚洲和南极洲之间，西邻印度洋，东临太平洋，并与南北美洲遥遥相对，约占世界陆地总面积的6%。大洋洲在地理上划分为澳大利亚、巴布亚新几内亚、新西兰、美拉尼西亚、密克罗尼西亚和波利尼西亚六区。大洋洲包括澳大利亚、新西兰、巴布亚新几内亚、所罗门群岛、斐济、基里巴斯、马绍尔群岛、密克罗尼西亚联邦、瑙鲁、帕劳、萨摩亚、汤加、图瓦卢、瓦努阿图14 个独立的国家，其余为美、英、法等国的属地。各国经济发展水平差异显著，澳大利亚和新西兰经济发达，其他岛国多为农业国，经济比较落后。如今，大洋洲被正式界定为“21 世纪海上丝绸之路”的南向延伸地区，将从思路上打开一个“新大陆”。

一、澳大利亚

（一）基本国情

1. 自然地理

澳大利亚，意为“南方大陆”。澳大利亚位于南太平洋和印度洋之间，由澳大利亚大陆和塔斯马尼亚岛等岛屿及海外领土组成。它东濒太平洋的珊瑚海和塔斯曼海，西、北、南三面临印度洋及其边缘海。澳大利亚虽然四面环水，沙漠和半沙漠却占全国面积的35%，东部为山地，中部为平原，西部为高原（多为沙漠和半沙漠）。

澳大利亚北部处于热带位置，中部处于干旱地带，南部处于温带。澳大利亚的四季和北半球完全相反，夏季从 12 月开始，6 月则是冬天的开始。

国土面积：7 692 000 平方千米，仅次于俄罗斯、加拿大、中国、美国和巴西，排名第六位。

2. 简史

澳大利亚是“古老土地上的年轻国家”，只有 200 多年的建国史。早在 4 万多年前，土著居民便已生息繁衍于澳大利亚这块土地上。17 世纪初，西班牙人、葡萄牙人和荷兰人抵达这里，给这块土地取名“澳大利亚”。1770 年，英国航海家詹姆斯·库克抵达澳大利亚东海岸，将其命名为“新南威尔士”，宣布为英王领地。1788 年，英国航海家菲利普率首批移民 1 373 人（包括流放犯 732 人），在现在的悉尼附近建立第一个流放殖民居住点，这一年后来被澳大利亚定为建国之年。1851 年，在澳大利亚新南威尔士和维多利亚发现金矿之后，即有大批矿工和移民涌入，形成了移民国家。19 世纪末，英国人先后在澳大利亚建立了 6 个殖民居住区。1901 年，英国将 6 个殖民区改称为州，组成澳大利亚联邦，成为英国自治领地。1931 年，英国议会通过《威斯敏斯特法案》，使澳大利亚获得内政外交独立自主权，成为英联邦内的一个独立国家。1986 年，英议会通过《与澳大利亚关系法》，澳大利亚获得完全立法权和司法终审权。

3. 政治

澳大利亚联邦政府由众议院多数党或政党联盟组成，政府一般任期 3 年。内阁是政府的最高决策机关，国家最高的行政领导人是总理。澳大利亚的议会选举制度十分完善，宪法规定，联邦议会由英国女王、众议院、参议院组成。联邦议会也是国家最高权力机关，它最重要的职能就是代表人民，制定法律，组织并监督政府。

4. 经济

澳大利亚是南半球经济最发达的国家。澳大利亚是一个工业化国家，农牧业发达，自然资源丰富，有“骑在羊背上的国家”“坐在矿车上的国家”“手持麦穗的国家”之称。澳大利亚长期靠出口农产品和矿产资源赚取大量收入，是世界上重要的矿产资源生产国和出口国。澳大利亚丰富的矿藏资源中，铝矾土，铁矿石，镍、银、锌、锰矿石的储量和产量均居世界前列。同时，澳大利亚还是世界上最大的烟煤、铝矾土、铅、钻石、锌矿砂及精矿出口国，第二大氧化铝、铁矿石、铀矿出口国，第三大铝矿、黄金出口国，有“淘金圣地”之称。农牧业、采矿业为澳大利亚传统产业，自 19 世纪 70 年代以来，澳大利亚经济经历了重大结构性调整，旅游业和服务业迅速发展，占 GDP 的比重逐渐增加，当前已达到 70%左右。黄金业发达，已经成为世界屈指可数的产金大国。渔业资源丰富，捕鱼区面积比国土面积还多 16%左右，是世界上第三大捕鱼区。

货币：澳元。

知识链接 5-1

坐在矿车上的国家

澳大利亚素有“坐在矿车上的国家”之称。采矿业是澳大利亚经济中的支柱性产业之一，是世界上最大的矿产品出口国。目前，澳大利亚矿产储量居世界前五位的有铝矾土（约 62 亿吨）、铁矿砂（约 350 亿吨）、铝（约 3 121 万吨）、锌（约 5 624 万吨）、铀（约 29.9 万吨）、煤（约 5 300 亿吨）、褐煤（约 1 260 亿吨）。澳大利亚是世界第一大煤出口国、第二大铁矿出口国、第三大铝矿和镍矿出口国，在西方仅次于美国、南非的第三大黄金出口国。

（资料来源：根据网络相关资料整理）

知识链接 5-2

中澳旅游年

2017 年是中澳两国建交 45 周年，也是两国政府共同设立的旅游年。中澳旅游合作伙伴关系 20 多年来取得累累硕果。中国已成为澳大利亚最有价值的旅游客源国之一，2016 年访澳的中国游客达 120 万人。2017“中澳旅游年”开启了双边旅游交流合作新时代，并发挥旅游外交的积极作用，助推中澳两国政治、经济、文化等方面的不断发展，为中澳两国全面战略伙伴关系持续发展做出有益贡献。中国驻悉尼旅游办事处也与国内领先的 6 家航空公司办事处携手合作，为中澳两国游客提供更加便利的旅游条件。2017“中澳旅游年”活动包括熊猫跑澳大利亚、千名澳大利亚游客游西安等，给两国人民带来更多旅游文化体验。

（资料来源：http://www.sohu.com/a/145118861_157267，节选，有改动）

（二）人文习俗

1. 民族、语言、人口、宗教

民族：英国及爱尔兰后裔占总人口的 74%，华裔占总人口的 5.6%，土著人占总人口的 2.8%，其他族裔主要有意大利裔、德裔和印度裔等。

语言：英语为官方语言。

人口：2 520.9 万（2019 年 1 月）。

宗教：约 63.9%的居民信奉基督教，5.9%的居民信奉佛教、伊斯兰教、印度教等其他宗教。无宗教信仰或宗教信仰不明人口占总人口的 30.2%。

2. 主要节日

澳大利亚人的节日有个规矩，就是如果节日正赶上周六或周日，就推迟到下周一庆祝。

元旦：1 月 1 日。

国庆日：1 月 26 日。

复活节：3 月 28～31 日。从 28 日耶稣受难日开始，为期 4 天。

澳新军团日：4 月 25 日。

女王诞辰：伊丽莎白女王生日，假日设在 6 月的第二个周一以便连休，只有西澳大利亚州是 9 月 29 日。

圣诞节：12 月 25 日。

开盒节：12 月 26 日。打开圣诞所赠礼盒的日子，在南澳大利亚，称为“宣告节”。

3. 民俗风情

（1）服饰

澳大利亚人非常注重公共场合的仪表，男子大多数不留胡须，出席正式场合时西装革履，女性穿西服套裙。当地土著人居住在用树枝和泥土搭成的窝棚里，身体围一块布或用袋鼠皮蔽体，喜欢在身上涂抹各种颜色，佩戴臂环、项圈、前额箍和骨制鼻针，节庆仪式或节日歌舞时更是在全身进行彩绘。

（2）饮食

澳大利亚家庭的饮食一般是三餐加茶点。早餐主要食物有牛奶、麦片粥、火腿、煎蛋、黄油、面包等；午餐多食快餐，通常食冷肉、凉茶、三明治、汉堡包、热狗等；晚餐是一天中的正餐，食物丰盛，多有凉菜和经炖煮、烧烤的肉食等，并饮用配餐酒和啤酒等。

茶点以咖啡和茶为主，加上饼干、点心等甜食。澳大利亚人的饮食习惯和英国人相似，但更喜欢吃鱼类菜肴，也更喜欢中餐，一些大城市有中餐馆。澳大利亚土著喜欢嚼猪笼草。

（3）礼仪

澳大利亚人见面习惯握手，女性朋友见面时常亲吻对方的脸颊。在澳大利亚，白种人占 90%以上，其中大多数为英国血统，有“女士优先”的良好社会风气，对妇女极为尊重。“保持距离”是社交场合、日常交谈，以及茶余饭后闲聊时所必须注意的行为准则。同样，澳大利亚人的时间观念很强，约会必须事先联系并准时赴约。应邀去吃午饭或晚饭时，给女主人带上一束鲜花或一瓶酒会比较受欢迎。澳大利亚人重视人与人之间的平等，不论其地位多高，都很平易近人。

（4）禁忌

澳大利亚人忌讳数字 13，视 13 日和星期五为不祥日；澳大利亚人认为兔子是一种不吉祥的动物，认为见到它们就预示着厄运将要临头；喜爱袋鼠、琴鸟和金合欢花图案；忌送菊花、杜鹃花、石竹花和黄颜色的花。忌讳对人眨眼，尤其是对妇女眨眼。忌讳竖大拇指。与澳大利亚人交谈时，可多谈旅行、体育运动及在澳大利亚的见闻，不要议论种族、宗教、工会和个人生活及等级、地位问题。

4. 文化艺术

澳大利亚是一个移民国家，政府也提倡多元文化，鼓励各民族文化的繁荣发展。澳大利亚主流文化属西方文化。土著文化艺术是澳大利亚民族文化中的瑰宝，在音乐、舞蹈和绘画方面取得了相当高的艺术成就。

音乐舞蹈是土著生活中很重要的部分，澳大利亚土著的歌曲表现的主题多为古老的神话和日常生活，歌曲一般比较短促，但歌词生动形象。土著音乐主要的伴奏乐器为“笛捷里都”。澳大利亚土著的舞蹈多是集体表演，他们的歌舞剧一般分为三种，即宗教礼仪、图腾仪式或纯粹取乐性的杂耍。土著在跳舞前往往会在身上涂抹各种颜色的花纹，有的在腰间围一块兽皮，表演时常常模仿各种图腾动物的动作。

1973 年，澳大利亚政府成立艺术理事会文学委员会，文学开始大力发展，本土文学创作具有一定的国际影响力，如马库斯 • 克拉克于 1874 年创作的《无期徒刑》。20 世纪 20 年代起，优秀的澳大利亚文学作品有《库纳尔杜》《卡布里康尼亚》《可怜的家伙，我的故乡》等。

知识链接 5-3

世界活化石博物馆

澳大利亚有很多古老的动植物。大约在 2 亿年前，澳大利亚就开始同其他大陆分离。长期以来，由于自然条件比较单一，动物的演化很缓慢，至今还保存着许多古老的物种。澳大利亚有古老而独特的生物（如袋鼠、考拉、鸭嘴兽等），还有植物 12 000 多种，其中特有种类 9 000 多种、特有鸟类 450 种。全球有袋类动物有 330 多种，而澳大利亚就占了三分之二。因为澳大利亚拥有如此多的珍稀动植物种类，并且特有动植物都是生物进化史上较古老的物种，所以它被誉为“世界活化石博物馆”。

（资料来源：https://zhidao.baidu.com/question/942045105716928732.html，节选，有改动）

（三）旅游资源

澳大利亚幅员辽阔，是一个多姿多彩的地方。珍稀动植物丰富，有“世界活化石博物馆”之称。小镇风光、古老田庄、剪羊毛场景及大陆内部的原始风光，都是具有相当吸引力的观光项目。热带、亚热带气候和海滩是开展水上运动、海滨疗养和避暑、避寒的好地方。

1. 名城

（1）堪培拉

堪培拉位于离东海岸不远的内陆丘陵地带，是一个先规划后建立的新兴城市。整个城市的公共建筑基本环绕着格里芬湖而建，道路宽敞、交通便利，是澳大利亚政府、国会及很多外国使馆的所在地。由于四周森林环绕、绿意盎然，同繁华的大都市悉尼、墨尔本相比，堪培拉也许更像是乡村小镇，然而它是世界著名的花园城市，享有“天然首都”的美誉。著名景点有国会大厦、格里芬湖、澳大利亚图书馆、堪培拉戏院等。

（2）悉尼

悉尼位于澳大利亚东南海岸，是新南威尔士州首府，澳大利亚最大的城市和港口，被称为澳大利亚“最古老和最时髦的城市”，有“澳大利亚门户”“南半球纽约”之称，也是澳大利亚的文化、商贸、金融中心和交通枢纽。悉尼可用空间、阳光、自由、稳健4个词来形容它。这里有闻名世界的建筑艺术经典，如悉尼歌剧院（图5.1）、悉尼塔、海港大桥三大标志性建筑。悉尼歌剧院是澳大利亚最具标志性的建筑，外表洁白晶莹，远远望去像是一支船队在扬帆远航，又如白色巨型贝壳绽放而成的花瓣。

图5.1　悉尼歌剧院

（3）墨尔本

墨尔本是澳大利亚第二大城市及维多利亚州首府，世界著名的旅游城市，连续多年被评为全世界最适宜居住的城市，有“澳大利亚文化之都”的美誉。墨尔本也是国际闻名的时尚之都，其服饰、艺术、音乐、电视制作、电影、舞蹈等潮流文化均享誉全球。1851年，在墨尔本发现了金矿，大量人员从世界各地来墨尔本淘金。墨尔本城西的巴拉瑞特和城北的本迪戈是两个过去的淘金地，现已建有主题公园，再现了当年采金时期的生活与习俗。著名景点有大洋路、企鹅岛、维多利亚女王市场、墨尔本皇家植物园等。

（4）布里斯班

布里斯班位于大陆东海岸，是昆士兰州的首府，它是一座美丽的亚热带城市和太平洋的重要港口，澳大利亚第三大城市。这里窄长的海滨是澳大利亚的热带作物产区，是全国主要的甘蔗和蔗糖产区，还盛产菠萝、木瓜、香蕉、鳄梨和杧果等。布里斯班文化发达，人文荟萃，拥有南半球规模最大、设备最完善的皇家医院和10多所大学。黄金海岸是著名的“冲浪者天堂”。著名景点有黄金海岸、阳光海岸、春溪国家公园等。

（5）珀斯

珀斯是西澳大利亚州的首府，这座城市正式创建于 19 世纪初，市区的斯旺河发源于东部，由东向西流向印度洋，流经珀斯市，聚集起来形成一个较大的湖泊。斯旺河把珀斯分成南北两岸，南岸是自然保护区，北岸是商业区。游客到珀斯可以去参观铸币厂，亲自动手制作硬币或纪念章。珀斯市有美术馆、野生动植物园、主题公园、印度洋冲浪海滩。著名景点有西澳军事博物馆、天鹅河、斯旺伯恩海滩、珀斯国王公园。

2. 名胜古迹

（1）大堡礁

大堡礁（图 5.2）位于澳大利亚大陆东北部沿岸，是世界上最大的珊瑚礁群，是由漫长年代中的珊瑚虫活动、死亡逐渐形成的。大堡礁景色迷人，险峻莫测，水流异常复杂，是世界上七大自然奇观之一。这里是成千上万种海洋生物的安居之所，被称为“透明清澈的海中野生王国”，有着得天独厚的科学研究条件，也是某些濒临灭绝的动物物种的栖息地。由于这里的生态环境至今仍未受到污染和破坏，生物保留了最原始的面貌，1981 年联合国教科文组织将大堡礁作为自然遗产列入《世界遗产名录》。

图 5.2 大堡礁

（2）卡卡杜国家公园

卡卡杜国家公园位于澳大利亚北部地区首府达尔文市东部，是澳大利亚最大的国家公园。这里以前是一个土著自治区，1979 年被评为国家公园。卡卡杜国家公园以保存有 2 万年前的山崖洞穴里的原始壁画而闻名于世。这里不仅有郁郁葱葱的原始森林、引人入胜的悬崖峭壁、飞流直下的瀑布、幽深诡秘的洞穴、各种珍奇的野生动物，而且在绵延 500 多千米的悬崖绝壁和洞穴上有岩画、石雕及人类生活遗址，是地球上最后一片与外界隔离的土著人居住地。数百名土著人仍然过着石器时代群居的原始生活。1981 年，被联合国教科文组织列入《世界遗产名录》。

（3）大蓝山区

大蓝山位于澳大利亚东南部的新南威尔士州，山上生长着 91 种桉树，是澳大利亚最大的桉树保护区。由于桉树含有油脂，其挥发的油滴在空气中经过阳光折射呈现蓝色，因而得名蓝山。大蓝山区共包括 7 个国家公园和 1 个自然保护区。这里溪谷幽深狭长，溪流经年累月地冲刷砂岩，形成了竖直的缝道。很多溪谷深达 50 米，但入口宽不到 1 米，往往抬头只见一线蓝天，走到深处又发现别有洞天。大蓝山区曾被英国伊丽莎白女王誉为“世界上最美丽的地方”，也是澳大利亚著名风景名胜区。著名旅游景点有三姐妹峰、大瀑布、钟乳洞等，其中三姐妹峰是蓝山的标志性景观。

（4）乌卢鲁国家公园

乌卢鲁国家公园位于澳大利亚中部，有两个主要景点：艾尔斯巨石和奥加斯巨石阵。其中艾尔斯巨石雄踞大陆大漠的中心，是目前世界上最大的整块不可分割的单体巨石。据测算，艾尔斯巨石的形成距今已有 5 亿年。1873 年探险家戈斯发现该巨石，并以当时南澳大利亚总理亨利·艾尔斯的名字命名。土著人称这座石山为“乌卢鲁”，意思是“见面集会的地方”。巨石通体色泽赭红，光滑的表面在阳光的照耀下闪烁着奇异的光芒。土著人认为艾尔斯岩是神明的化身，将它尊称为神岩。土著人认定艾尔斯岩是“土地之母”和“一切从此开始”。人们把艾尔斯岩所处的澳大利亚中部沙漠地带称为图腾崇拜的古典地区。

二、新西兰

（一）基本国情

1. 自然地理

新西兰是大洋洲岛国，位于太平洋西南部，西隔塔斯曼海与澳大利亚相望。新西兰领土由南岛、北岛及附近一些小岛组成，南岛和北岛以库克海峡分隔。首都惠灵顿及最大城市奥克兰均位于北岛。新西兰有“世界边缘的国家”“畜牧之国”“牧羊之国”“白云之乡”之称。

新西兰境内多山，平原狭小，山地和丘陵约占其总面积的 75%以上。山区多冰川和湖泊，如南阿尔卑斯山有世界上海拔最低的冰川。新西兰属温带海洋性气候，季节与北半球相反。

国土面积：270 534 平方千米。

2. 简史

1350 年起，毛利人在新西兰定居。新西兰真正有文字记载的历史是从欧洲殖民者到来之后开始的。1642 年，荷兰航海家阿贝尔·塔斯曼在此登陆，把它命名为“新泽兰”。1769～1777 年，英国人詹姆斯·库克船长先后 5 次到新西兰进行测量和绘制地图，此后英国向新西兰大批移民并宣布占领新西兰，把海岛的荷兰文名字“新泽兰”改成英文“新西兰”。1840 年，英国迫使毛利人酋长签订《怀唐伊条约》，新西兰成为英国殖民地。1907 年，英国被迫同意新西兰独立，成为英国的自治领地，但政治、经济、外交仍受英国控制。1931 年，英国议会通过《威斯敏斯特法案》，根据这项法案，新西兰于 1947 年成为主权国家，同时为英联邦成员之一。

3. 政治

新西兰是英联邦成员之一，其政体以英国议会制为榜样。英国女王是新西兰的国家元首，女王任命的总督作为其代表行使管理权。总督与部长组成的行政会议是法定的最高行政机构，内阁掌握实权，由议会多数党组成。议会只设众议院，由普选产生，任期 3 年，共有 120 个席位。新西兰法律规定毛利人至少有 6 个保障席位，而政党的选举过程也要有额外的毛利代表。新西兰无成文宪法，其宪法是由英国议会和新西兰议会先后通过的一系列法律和修正案，以及英国枢密院的某些决定构成。

4. 经济

新西兰是经济发达国家，农牧业是其经济的基础，农牧产品出口量占其出口总量的 50%，羊肉、奶制品和粗羊毛的出口量均居世界前列。新西兰还是世界上最大的鹿茸生产国和出口国，生产量占世界总产量的 30%。工业以农林牧产品加工为主，主要有奶制品、毛毯、食品、酿酒、皮革、烟草、造纸和木材加工等轻工业，产品主要供出口。新西兰农业高度机械化，主要农作物有小麦、大麦、燕麦、水果等。粮食不能自给，需从澳大利亚进口。新西兰渔产丰富，是世界第四大专属经济区，200 海里专属经济区内捕鱼潜力每年约 50 万吨。

2017 年，其入境游客总人数为 373 万人次，游客主要来源地为澳大利亚、中国、美国和英国等。

货币：新西兰元。

知识链接 5-4

畜牧之国

新西兰是世界上重要的畜牧业国家之一。畜牧业是新西兰经济的支柱产业。畜牧业产值占农业总产值的 80%左右，从事畜牧业的人口也约占农业人口的 80%，是世界上人均养羊、养牛数量最多的国家。新西兰以家庭农场为主，农场主及其家庭成员占农场劳动力的 3/4。新西兰人少地多，牧场尤其辽阔，全国人均 3.8 公顷。乳制品与肉类是最重要的出口产品。农牧产品出口量占其出口总量的 50%，羊肉和奶制品出口量均居世界第一位，羊毛出口量居世界第二位。新西兰是第一个从羊毛脂中提炼护肤品的国家，还是世界上最大的鹿茸生产国和出口国。

（资料来源：http://www.chinafeedepc.org/html/GLQQX/2013/7/1378919247196.html，节选，有改动）

知识链接 5-5

地球上的“地理教室”

新西兰是地球上为数不多的天然“地理教室”，各种丰富的自然景观非常集中，既有壮观的高山峡谷、峭壁海滩，又有变幻无穷的活火山，还有远古的冰川、荒芜的沙地、幽深的原始森林。新西兰拥有非常独特的野生物种，诸如硕大无比的北美红杉、古老大陆遗留下来的棕榈树及高大的蕨类植物。

（资料来源：http://www.docin.com/p-296159303.html，节选，有改动）

（二）人文习俗

1. 民族、语言、人口、宗教

民族：欧洲移民后裔约占总人口的 68%，毛利人约占总人口的 13%，亚裔约占总人口的 12%，太平洋岛国裔约占总人口的 7%。

语言：英语、毛利语是官方语言。

人口：491 万（2019 年 1 月）。

宗教：约 48.9%的居民信奉基督教新教和天主教。

2. 主要节日

元旦：1 月 1 日。

国庆日：2 月 6 日。

复活节：每年春分月圆后第一个星期日。

澳新军团日：4 月 25 日，为了纪念 1915 年 4 月 25 日在加里波利之战牺牲的将士。

女王诞辰：6 月的第一个星期一。

劳动节：10 月的第四个星期一。

圣诞节：12 月 25 日。

节礼日：12 月 26 日。

3. 民俗风情

（1）服饰

新西兰毛利人的传统服饰富有民族特色，鲜艳而简洁。毛利人的服装有披肩、围胸、围腰和短裙，最常见的是“比乌比武”短裙，它是用亚麻类植物织成，人们习惯称之为毛利草裙。此裙不分男女，现在多作为演出时的道具。毛利人最讲究的是羽毛大氅，过去是酋长才能披戴的，现在是在盛大庆祝活动时穿上以迎接贵宾。新西兰欧洲移民的后裔，在日常生活中的穿着以休闲服装为主，正式场合男士穿西装，女士穿套装套裙。

（2）饮食

新西兰人的饮食习惯大体上与英国人相同，饮食以西餐为主，口味清淡，对动物蛋白的需求量较大，牛肉、羊肉、鸡肉、鱼肉都是他们喜爱的食品。新西兰的“环太平洋”料理风格深受欧洲、泰国、马来西亚、印度尼西亚、波利尼西亚、日本和越南的影响。新西兰人特别喜欢中国的苏菜、京菜和浙菜。新西兰人喜欢喝啤酒，但对烈性酒严加限制，有的餐馆只出售葡萄酒。新西兰饮食的特色品种有炸鱼土豆条、帕夫洛娃甜食。

毛利人一般都爱吃一种叫作“夯吉”的食物，它是利用地热蒸熟的牛羊肉和豆类食物。最具特色的“烧石烤饭”，原料有芋头、南瓜、白薯、猪肉、牛排、鸡肉、鱼肉等，在铁丝筐内分层一次烧制而成，然后撒上盐、胡椒粉再食用，原始而美味。

（3）礼仪

新西兰人见面和告别大多行握手礼，鞠躬昂首也是他们的通用礼节。初次见面，身份相同的人互相称呼姓氏，并加上“先生”“小姐”等，熟识之后，互相直呼其名。在新西兰，毛利人仍保留着浓郁的传统习俗，当遇到尊贵的客人时，他们要行“碰鼻礼”，即双方要鼻尖碰鼻尖两三次，再分别离去。据说，按照其风俗，碰鼻子的时间越长，说明礼遇越高，越受欢迎。新西兰人言而有信，时间观念强；交谈以天气、体育运动、国内外政治、旅游等为话题，避免谈及个人私事、宗教、种族等问题。应邀到新西兰人家里做客时，可送给男主人一瓶威士忌，送给女主人一束鲜花。

（4）禁忌

受基督教、天主教的影响，新西兰人讨厌数字 13、星期五。新西兰人多忌讳建造或居住密集型的住宅。新西兰毛利人信奉原始宗教，相信灵魂不灭，因此对拍照、摄像十分忌讳。如果要给毛利人拍照一定要事先征求对方同意，也不喜欢“V”字手势。他们还忌讳让老人或生命垂危的人住进医院。因为他们认为只有罪人或奴隶才死于家外。毛利人的首领拥有绝对的权力，其本人及财产均属禁忌范围，平民不准触犯。

4. 文化艺术

新西兰的艺术与文化来自各个种族，结合了欧洲人、亚洲人和大洋洲人的特质。新西兰最有价值的绘画中，是由查尔斯·高第于 19 世纪所画的毛利人画像。画家柯林·麦卡宏的作品使用了文字、基督教肖像与毛利语言及神话，他被许多人认为是新西兰最伟大的艺术家。凯莉·胡姆以极具创意的小说《骨人》获得权威的布克文学奖。

好莱坞影片《魔戒》是在新西兰拍摄的，新西兰的电影工业随着这部巨片的成功而持续成长，新西兰的很多风景出现在这部电影中。新西兰的乐团达桑氏、大洋洲人和阿尼卡摩瓦都与国际唱片公司签约。默瓦娜·玛妮亚波脱和她的部族乐团以毛利原生态音乐赢得了国际声誉。

橄榄球是新西兰最受欢迎、影响最大的体育运动，新西兰国家橄榄球队因其一身全黑色的标志性队服而被称为“全黑队”，新西兰的帆船、划船、独木舟、登山、滑雪运动极为盛行。

知识链接 5-6

毛　利　人

毛利人是新西兰境内的原住民，属于南岛语族波利尼西亚人。毛利族有自己的语言和文字，他们的宗教信仰是多神的信仰。许多考古学家和历史学家认为毛利人的祖先是库克群岛和波利尼西亚地区的岛民，漂洋过海来到新西兰。科学家甚至发现毛利人与中国台湾的高山族的基因很接近，毛利人与中国台湾高山族在语言、文化、风俗、舞蹈上也十分相近。毛利人十分重视手工刺青，现在全世界的毛利人总人口有 70 多万人。在毛利人社会中，无论是嫁娶、作战、宗教等，一切行动都以部落或家族等团体利益为重。各个部落都有建造得非常精细的“帕”，这是一种防卫性的山寨，内有堡垒，非常坚固。毛利人社会也有阶级制度，分为贵族、庶民和奴隶。武士和领袖是贵族的成员，掌管部落一切事务。

（资料来源：https://baike.baidu.com/item/%E6%AF%9B%E5%88%A9%E4%BA%BA/1018604?fr=aladdin，节选，有改动）

（三）旅游资源

新西兰四面环海，到处是优良的港湾和美丽的峡湾、茂盛的雨林、清澈的湖泊、迷人的海滩、绿草如茵的山坡。其中，北岛的鲁阿佩胡火山和周围 14 座火山的独特地貌形成了世界罕见的火山地热异常带。

1. 名城

（1）惠灵顿

新西兰首都惠灵顿是新西兰第二大城市，是全国政治、经济、文化中心，位于新西兰北岛的最南端，扼库克海峡咽喉，常有海风侵袭，故也被称为“风都”。惠灵顿三面环海，拥有优良的港口。惠灵顿地区每年举办各种各样的活动，较受欢迎的活动有新西兰国际艺术节、国际龙舟节、马尔堡葡萄酒和食品节、毛利传统表演艺术节、惠灵顿国际爵士乐演奏节。惠灵顿的主要景点有海港大桥、旧圣保罗教堂、国家档案馆、新西兰国家博物馆、维多利亚山、城市博物馆等。

（2）奥克兰

奥克兰是新西兰第一大城市和最大海港，是新西兰的主要工业基地和商业中心，位于新西兰北岛的西北岸。1841～1865 年，奥克兰曾是新西兰的首都。奥克兰是一座被海洋世界包围的现代都市，海上散布 50 多个岛屿，每个岛屿都有不同的特色。奥克兰一半是都市，另一半是海景。城市环绕着怀特玛塔港和豪拉基湾两岸建设，港湾优良，也是开展海上帆船活动的胜地。新西兰人拥有帆船与游艇比例之高，冠于全球，奥克兰具有“帆船之都”的美誉。奥克兰的主要景点有奥克兰中央公园、海港大桥、奥克兰动物园、城市美术馆、国家海事博物馆、海底世界、维多利亚公园市场、千帆海港等。

（3）皇后镇

皇后镇位于新西兰南岛，依瓦卡蒂普湖，是一个被南阿尔卑斯山包围的美丽小镇，到处都是完美的观光地点，有着截然不同的景色，驱车行驶其间，有如置身世外桃源。皇后镇曾以淘金闻名于世，现在是新西兰的旅游观光胜地。

（4）基督城

基督城有很多教堂，位于新西兰南岛东岸，是新西兰第三大城市，南岛第一大城市，城内到处是花团锦簇、草木繁盛的景象，为基督城赢得了“花园之城”的美誉。基督城处处洋溢着浓厚的英国气息，19 世纪的英国式典雅建筑比比皆是，显示了浓郁的英国风情。基督城文化艺术气息浓厚，经常有歌剧、演奏会、芭蕾舞表演，也有户外流行音乐会、民间艺人表演。基督城与中国的武汉市互为友好城市，两市之间多有文化交流。基督城的港口在南极探险史上扮演着很重要的角色，是南极探险的出发点之一。

2. 名胜古迹

（1）峡湾国家公园

峡湾国家公园位于新西兰南岛西南端，濒临塔斯曼海，1904 年被列为保护区，1952 年被辟为公园。峡湾国家公园是新西兰最大的公园。峡湾国家公园 2/3 的面积覆盖着森林，拥有稀有或濒临灭绝的植物和较多的海洋哺乳动物资源。这里的景观多种多样，有峡湾、岩石海岸、悬崖峭壁、高山湖泊和众多瀑布。这是冰川多次作用的结果。该公园的苏瑟兰瀑布位于米佛峡湾上，总落差 580 米，居世界前列。英国作家吉普林称其为“世界第八大奇观”。1986 年，峡湾国家公园被列入《世界遗产名录》。

（2）汤加里罗国家公园

汤加里罗国家公园位于新西兰北岛中部地区，建于 1887 年，是新西兰最早的国家公园，也是新西兰著名的火山公园，有 15 座近代活动过或正在活动的火山，呈线状排列，向东北延伸。整个国家公园内，森林密布，高山雪景，溪水流淌，风光秀丽，有壮观的火山群及变化万端的生态环境。公园中心地带的山脉对于毛利人来说具有宗教上的象征意义，标志着整个部落及其环境在精神上的联系。毛利酋长蒂休休图基诺四世于 1887 年将三座壮观的火山（鲁阿佩胡火山、汤加里罗火山和瑙鲁霍伊火山）作为礼品赠送给了国家。三座火山中最壮观的是瑙鲁霍伊火山，其呈圆锥形，山坡陡峭，顶部是直径 400 米的火山口，是十分典型的圆锥形火山。公园地热资源丰富，沸泉、间歇泉、喷气孔、沸泥塘等遍地可见。壮观的火山群和毛利人的文化成为汤加里罗国家公园的重要特色。

（3）库克峰国家公园

库克峰国家公园位于新西兰南岛中西部的南阿尔卑斯山脉中，与韦斯特兰国家公园、阿斯派灵山国家公园相邻。公园内 1/3 的地区终年积雪，这里有 27 座山峰海拔高于 3 000 米，山峰连绵起伏，气势磅礴，蔚为壮观。其中，海拔 3 764 米的库克峰是新西兰最高峰，也是大洋洲第二高峰，被誉为“新西兰屋脊”“南半球的阿尔卑斯山”。

三、斐济

（一）基本国情

1. 自然地理

斐济位于太平洋西南部，瓦努阿图以东、汤加以西、图瓦卢以南，由332个岛屿组成，其中106个岛屿有人居住。斐济群岛位于南太平洋火山地震带上，多为珊瑚礁环绕的火山岛，主要有维提岛和瓦努阿岛等，两个主要岛屿的人口占全国总人口的87%。由于 180° 经线贯穿其中，因此斐济是世界上最东也是最西的国家。斐济是南太平洋地区的交通枢纽，号称“南太平洋的十字路口”。斐济的气候属热带海洋性气候，雨量充沛，年平均气温在22℃～30℃，常受飓风袭击。

国土面积：18 272平方千米。

2. 简史

斐济人世居岛上。1643年，荷兰航海者阿贝尔·塔斯曼首先来到斐济。19世纪上半叶欧洲人开始移入。1874年，斐济沦为英国殖民地。1879～1916年，大批印度人作为英国“殖民制糖公司”的合同工到此种植甘蔗。1970年10月10日，斐济独立，并成为英联邦成员。1987年政变后改称共和国，并脱离英联邦。1990年通过新宪法确立国名为“斐济主权民主共和国”。1997年7月，通过宪法修正案，改国名为“斐济群岛共和国”。2009年又改国名为“斐济共和国”。

3. 政治

斐济政治体制为议会制共和制。共和国总统是国家元首，拥有行政权。根据2013年宪法，议会实行一院制，共设51个议席。

4. 经济

斐济是南太平洋岛国中经济实力较强、经济发展较快的国家。斐济重视发展民族经济，促进投资和出口，逐步发展“高增长、低税收、富有活力”的外向型经济。制糖业、旅游业是其国民经济的支柱产业。斐济土地肥沃，盛产甘蔗，因此有“甜岛”之称。斐济工业以榨糖为主，此外，还包括黄金开采、渔产品加工、木材和椰子加工等。斐济渔业资源丰富，盛产金枪鱼。从20世纪80年代起，斐济政府利用得天独厚的自然条件大力发展旅游业。目前，旅游收入约占斐济国内生产总值的20%，2017年斐济旅游业收入达18亿斐济元。旅游是斐济最大的外汇收入来源。

货币：斐济元。

（二）人文习俗

1. 民族、语言、人口、宗教

民族：56.8%的居民为斐济族人，37.5%的居民为印度族人。
语言：官方语言为英语、斐济语和印地语，通用英语。
人口：88.5 万（2017 年）。
宗教：53%的居民信奉基督教，38%的居民信奉印度教，8%的居民信奉伊斯兰教。

2. 主要节日

元旦：1 月 1 日。
全国青年节：2 月 15 日。
宪法日：7 月 22 日。
斐济红花节：8 月中旬。红花是斐济的国花，为期 7 天的红花节是斐济重要的节日。
斐济独立日：10 月 10 日。
迪瓦利节：10 月 11 日。
圣诞节：12 月 25 日。

知识链接 5-7

斐济红花节

红花节是斐济的传统节日。在每年的 8 月举行，历时 7 天，地点在首都苏瓦市。红花，学名木槿，或称扶桑花，是斐济的国花，一种常年开花的热带灌木。斐济人民非常喜欢这种花，每年都要举行庆祝活动。节日期间，苏瓦市的主要街道上搭起牌楼，挂上彩旗，插上各种花草，装上彩色灯泡。节日以化装游行拉开序幕，来自四面八方的观众和游客，身穿各色服装，戴着各种稀奇古怪的面具，在警察乐队的带领下穿街游行。每年在广场的中心舞台，宣布评选“红花皇后”的结果，当选的前 3 名被戴上“皇冠”，并发给她们奖金和奖品。评选活动售票所得连同其他收入的大部分，均捐献给社会慈善机构。

（资料来源：https://baike.baidu.com/item/%E6%96%90%E6%B5%8E%E7%BA%A2%E8%8A%B1%E8%8A%82/1881483?fr= Aladdin，节选，有改动）

3. 民俗风情

（1）服饰

斐济人的服饰别具特色，在城市的大街上和酒店的海滩上，到处可以看到身穿大花衬衣和齐膝裙子的男人，这种裙子是当地男人的家居服，称为“solo”。有趣的是，斐济女人不穿裙子。因为依照斐济风俗，女性不便袒露太多肌肤。在苏瓦岛，大街上那些高大威猛的男警察也是穿着“solo”指挥交通，而且是那种裙边剪成三角形的裙子，充满了南太平洋岛国的原始美感，女警察却穿着裤装。斐济男人最珍视自己的头发，认为长发最有魅力。斐济女人的头发年轻时可以留长，结婚时便要剪短，而且以后会不断修剪，以至越来越短。斐济人爱美，喜欢在身上佩戴琳琅满目的各种饰品，尤其是红色的扶桑花。不论男女，都爱将这种火红色花朵插在头上。

知识链接 5-8

斐济别具特色的服饰

斐济人爱美，而且男人比女人更甚，尤其是斐济人的“solo”服饰别具特色。虽然现代“solo”经过了多次改良，但万变不离其宗，都是源于斐济人世代穿的蓑衣裙。斐济全境都是珊瑚岛和火山岛，数万年前，斐济土著人靠采摘野果、打猎和捕鱼为生，原始的生活方式和炎热的气候使他们用当地的蓑草编成衣物围在身上，可以防蚊虫叮咬和遮风挡雨。随着社会的进步，斐济人逐渐掌握了编织、蜡染等工艺。他们先是在蓑草裙上涂上色彩，成为较有观赏性的彩色蓑草裙，之后又用剥下的树皮经过浸泡、捶打、晒干，然后用染料涂上吉祥图案并制成粗布。随着现代文明传入斐济，当地人已改用质地精细的布料制作“solo”服饰，用料、工艺和图案都散发着现代特色。

（资料来源：根据网络相关资料整理）

（2）饮食

斐济人的主食以大米为主，也乐于品尝面类食品；副食方面，特别喜欢吃海产品，也爱吃猪肉、鸡肉；蔬菜方面，喜欢芋头、木薯、山药、西红柿、葱头；果品方面，爱吃香蕉、椰子、菠萝等水果；调料方面，爱用椰油、胡椒、姜、葱。斐济人在烹调方法方面偏爱烤、炸、煎，最爱饮当地产的“卡瓦酒”，也喜欢喝果汁、可可、咖啡等饮料。斐济人也喜爱中国的京菜、鲁菜、闽菜。

（3）礼仪

斐济人热情好客，并保留一些古老的传统习俗。斐济人在迎接来访客人时，常以当地隆重的“卡瓦酒”仪式来招待，即按当地风俗当场为客人调制“卡瓦酒”，然后依次向客人敬酒，还要为客人表演热情、欢快的斐济民族歌舞，并赠送鲸鱼牙齿作为纪念品。斐济贝卡岛上的人，常以当地独特的“踏火仪式”欢迎客人，表演者从容地踏着烧得滚烫的鹅卵石边歌边舞。

与斐济人打招呼时，应按他们的习惯，先相视一笑并挑一下眉毛，然后行握手礼。有些岛上的斐济人相互见面的礼节比较独特，他们习惯先伸出手掌，然后用一只手的中指互相钩一钩，以表示礼貌。

（4）禁忌

斐济人为人和善、热情好客，但在参观部落时要尊重当地的风俗习惯。女性不得穿露肩的无袖上衣或者长度不及膝盖的短裙；在部落中不得戴帽子或者太阳镜；不要摸斐济人的头部，包括小孩子。斐济人认为头部是人最神圣的部位，是最高精神所在。摸他人的头部，是对他人最大的羞辱，若在100多年前，可能会引来杀身之祸。在斐济，只有村长才有戴帽子的特权。

4. 文化艺术

各种文化在这里繁衍、融合，有斐济本土文化、印度文化、中国文化、南海各岛文化、欧洲殖民者文化等。不同的文化造就了不同的食品、语言、建筑、风情。斐济保留了许多英国殖民时期的建筑，包括总督府、苏瓦市图书馆、太平洋大酒店等。由于来自不同地区的人们在此定居，多元文化的体系和乡村建筑都被近乎完美地保留了下来。斐济群岛上至今依然保留着许多传统习俗，如将深海中的鱼群呼唤到浅海以利捕捉的神奇颂唱仪式、传统的走火仪式等。

2016年8月，在里约奥运会男子7人制橄榄球比赛中，斐济队击败英国队夺冠，这也是这个国家历史上首次获得奥运会金牌。

（三）旅游资源

斐济是世界上较热门的旅游度假地之一，吸引着来自世界各地的度假者和旅行者前来探访美丽的海岸、浪漫的岛屿、茂密的热带雨林及色彩斑斓的珊瑚礁。斐济的旅游活动内容丰富多彩，包括游览自然文化景点、内陆漂流、航海、深海钓鱼、帆板船、冲浪、浮潜、深潜等水上运动。

1. 名城

（1）苏瓦

首都苏瓦位于维提岛的东南沿海，临苏瓦湾，是斐济的政治、经济、商业中心，也是南太平洋岛国的最大都市中心，人称“南太平洋上的纽约”。苏瓦于1952年设市，居民中一半左右为印度血统，他们的祖先是1879～1916年作为英国的甘蔗种植合同工到斐济定居的。苏瓦三面环水，一面靠山，空气清新，气候宜人。苏瓦景点有苏瓦扬布拿佛塔、瑟斯顿花园（图5.3）、塔妙妮岛、斐济博物馆、斐济古代文化中心等。

图5.3 瑟斯顿花园

（2）劳托卡

劳托卡位于维提岛的西北海岸，在太平洋的西南部，是斐济第二大城市，西区的行政中心和主要港口。工业以制糖为主，主要出口货物为散糖、香蕉、锰矿、菠萝及糖浆等，进口货物主要有粮食、燃料及工业品等。

（3）楠迪

楠迪是斐济第三大城市，坐落于维提岛西部。楠迪是一座文化多元的城市，当地居民主要是印度人、斐济人，楠迪也是斐济印度教和伊斯兰教的中心。制糖业和旅游业是当地重要的经济支柱，楠迪的酒店业在斐济位居第一位。楠迪距离斐济主要的国际机场 9 千米，提供太平洋航空公司、新西兰航空公司、大韩航空公司等的国际航线，以及斐济航空公司的国内航线服务。因此，楠迪成为斐济最主要的游客入境港口。

2. *名胜古迹*

（1）丹娜努岛

丹娜努岛位于维提岛的西岸，是南太平洋地区最大的综合度假胜地。丹娜努岛上有一座桥与维提岛相连接。这里还有国际锦标赛高尔夫球场及一些私人的度假别墅。丹娜努岛有着斐济最美的海洋和沙滩，在这里有着许多世界顶级的酒店，许多重要的国际会议选择在这里召开。因此，这里也成了人们慕名而来的旅游目的地。

（2）塔妙妮岛

图 5.4　塔妙妮岛

塔妙妮岛（图 5.4）是斐济第三大岛，在斐济语中有富庶之意，因为火山岛肥沃的土壤，岛上物产十分丰富，连斐济国花红花都长在岛上的火山口，此岛素有“花园之岛”“富庶之岛”的美誉。岛上到处是甘蔗田、芒果树、椰林、火红的鲜花。塔妙妮岛的西北方有国际日界线穿过，代表着这条线的左边比格林尼治标准时间早 12 小时，右边却晚 12 小时。游客到子午线纪念碑时，等于是站在昨天与今天的交界点上，也等于可以看见全世界最早升起的朝阳。

（3）皇家旅馆

皇家旅馆是南太平洋历史最悠久的旅馆，1860 年，在莱武卡最热闹的海滩路上有许多旅馆林立，皇家旅馆就是其中之一，目前仍在营业中。建造旅馆的大卫·罗比船长在屋顶上建了个小小的瞭望台，就像船只一样，旅客可享受看海的乐趣。

第五章试题

第六章

非洲地区

学习目标

1. 熟悉非洲地区主要客源国的自然地理、简史、政治、经济。
2. 掌握非洲地区主要客源国的民族、宗教、节日、民俗风情、文化艺术。
3. 熟知非洲地区客源国旅游自然资源和人文资源。
4. 能够根据客源国旅游资源合理规划旅游线路。

非洲位于东半球的西南部、欧洲以南、亚洲以西，东濒印度洋，西临大西洋，地跨赤道南北，占全球陆地总面积的20.2%，是世界第二大洲，同时也是人口第二大洲。

非洲是世界古人类和古文明的发祥地之一，也是现代人类的发源地，早在公元前4000年就有文字记载。非洲北部的埃及是世界文明发源地之一。自1415年葡萄牙占领休达，欧洲列强开始对非洲实行殖民统治，在19世纪末20世纪初达到巅峰，约有95%的非洲领土遭到列强瓜分，资源长期遭到掠夺。1847年后，殖民地陆续独立，1960年是非洲独立年，象征非洲脱离列强统治，非洲殖民时代结束。由于长期殖民统治、种族冲突、热带疾病横行、工业化引发的环境破坏、教育落后，非洲成为世界经济发展水平最低的一个洲。

一、埃及

（一）基本国情

1. 自然地理

埃及地跨亚、非两洲，大部分位于非洲东北部，领土还包括亚洲西南端的西奈半岛。埃及地处欧、亚、非三大洲的交通要道，西连利比亚，南接苏丹，东临红海并与巴勒斯坦、以色列接壤，北濒地中海。苏伊士运河是连接欧、亚、非三洲的交通要道，沟通了大西洋、地中海与印度洋，战略位置和经济意义都十分重要。埃及的疆土略呈不规则的四方形，地形平缓，罕见大山，最高峰凯瑟琳山海拔 2 637 米。埃及是中东人口最多的国家，也是非洲人口第二大国，在经济、科技领域长期处于非洲领先地位，是非洲强国，也是非洲大陆第三大经济体。

国土面积：1 001 450 平方千米。

2. 简史

古埃及是世界四大文明古国之一，在古代天文学、数学、医学上均处于领先地位。公元前 3200 年，美尼斯统一埃及，建立了第一个奴隶制国家，此后经历了 30 个王朝。公元前 11 世纪～前 1 世纪，断断续续被亚述、古巴比伦、波斯、古代马其顿和罗马帝国征服。公元 4～7 世纪，埃及并入东罗马帝国，后被波斯萨珊王朝占据。公元 7 世纪中期，阿拉伯人入侵，埃及成为阿拉伯帝国的一部分。1249 年开始埃及由马木鲁克王朝统治，1517 年，埃及被奥斯曼土耳其征服，成为奥斯曼帝国的埃及行省。1798～1801 年，埃及被拿破仑占领。1805～1840 年，在穆罕默德·阿里领导下，埃及经历了短暂的独立。1882 年，埃及被英国军队占领，后成为英国的“保护国”。1922 年 2 月 28 日，英国被迫承认埃及独立，但仍保留对埃及国防、外交、少数民族等问题的处置权。1952 年，以纳赛尔为首的“自由军官组织”发动军事政变，推翻法鲁克王朝，成立“革命指导委员会”，掌握国家政权，埃及获得真正独立。1953 年 6 月 18 日，埃及废除帝制，宣布成立埃及共和国。

知识链接 6-1

古埃及科学技术

古埃及人创造了人类历史上最早的太阳历。早在公元前 4000 年，埃及人就已经把 1 年确定为 365 天，全年分成 12 个月，每月 30 天，余下的 5 天作为节日之用；古埃及人还把一年分为 3 季，即“泛滥季”“播种季”“收割季”，每季 4 个月。古埃及建筑与天文学密切相关，著名的金字塔就隐含了许多天文学知识，金字塔的四面正对着东、南、西、北四个方向。胡夫大金字塔的北面有隧道，可以进入金字塔的中心部位，在这里眺望北方夜空，北极星正好映入眼帘。哈夫拉金字塔王殿内南北方位有两个通气孔。狮身人面像在春分日和秋分日，永远正面对着太阳升起的地方。在数学方面，古埃及人很早就采用了十进制计数法。在医学方面，古埃及千年不腐的“木乃伊”闻名于世。1991 年，埃及科学家穆罕默德·塞闭特博士发现，古埃及人在制作木乃伊时使用了放射性物质。埃及国家博物馆对古代法老和王后的木乃伊进行研究时，利用探测仪器证明，馆内几具古埃及不同时期、不同地点的木乃伊体内的填充物中均含有放射性物质，可以释放出 α、β、γ 射线。由此可以确认，古埃及人早在 4 000 多年前就已经运用放射性物质保护法老的木乃伊。

（资料来源：https://baike.baidu.com/item/%E5%8F%A4%E5%9F%83%E5%8F%8A/226771?fr=aladdin，节选，有改动）

3. 政治

埃及政治体制是总统共和制。埃及议会实行一院制，设有 596 个席位，任期 5 年。2014 年 1 月，新宪法草案全民公投以 98.1%的支持率通过。新宪法明确列出立法、行政、司法三套权力系统，限定总统任期 4 年，最多可连任一届。

4. 经济

埃及经济属开放型市场经济，拥有相对完整的工业、农业和服务业体系。石油天然气、旅游、侨汇和苏伊士运河是四大外汇收入来源。工业以纺织和食品加工等轻工业为主，重工业以石油化工业、机械制造业及汽车工业为主。工业产值约占 GDP 的 16%，工业产品出口约占商品出口总额的 60%。埃及工业企业过去一直以国营为主体，自 20 世纪 90 年代初开始，埃及开始积极推行私有化改革。

埃及是传统农业国，农村人口占总人口的 55%，1/3 以上的人口从事农业。全国可耕地面积为 310 万公顷，约占国土总面积的 3.7%，绝大部分为灌溉地。埃及是非洲单位面积产量最高的国家，主要生产长绒棉和稻米，产量均居非洲首位，玉米、小麦产量居非洲前列。

埃及历史悠久，名胜古迹很多，具有发展旅游业的良好条件。

货币：埃及镑。

知识链接 6-2

埃及开罗大学孔子学院

北京大学与开罗大学有着长期的友好合作关系，早在 1986 年双方就签署了校际交流协议，两校于 2000 年续签了校际合作协议。2007 年 11 月 29 日，北京大学与开罗大学签署了合作建设孔子学院的执行协议，并举行了隆重的孔子学院揭牌仪式。作为埃及和北非地区的第一所孔子学院，2008 年 3 月 18 日，开罗大学孔子学院正式招生上课。开罗大学孔子学院重视以语言为载体开展文化活动，展示汉语学习的成果。

（资料来源：根据相关资料整理）

（二）人文习俗

1. 民族、语言、人口、宗教

民族：阿拉伯族和科普特族。

语言：阿拉伯语为官方语言，中上层通用英语，法语次之。

人口：1.045 亿（2018 年 2 月）。

宗教：伊斯兰教为国教，信徒主要是逊尼派，占总人口的 84%。科普特基督徒和其他信徒约占总人口的16%。另有600万海外侨民。

2. 主要节日

埃及奉伊斯兰教为国教，其节日除伊斯兰教节日外，还有以下节日：
元旦：1月1日。
独立日：2月28日。
共和国独立日：6月18日。
国庆日：7月23日。
胜利日：12月23日。

3. 民俗风情

（1）服饰

古埃及服装的主要面料是亚麻织品，不管是国王、僧侣还是奴隶，他们所穿衣服的面料都是亚麻。到了埃及王朝后期，还出现过羊毛制品，但是上层阶级的人是不穿羊毛制衣的，只有底层阶级才穿。古埃及服装在颜色方面也十分精致，通常用白色衣服与浅色织物相配，在衣服的边缘和装饰品上大胆地使用各种鲜艳的颜色。埃及服装的纹样十分复杂精美，通常采用印花和刺绣的方法做出对称和繁复的纹样，表达了古埃及浓重的宗教色彩。纹样的种类主要有抽象的几何图案、动物或者植物的形状及具有特殊象征意义的图样，如太阳和双翼。男子服饰与女子服饰的分类与形态基本相同，但是女子服饰的颜色和纹样更加富有多样性。现代埃及服饰除了保留古埃及服饰的部分特点外，更多的还是现代化时尚元素。

（2）饮食

埃及人喜欢吃甜食，正式宴会或富裕家庭正餐的最后一道菜都是甜食。著名的甜食“库纳法”（图6.1）、“盖塔伊夫”、“锦葵汤”、“基食颗”是埃及人日常生活中的最佳食品。“盖麦尔丁”是埃及人在斋月的必备食品。蚕豆也是埃及必不可少的一种食品，其制作方法多种多样，制成的食品也有多种，如切烂蚕豆、油炸蚕豆饼、炖蚕豆、干炒蚕豆和生吃青蚕豆等。埃及人通常以“耶素”为主食，进餐时与“富尔”“克布奈”“摩酪赫亚”一并食用。日常生活中，他们还喜食羊肉、鸡肉、鸭肉、鸡蛋，以及豌豆、洋葱、南瓜、茄子、胡萝卜、土豆等蔬菜。在口味上，一般要求清淡、甜、香、不油腻。烤全羊是他们待客的上等佳肴。

图6.1 埃及甜食“库纳法”

（3）礼仪

埃及人见面时一般行握手礼、亲吻礼。埃及人所采用的亲吻礼，往往会因为交往对象的不同而亲吻不同部位。其中，最常见的形式有 3 种：①吻面礼，一般用于亲友之间，尤其是女性之间；②吻手礼，用于向尊长表示敬意或向恩人致谢；③飞吻礼，多见于情侣之间。在打招呼或问候时，埃及人讲究年轻者要先问候年长者，位低者要先问候位高者，步行者要先问候骑乘者。埃及人非常好客，去埃及人家里做客时，应注意以下 3 点：①事先预约，并要以主人方便为宜，通常在 18:00 以后，但是斋月期间不宜拜访；②按惯例，伊斯兰教教徒家里的女性，尤其是女主人是不待客的，切勿对其打听或问候；③就座之后，切勿将足底朝外，更不要朝向对方。为了表示亲密或尊敬，埃及人在人际交往中所使用的称呼也有自己的特色。在埃及，老年人将年轻人称为“儿子”“女儿”，学生称呼老师为“爸爸”“妈妈”，伊斯兰教教徒之间互称“兄弟”。这些称呼，并不表示二者具有血缘关系，只是表示尊敬或亲切。

（4）禁忌

埃及人认为“右比左好”，右是吉祥的，做事要从右手和右脚开始，握手、用餐、递送东西必须用右手，穿衣先穿右袖，穿鞋先穿右脚，进入家门和清真寺先迈右脚。埃及人忌讳喝酒，喜欢喝红茶。他们有饭后洗手、饮茶聊天的习惯。埃及人忌吃猪肉、狗肉，忌谈猪、狗，也不吃虾、蟹、动物内脏及鳝鱼、甲鱼等。

在埃及，进入伊斯兰教清真寺时，务必脱鞋。埃及人喜爱绿色、红色、橙色，忌蓝色和黄色。他们认为蓝色是恶魔，黄色是不幸的象征，遇丧事都穿黄色衣服。他们喜欢金字塔形状、莲花图案，禁穿有星星图案的衣服，有星星图案的包装纸也不受欢迎。3、5、7、9 是埃及人喜爱的数字，他们忌讳数字 13，认为它是消极的数字。

4. 文化艺术

约在公元前 3300 年，埃及人就发明了文字。埃及最早的文字是象形文字（图形文字），经过不断发展和完善，逐渐形成一种用字母、音符、词组组成的复合文字。古埃及文学经历了漫长的发展过程，在艺术上取得了很高的成就，就其形式来说，先有诗歌，后有散文。诗歌包括世俗诗、宗教诗、赞美诗、宗教哲理诗等，赞颂尼罗河是古埃及文学的重要主题之一。古代埃及有名的尼罗河颂诗是麦尔纳普塔时期的《尼罗河颂》。

埃及艺术产生于河谷农业的基础上，表现了对自然的热爱。埃及艺术永恒不变的艺术形式源于长期稳定的社会形势，因为埃及法老拥有无上的权威，古埃及形成了一个封闭的具有超稳定结构的社会。在这样的社会中，艺术主要服务于统治者，为了让法老有永远享乐之地，埃及人修建了大量的金字塔、陵庙和神殿，雕刻了无数巨像。它们都显示出永恒的纪念性。

埃及近现代文学是指从 19 世纪中叶开始，受民族独立和解放运动发展影响的埃及文学。自 20 世纪 50 年代中期起，无线电广播和电视节目的需要，国家奖励戏剧团体的演出及新的剧目，都极大地促进了埃及戏剧创作的发展。在 1988 年获诺贝尔文学奖的纳吉布·马哈富兹的小说中，生动地描述了现代埃及社会各阶级的生活画面。

知识链接 6-3

阿斯旺水坝

阿斯旺水坝位于埃及开罗以南 900 千米的尼罗河畔，这里美丽的自然景观、舒适的热带气候、丰富的文物古迹和世界上首屈一指的高坝，使阿斯旺的旅游业特别发达。阿斯旺水坝的建设自 1960 年开始，历时 10 年。站在 111 米的阿斯旺水坝上，脚下是波涛翻滚的世界第一长河尼罗河，放眼南望是宽 15 千米、长 500 多千米的纳赛尔湖，这座世界第二大人工湖足以接纳尼罗河的全年径流，使 1964 年的洪水、1972 年的干旱、1975 年的特大洪峰和 1982 年以来的持续低水位都化险为夷。

（资料来源：https://baike.baidu.com/item/%E9%98%BF%E6%96%AF%E6%97%BA%E6%B0%B4%E5%9D%9D/492211?fr =aladdin，节选，有改动）

（三）旅游资源

埃及历史悠久、文化灿烂、旅游资源丰富，素有“世界最大的露天博物馆”的美誉，是世界四大古代文明的发祥地之一。

1. 名城

（1）开罗

开罗是埃及首都和最大的城市，位于埃及的东北部，横跨尼罗河，是整个中东地区的政治、经济、文化和交通中心。开罗已有数千年的悠久历史，是当今世界上少有的遭受战争破坏较少的古城之一。根据历史学家和开罗城市规划部门的统计，全市共有历史古迹和著名古建筑 622 处，都是与古代伊斯兰文化有关的宫廷寺院与古代文教建筑。开罗市内有许多闻名于世的古老大清真寺，除了阿慕尔清真寺和艾资哈尔清真寺外，还有赛义德·宰纳卜清真寺、侯赛因清真寺、苏丹哈桑清真寺等。开罗的著名景点还有金字塔群、埃及国家博物馆、解放广场等。

（2）亚历山大

亚历山大是埃及最大的海港，埃及第二大城市，历史名城，地中海沿岸的避暑胜地，素有“地中海明珠”之称。亚历山大位于尼罗河口以西，城市东西长 30 多千米，南北最窄处不足 2 千米。世界七大奇观之一、著名的亚历山大灯塔遗址在近海的法罗斯岛上。

（3）卢克索

卢克索是埃及中南部的城市，坐落在开罗以南的尼罗河畔，位于古埃及中王国和新王国的都城底比斯南半部遗址上，是古代底比斯文物集中地。由于历经兵乱，卢克索现在保存最完整、规模最大的神庙是卡尔纳克神庙。

（4）阿斯旺

阿斯旺是埃及南部城市，位于首都开罗以南的尼罗河东岸，是著名古城和贸易中心。

阿斯旺是世界上极为干燥的地方之一，在古埃及时期，阿斯旺被认为是埃及民族的发源地，是埃及和努比亚之间的贸易重镇。阿斯旺是埃及的南大门，是非洲的门户和唯一一条由海上进入非洲腹地的通道。在其附近尼罗河上所筑的阿斯旺高坝为世界七大水坝之一。阿斯旺有博物馆、植物园等旅游景点。

2. 名胜古迹

（1）金字塔

金字塔（图 6.2）在埃及和美洲等地均有分布，埃及共发现金字塔 96 座，其中最大的是胡夫金字塔，塔原高 146.5 米，现高 136.5 米，底座每边长约 230 米，共用 230 万块平均重约 2.5 吨的石块砌成。金字塔石块之间没有任何黏着物，靠石块的相互叠压和咬合垒成。国王哈夫拉的金字塔前，还矗立着一座象征国王权力与威严的狮身人面像。埃及金字塔是古埃及的帝王（法老）陵墓，是世界八大建筑奇迹之一，数量众多，分布广泛，开罗西南尼罗河古城孟菲斯一带的金字塔群是最集中的一部分。

图 6.2 金字塔

（2）埃及国家博物馆

埃及国家博物馆坐落在开罗市中心的解放广场，于 1902 年建成开馆，是世界上最著名、规模最大的古埃及文物博物馆。该馆收藏了从埃及史前时期至希腊、罗马时期的雕像、绘画、金银器皿、珠宝、工艺品等历史文物，其中大多数展品年代超过 3 000 年。博物馆分为两层，展品按年代顺序分别陈列在几十间展室中。该馆中的许多文物，如巨大的法老石像、纯金制作的宫廷御用珍品、大量的木乃伊及图坦卡蒙纯金面具和棺椁，其做工之精细令人赞叹。

（3）尼罗河

尼罗河是一条流经非洲东部与北部的河流，自南向北注入地中海。尼罗河流域是世界文明发祥地之一，尼罗河地区的人民创造了灿烂的文化，在人类发展的历史长河中做出了杰出的贡献。在公元前四五千年前，古埃及人在尼罗河谷地定居下来，流经埃及境内的尼罗河河段虽只有 1 350 千米（全长 6 671 千米），却是自然条件最好的一段。提到古埃及的文化遗产，人们首先会想到尼罗河畔耸立的金字塔、尼罗河盛产的纸草、行驶在尼罗河上的古船和神秘莫测的木乃伊。它们标志着古埃及科学技术的高度，同时记载并发扬着数千年文明发展的历程。公元前5世纪，古希腊历史学家希罗多德游历埃及后，发出这样的感叹："埃及是尼罗河的赠礼。"

（4）苏伊士运河

苏伊士运河位于埃及东北部，扼欧、亚、非三洲交通要冲，沟通红海、地中海、大西洋和印度洋，具有重要的战略意义和经济意义。1859～1869年，苏伊士运河由法国人投资开挖，后英国收买了运河公司40%的股权，英法共同掌握运河经营权，掠走巨额收益。1956年，纳赛尔总统宣布运河国有化，随即爆发了英、法、以三国侵埃战争。1967～1975年因阿以战争，运河封闭停航达8年之久。1976～1985年，埃及政府进行大规模运河扩建工程，使运河的通航能力显著增加。据统计，每年约有1.8万艘来自世界100多个国家和地区的船只通过运河。中东地区出口到西欧的石油，70%经由苏伊士运河运送，每年经苏伊士运河运输的货物占世界海运贸易的14%。苏伊士运河是埃及经济的"生命线"和"摇钱树"。

二、南非

（一）基本国情

1. 自然地理

南非全称为南非共和国，有"彩虹之国"之美誉，位于非洲大陆的最南端，其东、南、西三面被印度洋和大西洋环抱，陆地上与纳米比亚、博茨瓦纳、莱索托、津巴布韦、莫桑比克和斯威士兰接壤，东面隔印度洋和澳大利亚相望，西面隔大西洋和巴西、阿根廷相望。其西南端的好望角航线，历来是世界上较繁忙的海上通道之一，有"西方海上生命线"之称。

国土面积：1 219 090平方千米。

2. 简史

南非最早的居民是桑人、科伊人及后来南迁的班图人。17世纪后，荷兰人、英国人相继入侵并不断将殖民地向内地推进。1806年英国夺占"开普殖民地"，荷裔布尔人被迫向内地迁徙，并于1852年和1854年先后建立了奥兰治自由邦和德兰士瓦共和国。1867年和1886年，南非发现钻石和黄金后，大批欧洲移民蜂拥而至。英国通过"英布战争"吞并了奥兰治自由邦和德兰士瓦共和国。1910年5月，英国将开普省、德兰士瓦省、纳塔尔省和奥兰治自由邦合并成"南非联邦"，成为英国的自治领地。1961年5月31日，南非联邦退出英联邦，成立了南非共和国。南非白人当局长期在国内以立法和行政手段推行种族歧视和种族隔离政策，先后颁布了几百种种族主义法律和法令。1948

年，南非国民党执政后，全面推行种族隔离制度，镇压南非人民的反抗斗争，遭到国际社会的谴责和制裁。1989 年，德克勒克出任国民党领袖和南非总统后，推行政治改革。1994 年 4～5 月，南非举行了首次不分种族的大选，曼德拉出任南非总统，这标志着种族隔离制度的结束和民主、平等新南非的诞生。

知识链接 6-4

曼 德 拉

纳尔逊·罗利赫拉赫拉·曼德拉（1918—2013 年），出生在南非特兰斯凯，先后获得南非大学文学学士和威特沃特斯兰德大学律师资格，曾任非国大青年联盟全国书记、主席。于 1994～1999 年任南非总统，被尊称为"南非之父"。曼德拉是积极的反种族隔离人士，同时是非洲国民大会的武装组织"民族之矛"的领袖。当他领导反种族隔离运动时，南非法院以密谋推翻政府等罪名将他定罪，曼德拉在牢中服刑 27 年，1990 年出狱后，转而支持调解与协商，并在推动多元族群民主的过渡期挺身而出领导南非。曼德拉 40 年来获得了超过 100 项奖项，其中，最为人所知的便是 1993 年的诺贝尔和平奖。

（资料来源：https://zhidao.baidu.com/question/1945822218019340988.html，节选，有改动）

3. 政治

南非实行总统共和制，多党执政。1994 年临时宪法是南非历史上第一部体现种族平等的宪法。1996 年，在临时宪法基础上起草的新宪法被正式批准，并于 1997 年开始分阶段实施。新宪法规定，实行行政、立法、司法三权分立，中央、省级和地方政府相互依存，各行其权。南非司法体系基本分为法院、刑事司法和检察机关三大系统。法院由宪法法院、最高上诉法院、高等法院、地方法院等组成。南非议会实行两院制，分为国民议会和全国省级事务委员会，议员任期均为 5 年。南非政府分为中央、省和地方三级。

4. 经济

南非属于中等收入的发展中国家，也是非洲经济最发达的国家之一。工业体系在非洲最为完善，矿业、制造业、建筑业和能源业是工业四大部门。矿产是南非经济的主要来源，深井采矿技术位居世界前列。南非农业较发达，主要农作物有玉米、小麦、甘蔗、大麦等。蔗糖出口量居世界前列。非黄金出口收入中的 30%来自农产品或农产品加工。南非畜牧业较发达，牲畜种类主要有牛、绵羊、山羊、猪，家禽主要有鸵鸟、肉鸡。南非是世界第四大绵羊毛出口国。南非矿产资源丰富，是世界五大矿产资源国之一，黄金、金刚石生产量均占世界首位。

旅游业是当前南非发展最快的行业之一，2018 年产值约占 GDP 的 9%。

货币：南非兰特。

（二）人文习俗

1. 民族、语言、人口、宗教

民族：分为黑人、有色人、白人和亚裔四大种族。
语言：南非的官方语言有 11 种，英语和阿非利卡语为通用语言。
人口：5 652 万（2017 年）。
宗教：约 80%的人口信奉基督教，其余信奉原始宗教、伊斯兰教、印度教等。

2. 主要节日

元旦：1 月 1 日。
人权日：3 月 21 日。
耶稣受难日：复活节前的第一个星期五。
自由日：4 月 27 日。1994 年 4 月 27 日，南非历史上第一部种族平等的宪法开始生效。
青年节：6 月 16 日。
曼德拉日：7 月 18 日，纪念南非“国父”、前总统曼德拉。
妇女节：8 月 9 日。
传统节：9 月 24 日。
友好日：12 月 16 日。南非各种族实现和解、和平共处日。

3. 民俗风情

（1）服饰

南非是一个多民族的国家，每一个民族都有自己特有的服饰。在正式场合，南非人着装端庄、严谨，与南非人进行官方交往或商务交往时，应穿着式样保守、色彩偏深的套装或裙装。在日常生活中，南非人大多穿着休闲装，对色彩鲜艳的衣服更为偏爱，他们尤其爱穿花衬衣。此外，南非不同部族的人，在着装上往往会有不同的特色。例如，有的部族喜欢用兽皮做成斗篷，将自己从头到脚遮在里面；有的部族则喜欢上身赤裸，仅在腰间围上一块腰布。南非妇女的打扮，往往也会表现得有别于常规。例如，在有的部族中，妇女的门牙必须拔掉，她们认为这是一种美。有的部族中，已婚妇女通常比未婚妇女佩戴的首饰要少得多。据说，这种做法有助于使其表现出对丈夫的忠贞。

（2）饮食

南非的食物，正如南非人的个性一样，反映了这个“彩虹之国”的文化多元性。南非人的主要食物是玉米、高粱、小麦、薯类、瓜类、豆类食品。牛肉、羊肉是主要副食品。饮料主要是牛奶、羊奶和葡萄酒。南非目前是世界上六大有名的葡萄酒产区之一，所产的葡萄酒产量占世界总产量的 3%，葡萄酒生产区主要分布在开普地区。南非的鸵鸟蛋、鸵鸟肉是其特色风味。南非鲍鱼肉质鲜美耐嚼，是极品鲍鱼的一种。咖喱角、奶酪饼、南非三明治是南非的特色小吃。南非的烹饪随着欧洲移民、马来族及印度人的到来，形成了多种烹饪风格。

（3）礼仪

南非人在社交场合中普遍行握手礼，称呼主要是“先生”“小姐”“夫人”。在南非土著部落中，居民喜欢把鸵鸟毛或孔雀毛赠送给远道而来的贵宾，客人们礼貌的做法就是将这些珍贵的羽毛插在自己的头发或帽子上，以表示对他们的尊重和认同。南非白人常用的社交礼仪是英式礼仪。

（4）禁忌

在非洲，强调肤色不同是最大的禁忌，因此，对于非洲人，最好按他们的国籍来称呼。部分非洲人认为照相机对准某物，拍下照片，某物的“精气”就被吸收殆尽，故当地的人、房屋、家畜一律不准拍摄。在这些国家，和当地人交谈或碰面的时候，不要目不转睛地看着对方。跟南非人交谈时，有 4 个话题不宜涉及：不要为白人评功摆好；不要评论不同部族或派别之间的关系及矛盾；不要非议黑色人种的古老习惯；不要为对方生了男孩表示祝贺。

4. 文化艺术

享有“彩虹之国”美誉的南非有着丰富多彩的文化历史传统。南非土著居民创造了历史悠久的传统绘画与雕刻艺术。布什曼人的洞穴壁画（图 6.3）雕刻的是人类原始艺术的瑰宝，也是南非现代艺术的组成部分，记录了从远古的狩猎时代到现代的原始部落的非洲人生存的篇章。

图 6.3 洞穴壁画

南非白人绘画最早始于对南非风土人情的描写。南非现代雕塑发展晚于绘画，雕塑形式分为建筑雕塑和环境雕塑。艺术家们采用青铜、石头、木头、象牙、金属等材料，以移民历史和非洲风土人情为表现主题进行创作，拥有众多流派，20 世纪 30 年代以自然主义、现实主义流派为主，以后又出现许多新的流派风格。非洲艺术家最富有成就的艺术表现手段是雕塑，在这一领域产生了最杰出的艺术作品。他们大多受到南非白人雕塑家的影响，汲取了西方雕塑的精华，一般选用青铜、木材、陶瓷等材料工作。除了绘画和雕塑，南非人也擅长音乐和舞蹈。传统音乐以其强烈多变、自由奔放的节奏为传统舞蹈伴奏出丰富多彩的音乐旋律，二者默契，融为一体。

知识链接 6-5

彩虹之国

“彩虹之国”为南非别名，“彩虹之国”中的“彩虹”不是真正意义上的彩虹，而是由南非大主教德斯蒙德·图图（Desmond Tutu）在种族隔离后成立南非共和国时提出的一个建议。之所以称南非为“彩虹之国”，是因为南非有各种人种和民族文化，“彩虹之国”的寓意就是不同种族的人们和平地生活在这个美丽的国家。排除种族隔离思想，共同生活在一起，这是南非人民所努力的目标。

（资料来源：根据相关资料整理）

（三）旅游资源

南非是一个自然环境和气候条件较好的国家，这里有原始自然的气息，一望无际的草原，近在咫尺的野生动物，静谧的小木屋，波涛汹涌的好望角，风起云涌的桌山。南非是一个多元文化交汇碰撞的具有魅力得国度。

1. 名城

（1）开普敦

开普敦是南非召开共和国会议的立法首都，是重要港口，南非第二大城市，仅次于约翰内斯堡。开普敦因著名的好望角而得名。这里是欧洲殖民者最早登陆的地点，是南非历史最久远的城市，被称为“母亲城”。开普敦市区有很多殖民时代的古老建筑，以爱德华式与维多利亚式的房屋居多。在宏伟的桌湾附近错落地保存着 18 世纪荷兰建筑，整个城市景观与一般印象中的非洲荒原大相径庭。整座开普敦环绕开普敦地标桌山而建，桌山山顶如桌面一样平坦，在山顶可以一览大西洋和印度洋交汇处的美景。

（2）约翰内斯堡

约翰内斯堡是南非第一大城市及第一大港，著名的“黄金之城”，是南非共和国经济、政治、文化、旅游及航运中心，世界著名的国际大都市。在恩古尼语中，约翰内斯堡被称作“伊高比”，意思是“黄金”。它和豪登省（索托语中的“黄金之地”）的其他地区一起构成了南非经济活动的中心。约翰内斯堡的著名景点有太阳城、金矿城、兰德精炼厂、克鲁格国家公园、东部郊区、内都市郊区。

（3）布隆方丹

布隆方丹是南非的司法首都，奥兰治自由邦首府，位于中部高原，为全国的地理中心，四周有小丘环绕。它最初为一堡垒，1846 年正式建城，现为重要交通枢纽。布隆方丹是南非中部地区农产品的集散中心和加工中心，食品工业基础较好。布隆方丹的教育事业也比较发达，有自由州大学、维斯塔大学、格伦农业学院等多所院校。布隆方丹体育设施先进，拥有大型体育场馆，曾于 1995 年举办世界橄榄球锦标赛，并承办过南非的多次国际板球和网球赛。

（4）茨瓦内

茨瓦内原名为比勒陀利亚，是南非的政治决策中心兼行政首都。茨瓦内位于南非东北部高原的马加利山麓谷地，是南非最大的文化中心。茨瓦内有 1873 年创立的南非大学、比勒陀利亚大学等多所高等学校，还有南非最大的研究机构——科学与工业研究院。茨瓦内为矿业城市，近郊为金刚石、白金、黄金、锡、铁、铬、煤等矿的开采中心。市内不仅有博物馆、纪念馆、纪念碑、塑像，还有天文台、国家动物园和自然保护区。

（5）德班

德班是南非夸祖卢-纳塔尔省的一个城市，是非洲最繁忙的港口，因其温暖的副热带气候和海滨风光而成为一个著名的旅游胜地。德班被称作“非洲最佳管理城市”，也是著名的国际会议之都。德班的著名景点有纳塔耳鲨鱼船、德班大球场。

2. 名胜古迹

（1）好望角

好望角（图 6.4）地处来自印度洋温暖的莫桑比克厄加勒斯洋流和来自南极洲水域寒冷的本格拉洋流的汇合处。强劲的西风急流掀起的惊涛骇浪常年不断，这里除风暴危害外，还常常出现“杀人浪”。因多暴风雨，海浪汹涌，故最初称为风暴角。其实，好望角的意思是“美好希望的海角”，是非洲西南端非常著名的岬角。苏伊士运河通航前，来往于亚欧之间的船舶都经过好望角。

（2）桌山

桌山意为“海角之城”，是南非的平顶山，可俯瞰开普敦市和桌湾，耸立于高而多岩石的开普半岛北端。神奇的桌山山顶像桌面一样平坦，被当地人称为“上帝的餐桌”。桌山山脉挡住了寒流，为开普敦创造了温暖湿润的气候。桌山前拥波光粼粼的大西洋海湾，背枕一座形似巨大长方形条桌的奇山。桌山对面的海湾有着天然良港，并因桌山得名为桌湾。桌山就像是一位端坐在大西洋边的“历史老人”，是南非近 400 年现代史最有权威的见证者。

图 6.4　好望角

（3）克鲁格国家公园

克鲁格国家公园是南非最大的野生动物园，位于德兰士瓦省东北部，勒邦博山脉以西地区，毗邻津巴布韦、莫桑比克两国边境。公园中一望无际的旷野上，分布着众多的大象、狮子、犀牛、羚羊、长颈鹿、野水牛、斑马、鳄鱼、河马、豹、猎豹、牛羚、黑斑羚、鸟类等异兽珍禽。植物方面有非洲独特的、高大的猴面包树。每年 6～9 月的旱季是入园观览旅行的最好季节。

（4）企鹅滩

在开普敦东海岸的西蒙斯敦镇，有个被称为“巨砾公园”的小海湾，这里是南非企鹅的家园，成群的企鹅在海水中冲浪、戏水、觅食或在沙滩上享受阳光。1982 年，当地渔民在这里发现了最初的两对企鹅，在当地居民自发的保护下，经过几十年的繁衍，2013 年时企鹅的数量已经超过了 5 000 只。一方面，海湾附近丰富的海产品为企鹅提供了充足的营养；另一方面，当地政府和动物保护组织的大力保护，使南非企鹅数量大量增加。目前，企鹅滩已成为游客到开普敦必游的目的地之一。

（5）太阳城

太阳城是南非著名的旅游胜地，有“世外桃源”的美誉，也是世界小姐选美的胜地。太阳城有创意独特的人造海滩浴场、惟妙惟肖的人造地震桥、优美的高尔夫球场、人工湖及赌场。皇宫酒店是太阳城最昂贵的一座超五星级豪华酒店，位列世界十大豪华酒店，外形为一座富丽堂皇的城堡，被丛林、溪流和花园环绕。

三、肯尼亚

（一）基本国情

1. 自然地理

肯尼亚位于非洲东部，赤道横贯中部，东非大裂谷纵贯南北。东邻索马里，南接坦桑尼亚，西连乌干达，北与埃塞俄比亚、南苏丹交界，东南濒临印度洋，海岸线长536千米。

肯尼亚全境位于热带季风区，但受其地势较高的影响，高原气候温和，沿海地区湿热，北部为沙漠和半沙漠地带。

肯尼亚河流、湖泊众多，较大的河流为塔纳河、加拉纳河，西部濒临非洲第一大湖维多利亚湖。

国土面积：582 646平方千米。

2. 简史

肯尼亚是人类发源地之一，境内曾出土约250万年前的人类头盖骨化石。公元7世纪，东南沿海地带形成了一些商业城市，阿拉伯人开始到此经商和定居。16世纪，葡萄牙殖民者占领了沿海地带。1698年，蒙巴萨人民在阿曼国王的支持下，赶走了葡萄牙人。1890年，英、德瓜分东非，肯尼亚被划归英国。英国政府于1895年宣布肯尼亚为其“东非保护地”，1920年改为殖民地。1921年肯尼亚人民在哈里·图库领导下，第一个民族主义组织青年吉库尤协会在内罗毕郊区成立。1944年，肯尼亚非洲人协会成立，1947年，蒙巴萨、基苏木等地举行了大罢工。1952年，肯尼亚人民开始以武装斗争来争取民族解放和独立。1962年2月14日～4月6日，肯尼亚宪法会议在伦敦召开。1964年12月12日，肯尼亚共和国成立，但仍留在英联邦内。

3. 政治

1964年颁布共和国宪法，迄今已历经大小30次修改。肯尼亚实行总统内阁制，总统为国家元首、政府首脑兼国防军总司令，任期5年，连任不得超过两届。总统拥有最高行政权和任免权，有权召集或解散议会；总统和内阁集体对议会负责；公民享有宗教信仰、言论、集会、结社和迁徙的自由。肯尼亚法院分为4级，即地区法院、驻节法院、高等法院和上诉法院。

4. 经济

肯尼亚是撒哈拉以南非洲经济基础较好的国家之一。农业、服务业和工业是国民经济三大支柱，茶叶等农产品、旅游、侨汇是三大创汇来源。工业在东非地区相对发达。农业是国民经济的支柱，产值约占国内生产总值的近1/3。旅游业是肯尼亚第二大外汇收入来源。

货币：肯尼亚先令。

知识链接 6-6

肯尼亚咖啡

咖啡业内人士无不认为肯尼亚咖啡是其最喜爱的产品之一。肯尼亚咖啡大多生长在海拔 1 500～2 100 米的地方，一年收获两次。其主要特色是具有多层次感的口味和果汁的酸度，完美的柚子和葡萄酒的风味，醇度适中，是许多咖啡业内人士最喜爱的产品。肯尼亚咖啡借好莱坞电影《走出非洲》进一步扬名四海。

（资料来源：https://baike.baidu.com/item/%E8%82%AF%E5%B0%BC%E4%BA%9A%E5%92%96%E5%95%A1/896554?fr=aladdin，节选，有改动）

（二）人文习俗

1. 民族、语言、人口、宗教

民族：肯尼亚全国共有 44 个民族，主要有基库尤族（17%）、卢希亚族（14%）、卡伦金族（13%）、卢奥族（10%）和康巴族（10%）等。此外，还有少数印巴人、阿拉伯人和欧洲人。

语言：斯瓦希里语为肯尼亚国语，与英语同为官方语言。

人口：5 100 万（2018 年）。

宗教：全国人口的 45%信奉基督教新教，33%信奉天主教，10%信奉伊斯兰教，其余信奉原始宗教和印度教。

2. 主要节日

元旦：1 月 1 日。

耶稣受难日：复活节前星期五。

复活节：春分后月圆第一个星期天。

劳动节：5 月 1 日。

肯尼亚自治节：6 月 1 日。肯尼亚原为英国殖民地，1963 年 6 月 1 日，经过多年的斗争，肯尼亚脱离英国殖民统治获得内部自治。

赛马日：7 月 18 日，肯尼亚的赛马活动是由英国传入的，最初只是一项贵族运动，肯尼亚独立后成为大众的娱乐项目。

肯雅塔日：10 月 20 日。这是为纪念肯尼亚人民心中拥有最崇高地位的“国父”肯雅塔而举行的庆祝活动。

独立日：12 月 12 日。

圣诞节：12 月 25 日。

3. 民俗风情

（1）服装

肯尼亚马赛人的服饰都是以红色为主，色彩鲜艳。马赛男人装束是身披束卡（红底黑条或大红色的布），身上的配刀、圆木、长矛是所有马赛男人不离手的三样东西。女人则身穿坎噶，除了红色的布外，还用颜色更为艳丽的布来做色彩搭配。马赛妇女的特点：一是光头，二是佩戴很重的耳饰。女人喜爱将各色片状串珠制成的花纹项圈，戴在脖子上，年龄越大戴得越多。女人手上、脚上戴各色串珠。

（2）饮食

肯尼亚自然物产丰富，大裂谷中肥沃的火山土壤出产众多的新鲜蔬菜，而沿海地区则有丰富的热带水果及新鲜的海鲜。历史上，肯尼亚曾长期作为欧洲国家的殖民地，因此西式餐点相当普遍。大量的亚洲裔居民又为这里带来了为数众多的印度、巴基斯坦和其他次大陆风味的饭店。沿海地区还是著名的斯瓦希里烹饪的发源地，这是一种中东及非洲烹饪的结合，又含有沿海地区的风味。肯尼亚人喜爱肉食，纳亚玛楚玛是肯尼亚最出名的菜肴之一，简单的字义就是“烤肉”，通常在篝火或炭火上慢慢烤制，装盘时加上混合的绿色蔬菜。乌伽黎是在肯尼亚非常受欢迎的主食，通常把乌伽黎掰碎，与肉、炖菜或蔬菜一起食用。肯尼亚盛产茶叶、咖啡，这也是肯尼亚人日常喜爱的饮料。

（3）礼仪

肯尼亚由于历史上长期被英国殖民，现代礼仪类似于英国。肯尼亚人很讲礼貌，朋友见面一定打招呼，还要加一些问候语。他们对老人非常尊敬，见到年长的客人，会主动问候并为客人让路。女性见到客人，一般行半跪腿礼。到肯尼亚朋友家中拜访，需事先联系，准时抵达。去做客访问时应带一些小礼物，如曲奇饼干或糖果，除了表示慰问之外，一般不要送鲜花。肯尼亚不同部族之间礼仪相差较大，肯尼亚马赛人以往人身上吐口水的方式打招呼，并且小孩出生时，要往小孩身上吐口水和说脏话，因为他们相信，只有说脏话才能养活小孩。

（4）禁忌

在肯尼亚，不同的地区和部族有不同的宗教信仰和风俗习惯，由此而产生了不同的禁忌。进入肯尼亚人的家庭，特别应当注意几点：忌讳用左手同主人握手、行礼、接递物品或者抓饭吃；不可随意进入主人家的卧室，尤其是女主人或者其他家眷的卧室；在信奉拜物教的家庭，不可打听摆放的木偶、图案、标记等的用途，更不可用手去触摸；谈话时忌讳用手摸鼻子或者挖耳朵，在当地这是侮辱人的动作；询问儿童年龄不可用手心向下比画，当地认为这是咒骂儿童夭折的动作；在肯尼亚勿谈肤色问题，一切语言行为都不可触犯国旗和总统。

4. 文化艺术

在众多的非洲艺术品中，尤以木雕、石雕、手工编制品、蜡染纺织品及各类绘画最为突出。东非肯尼亚木雕艺术既是部落文化的精髓，又是传承文明的载体。用乌木雕刻的精良作品，既有青铜般的尊贵气质，又有玉石般的珠宝光泽。

肯尼亚作家恩古吉·瓦·提安哥于1964年发表的第一部小说《孩子，你别哭》，获东非文学奖。

肯尼亚人能歌善舞，舞蹈内容丰富多彩，涉及生产劳动和社会活动的各个方面。由于肯尼亚部族众多、信仰各异、自然环境千差万别，因此舞蹈的编排、动作、技巧多种多样。在世界艺术舞台上，非洲舞蹈以其独特的魅力占有一席之地。

肯尼亚在许多运动项目上有相当杰出的表现，如足球、板球、拳击、橄榄球等，但最广为人知的当属长距离的赛跑。肯尼亚运动员曾多次在夏季奥运会及英联邦运动会上赢得长跑、马拉松等项目的冠军。

知识链接 6-7

马　赛　人

马赛人主要分布在肯尼亚南部和坦桑尼亚北部的草原地带。如今，马赛人仍生活在严格的部落制度之下，由部落首领和长老会议负责管理。成年男子按年龄划分等级。马赛人从事游牧业，牧场为公共所有，牲畜属于家族，按父系继承。近年来，坦桑尼亚和肯尼亚政府鼓励马赛人从事农业生产，已有一小部分人转为半农半牧，并有少数人进入城市谋生。马赛人以肉、乳为食。成年男子蓄发编成小辫，年轻妇女剃光头。马赛女孩生下来就扎耳朵眼，以后逐渐加大饰物的重量，使耳朵越拉越长，耳洞也越来越大。

（资料来源：https://baike.baidu.com/item/%E9%A9%AC%E8%B5%9B%E4%BA%BA/82489?fr=aladdin，节选，有改动）

（三）旅游资源

肯尼亚地处东非高原，中部的肯尼亚山为非洲第二高峰，复杂的地形赋予肯尼亚多姿多彩的地貌景观和丰富多彩的动植物物种，从热带海洋、沙漠到终年积雪的高山，肯尼亚以截然不同的多种面貌呈现在旅游者面前。

1. 名城

（1）内罗毕

内罗毕是肯尼亚的首都，位于中西部高原上。内罗毕拥有“东非小巴黎”的美誉，是东非第一大城市，城市绿树成荫、花团锦簇，又有“阳光下的绿城”之称。联合国环境规划署和人类住区规划署均设在此。市中心肯雅塔国际会议中心是内罗毕标志性建筑。国家博物馆、内罗毕国家公园、长颈鹿公园、凯伦故居（《走出非洲》的作者）、自由广场等是市内著名的游览地。联合国办事处也位于内罗毕，它是联合国唯一设在第三世界国家的办事处级别的机构，与联合国日内瓦办事处、维也纳办事处等纽约总部以外

的大型驻地机构平行。

（2）蒙巴萨

蒙巴萨位于东南沿海，临印度洋，是肯尼亚第二大城市，东非最大港口。1895～1907 年曾为英国东非殖民首府，现为全国重要工商业中心。蒙巴萨也是东非著名古城之一，最早由阿拉伯人所建。早在公元 9 世纪，就有来自阿曼的阿拉伯人在这一带定居。19 世纪以前，每年 12 月至次年 1 月，大批来自阿拉伯、波斯、印度和欧洲的帆船队来此经商。1405 年，我国明代伟大航海家郑和率领庞大船队，开始了七下西洋的伟大创举。在《郑和航海图》中，蒙巴萨被标作“慢八撒”。在蒙巴萨出土的大量中国瓷器和古钱币等文物也是这一历史事实的有力证据。蒙巴萨的主要景点有察沃国家公园、拉穆岛、耶稣堡。

（3）基苏木

基苏木是肯尼亚第三大城市、西部经济和交通中心，肯尼亚西南部城市和湖港，尼安萨省首府。在维多利亚湖卡维龙多湾北岸。基苏木是咖啡、玉米、花生集散市场和渔业中心。有鱼类加工、棉纺织、制糖、酿酒等工业。铁路通内罗毕和蒙巴萨，水路联系乌干达、坦桑尼亚。

2. 名胜古迹

（1）肯尼亚山国家公园

肯尼亚山国家公园位于肯尼亚中部，它横跨赤道，海拔 1 600～5 199 米。1949 年建立国家公园，1978 年 4 月成为联合国教科文组织人与生物圈计划的一个生态保护区，1997 年被联合国教科文组织列入《世界遗产名录》。

（2）马赛马拉国家公园

马赛马拉国家公园在肯尼亚众多的野生动物保护区中，可以称得上是“园中之冠”，公园横跨肯尼亚和其邻国坦桑尼亚两个国家。该保护区始建于 1961 年，保护区内动物繁多，数量庞大，约有 95 种哺乳动物和 450 种鸟类，是野生动物保护区之一。

（3）奈瓦沙湖

奈瓦沙湖位于东非大裂谷谷底，是东非大裂谷里的一颗明珠，肯尼亚最美丽的淡水湖之一。湖边有大片的纸莎草沼泽，湖畔的酒店“奈瓦沙湖乡村俱乐部”是国家领导人最常去的地方。奈瓦沙湖有河马、长颈鹿、水羚羊、角马等各种动物。奈瓦沙湖还是肯尼亚著名的盛产咖啡、红茶和鲜花的地方。

第六章试题

参 考 文 献

何丽芳，欧阳莉，2013．中国旅游客源国概况[M]．长沙：湖南大学出版社．

黄明亮，刘晓芬，2013．中国旅游客源国（地区）概况[M]．2 版．北京：科学出版社．

李树民，1992．未来世界旅游市场的发展趋势和特征[J]．西北大学学报：哲学社会科学版，（4）：115-120．

刘亚轩，李雪琴，2013．旅游客源国（地区）概况[M]．广州：广东旅游出版社．

卢丽蓉，李敏，2014．旅游客源国和目的地概况[M]．桂林：广西师范大学出版社．

彭顺生，2008．世界遗产旅游概论[M]．北京：中国旅游出版社．

孙钢，2003-8-27．世界旅游业和中国旅游业发展大势[N]．中国旅游报，（2）．

王兴斌，2016．中国旅游客源国概况[M]．7 版．北京：旅游教育出版社．

韦夏怡，刘丽，2016．国家旅游局发布《中国旅游发展报告 2016》[J]．党政干部参考，（14）：3．

熊国铭，2012．旅游客源地和目的地概况[M]．上海：上海交通大学出版社．

李云，徐洋，周广海，2012．旅游客源国（地区）概况[M]．长沙：湖南师范大学出版社．

杨静达，2009．旅游客源国（地区）概况[M]．大连：大连理工大学出版社．

尹立军，亚吉，2013．中国旅游客源国/地区概况[M]．北京：旅游教育出版社．

余伟兵，2012．旅游客源国（地区）概况[M]．武汉：武汉理工大学出版社．

张金霞，赵亮，2007．中国主要旅游客源国与目的地概况[M]．2 版．北京：清华大学出版社．

周凤杰，舒惠芳，宝胜，2016．客源国（地区）概况[M]．2 版．北京：机械工业出版社．

中华人民共和国外交部．https://www.fmprc.gov.cn/web/gjhdq_676201/gj_676203/yz_676205/．